한중관계사상의
교역과 교통로

동아시아교통사연구회 엮음

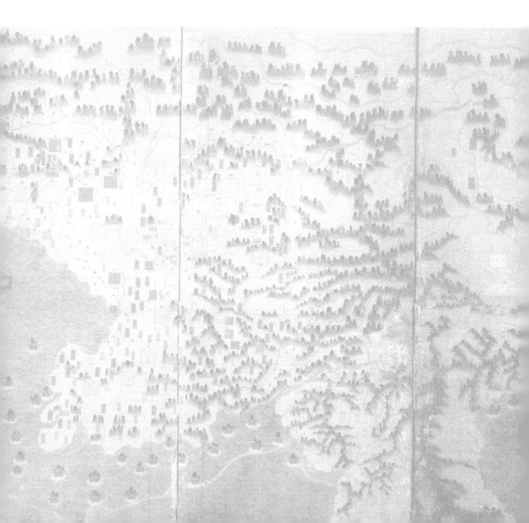

한중관계사상의 교역과 교통로

엮은이 동아시아교통사연구회
펴낸이 최병식
펴낸날 2019년 7월 3일
펴낸곳 주류성출판사
서울특별시 서초구 강남대로 435 (서초동 1305-5)
TEL | 02-3481-1024 (대표전화) • FAX | 02-3482-0656
www.juluesung.co.kr | juluesung@daum.net

값 20,000원
ISBN 978-89-6246-395-8 94910
ISBN 978-89-6246-394-1 94910 (세트)
잘못된 책은 교환해 드립니다.

이 저서는 2014년도 대한민국 교육부와 한국학중앙연구원(한국학진흥사업단)을 통해
창의연구지원 시범사업의 지원을 받아 수행된 연구임 (AKS-2014-ORS-1220001)

동아시아교통사연구회 총서 II

한중관계사상의
교역과 교통로

동아시아교통사연구회 엮음

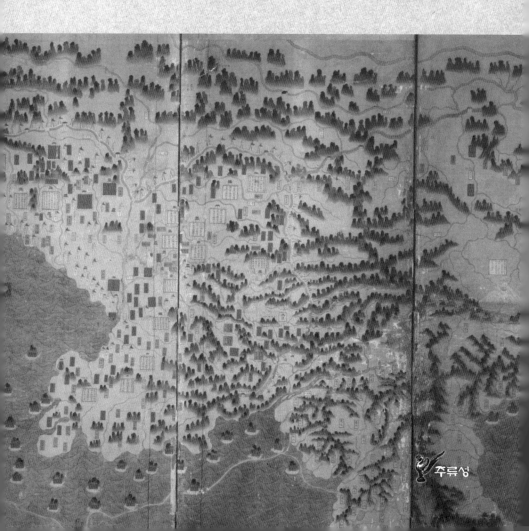

주류성

목 차

머리말 \\

윤재운

교류는 집단이 다른 집단과 담판해서[交涉], 유무有無를 통하게 하기 위해 재화를 교환하고[交易], 재화나 인간이 뒤섞여지는 것[交流]으로 생존과 생산에 불가결한 활동이다. 재화를 교환하는 것은 상호 납득 하에 교환交換·증여贈與·매매賣買·조공朝貢·하사下賜가 있고, 가끔은 전쟁이나 약탈도 있다. 교류에 의해 재화가 다른 토지로 움직이고 정보가 왕래하고 기술이 전래되어 이식되는 것, 그것을 휴대한 인간이 이동하고 때때로는 다른 토지에 정착하기도 한다. 교섭을 위해서는 인간이 움직여서 접촉하고, 교역을 위해서는 재화나 정보를 운반하는 인간이 움직인다. 인간이 움직이지 않는다면 교류는 일어나지 않는다. 이 인간의 움직임의 연쇄와 집적의 결과가 유적·유물에 나타나는 것이 전파라고 칭하는 현상이다. 교류의 단서는 사람과 사람과의 접촉일 것이지만 그것이 완전히 우발적인 뒤에 계속되지 않는다면 교류는 일어나지 않는다. 교류는 신체를 지닌 인간이 부담하는 것이지만 집단이 행하는 집단과 집단과의 일정하게 지속하는 관계이다.

이처럼 교류·교섭·교역의 개념을 이해했을 때, 이러한 현상이 일어나기 위해서는 전제되어야 할 것이 인간의 이동이다. 전통사회에서 인간의 이동은 육로·해로와 같은 길을 통해서 이루어졌다. 교통로이다.

이러한 인간의 이동은 인간의 도보, 동물, 선박 등과 같은 이동수단을 수반하게 되는데, 이것이 교통수단이다. 이러한 교통수단도 크게는 교통로와 그 주변 환경에 의해 결정되기 마련이다.

근대의 국경은 정밀한 선과 같다. 근대의 국경에 한 치의 주인 없는 공간이란 없다. 작은 땅이라도 한국령 혹은 중국령처럼 국가의 영역이란 면에 의해 빼곡히 채워져 있었다. 이 점에서 근대사는 공간상으로 면의 역사라고 부를 수 있을 것이다. 이와 같은 근대의 국경은 국가 간의 첨예한 영토분쟁을 잉태한 요인의 하나였다. 그리고 이는 이른바 역사분쟁으로도 표출되고 있다. 최근 동아시아 여러 나라의 역사분쟁을 들여다보면, 그 현실적 배경에 영토분쟁이 자리하고 있는 것이다. 그러나 동아시아의 역사를 영토분쟁의 연장선상에 두고 보아서는 애국주의의 함정에 빠질 수밖에 없다. 평화와 공존의 역사가 추구될 필요가 있다. 더욱이 고대 동아시아란 공간이 빼곡한 면으로 채워진 것도 아니었다.

지금의 관점에서 고대의 공간을 보면 지리적 공백이 많다. 공간을 관리하는 주체 즉 국가도 면의 형태가 아니었다. 특히 고대 국가의 영역은 면이 아닌 점의 형태였다. 이곳저곳에 점의 형태로 거점이 산재하였고, 거점을 통해 권력이 작동하였다. 이와 같은 거점은 교통로에 의해 연결되었다. 고대의 교통로는 마치 국가의 생명선과 같은 구실을 하였던 것이다. 따라서 교통로에 대한 연구는 단지 교통의 형태와 지리를 이해하는 데 그 의미가 한정되지 않는다. 고대사의 구조적인 이해에 필수적인 과제가 된다고 생각한다.

뿐만 아니라 근대·중세는 물론이고 고대의 교통 역시 국가의 외부로 이어졌다. 여러 국가의 주요 거점과 거점이 교통로를 따라 연결되었던 것이다. 이를 통해 사절과 상인이 이동하였고, 물자와 문화가 유통되었다. 교역이 이루어진 것이다. 이미 많은 연구를 통해 밝혀졌듯이 한국 고대의 교역 역시 주요 교통로를 통해 진행되었고, 이와 같은 교통로는 동아시아 여러 나라를 연결하였다. 그러므로 한국 고대의 교역과 교통로에 대한 연구는 동아시아란 보다 넓은 시각을 확보하는 데 유용하다고 할 수 있다.

최근 학계의 일각에서는 '동아시아'를 연구시각으로 주목하고 있다. 일국사와 세계사의 매개항으로 동아시아 지역사를 설정함으로써 자국 중심의 일국사와 유럽 중심의 세계사를 극복하고자 노력하고 있는 것이다. 이러한 학계에 동향에 비추어 보았을 때 본 연구의 성과는 첨예한 영토분쟁과 역사분쟁의 현실을 넘어서 평화와 공존의 역사상을 제시하는 데도 도움을 줄 것이다.

한국과 동아시아 고대의 교역과 교통로에 대한 연구는 비교적 이른 시기부터 이루어졌다. 20세기 전반 일본 동양사학의 『만주역사지리』와 같은 저서가 그 대표적인 성과였다. 하지만 일본 동양사학의 연구는 지리적 결정론에 입각한 것으로, 지정학의 관점에 함몰되었다. 지리적 요지와 침략의 상호관계가 순환 논증되었던 것이다. 이에 20세기 후반 한국과 중국의 역사 연구는 이를 비판하고자 노력하였는데, 대부분 지리 고증의 결과를 검증하는 데 치중하였다. 그렇기 때문에 인간부재의 역사학이란 20세기 전반 일본 동양사학의 한계를 근본적으로 반성하기에는 미흡한 점이 있었다.

총론에서는 동아시아 고대 교통로의 의미와 연구 현황에 대해 살펴보았다. 고대의 교통로는 크게 보아 육로와 수로로 구분해 볼 수 있는데, 육로와 수로 모두 고정적이지는 않았다. 기술의 발전에 의해 새로운 육로 내지 수로가 개통되기도 하였고, 국제정세의 변화 속에서 기존의 육로·수로가 폐쇄되고 우회로가 만들어지기도 하였다. 이와 같은 교통로의 변천은 거점의 변화와 밀접하였다. 문화적 혼합과 새로운 문화의 생성에도 기능하였다. 교통로는 한국사 및 동아시아 역사의 흐름 속에서 형성된, 역사의 산물이었던 것이다. 그런 만큼 본 연구는 교역의 역사와 그 시대적 배경을 염두에 두면서, 교통로의 역사적 의미를 생각해 보고자 하였다.

본서에서는 한중관계상의의 교역과 교통로를 동아시아란 공간적 범위 속에서 살펴보고자 한다. 이를 위해 한국고대사 전공자만 아니라 중국고대사 전공자와의 학제 간 연구를 지향한다. 크게 보아 한국 고대의 교역과 교통로 연구와 동아시아 교통로 연구로 구분된다. 한국 고대사의 관점에서 교역의 역사와 그 교통로를 구명할 뿐만 아니라 중국 고대사의 관점에서 변경에 대한 인식과 교통로의 실상을 검토함으로써, 보다 입체적인 시각을 확보하려는 것이다. 이를 각각 제1부와 제2부로 구성하고자 한다. 그리고 두 방향에서의 연구를 유기적으로 묶기 위해 교역의 개념과 아울러 공동의 연구방법을 개발하고자 하였다.

1부에는 한국사에 해당하는 세 편의 글이 있다. 제1장 동북아시아 교통로의 태동에서는 동북아시아의 고환경의 변화에서부터 교역품목과 화폐의 출토사례를 검토하여 문자가 기록되지 않았거나 혹은 문자기록이 영성한 동북아시아 상고시대의 교통로 개척에 대하여 살펴보았다. 이를 통해 선사시대의 교환은 물론 초기 국가인 고조선이 외부세계와 접촉하면서 이루었던 교통로의 개척에 대한 양상도 이해할 수 있을 것으로 기대된다. 문자가 없는 시대의 교통을 복원하는 것이니 만큼 고고학 자료에 의존하는 것은 필연적인 바, 복원에는 다소 한계를 갖는다고 볼 수 있다. 그러나 중국측 문자자료 등을 방증자료로 삼아 검토한다면 한계는 어느 정도 보완되리라 생각된다.

2장 고조선의 교역과 항로에서는 고조선이 이용한 대산동지역 교통로에 대한 접근을 하기 위해서는 먼저 고조선의 중심지가 어디에 있었는지에 대한 검토가 전제되어야 한다. 이에 대한 논쟁이 여전히 진행 중이지만 고조선의 중심지가 요서·요동에서 서북한의 평양지역으로 이동했다고 보는 것이 최근의 경향이다. 이렇게 고조선 중심지의 변화를 이해했을 때 시대의 흐름과 중심지의 변화에 따라 고조선이 산동지역과 교류 양상과 이에 따른 교통로는 변화하기 마련이다. 따라서 고조선의 중심지가 요서, 요동, 서북한 지역으로 변화하는 과정과 궤를 같이 하여 교통로의 양상에 대한 검토가 필요하다고 본다. 또한 산동지역의 정치세력의 변화에 따라 고조선이 상대했던 정치체가 달라지기 때문에 그 변화에 따라 산동지역에서의 고조선의 교류활동이 달라질 수도 있다. 이러한 고조선의 교류와 교통로의 변화 양상을 전반적으로 살펴보았다.

고조선의 교통로를 살펴보기 위해서는 가장 먼저 『관자管子』, 『위략魏略』, 『사기史記』과 같은 중국 고문헌에 보이는 교류의 흔적을 검토해야 한다. 나아가 요서, 요동, 한반도 등지에 보이는 中原系 유물을 종합적으로 검토해야 한다. 또한 교류가 상대적이었던 만큼 산동지역에 보이는 고조선계 유물에 대한 검토도 함께 이루어져야 한다. 문헌과 고고학 자료를 종합적으로 분석한다면 교통로에 대한 새로운 이해가 가능할 것으로 기대된다. 고조선의 대산동지역 교통로 변화를 크게 3시기 즉 춘추시기春秋時期, 전국시기戰國時期, 그리고 한대漢代로 나누어 검토하였다. 고조선은 춘추~전한대 중국과 끊임없는 대외 관계를 맺으면서 발전해 왔다. 그 대외 관계는 인적, 물적 교류 과정을 통해서 유지되었다. 이러한 교류에는 쌍방 간을 물리적으로 연결하는 교통로가 반드시 필요하다. 이러한 교통로도 시대적·역사적 환경에 따라 변하게 마련이다. 따라서 고조선사의 전개과정에서 대외 관계의 양상에 따른 교통로에 대한 연구의 의의가 여기에 있다고 볼 수 있다.

3장 고구려의 교역과 황해의 해상교통로에서는 5~6세기 고구려의 교통로와 전개 양상에 대해 살펴보았다. 5~6세기 중반 고구려는 동아시아의 주요 세력과 고루 접촉하였다. 유연·돌궐, 북조의 여러 나라, 뿐만 아니라 남조의 여러 나라 및 남방의 세력과 교섭하고 교류했으며, 또한 교역하였던 것이다. 그런데 지금까지 고구려의 교역과 교통로에 대한 연구는 육로에 집중되었다. 북조의 여러 나라 및 유목·돌궐과 같은 중원지역 북부 및 초원지대 유목세력과의 관계에 무게중심이 두어졌던 것이다. 이와 비교해 고구려와 남조 여러 나라 및 그 주변 세력과 교섭·교류·교역에 대해서는 상대적으로 관심이 적은 편이었다. 그의 주요 통로는 수로 즉 항로였다. 평양—대동강으로부터 황해를 통해 남조의 여러 나라 및 그 주변 세력과 접촉하였던 것이다.

고구려의 주요 항로는 연안을 통한 것이었다. 이미 고조선의 항로 연구를 통해 밝혀진 것처럼 묘도군도로부터 요동지역과 산동지역이 이어졌던 것이다. 고구려가 북조의 여러 나라와 접촉할 때 이용한 항로가 바로 이것이었다. 그런데 북조와 남조의 대치 상황 속에서 고구려는 이를 이용하기 어려웠다. 그러므로 새로운 항로를 개척할 필요가 있었다고 여겨지는데, 본 연구는 이에 주목하였다.

2부에서는 네 편의 중국사에 해당하는 글이 실려 있다. 4장은 한위시기漢魏時期 사해四海와 해역이란 주제를 다루었다. 중국에서는 중국과 중국의 밖을 나누는 개념을 '사해'라는 개념을 쓴다. 중화를 중심으로 그 사방四方의 밖을 사해라고 써왔는데, 이 때 '사해'라는 개념은 다분히 관념화된 영역이다. 그런데 중국의 역사서들을 살펴보면 '사해'의 개념 외에도 '동해, 남해, 북해, 서해'라는 구체적인 지역개념이 사용되었고, 이용어들이 군이나 현의 명칭으로 사용되기도 하였음을 알 수 있다. 중국의 지리적 위치로 보았을 때, 동해나 남해는 실제의 해역이었지만, 북해나 서해의 경우는 중국의 실질적 공간과는 차이가 있었다. 역사서에는 관념적 용어로 사용되었던 '사해'의 개념과 실제 지리적 공간으로서의 '해역'이 어떻게 설정되었는지를 살펴보았다.

실질적으로 중국 사서에 등장하는 사해, 내지 동서남북 해海의 개념은 중원왕조의 통일시기, 중국의 분열시기에 차이가 있다. 또한 위진남북조시대魏晉南北朝時代와 같은 분열시기에는 북조국가들의 사해의 개념과 남조국가들의 사해의 개념은 차이가 있다. 이러한 차이는 대개 교류의 범주나 방향과 관련이 있을 것으로 생각된다. 따라서 이 연구는 시대를 달리하며 교류의 방향에 따라 '사해'와 '해역'이 어떻게 변화하여 왔는지를 밝히고, 그 변화와 고대 한반도와의 교류는 어떤 관계가 있었는지를 규명하고자 하였다.

5장 유주자사幽州刺史의 동이東夷 관리와 교통로에서는 고대 한중 교통로에서 요동지역의 실상을 살펴보았다. 전한前漢시대 자사刺史는 지방관을 감찰하기 위한 기구로 출발하였으나, 후한後漢에 이르면 그 위상은 군 태수에 상위하는 목민관牧民官으로 변모하여 갔다. 목민관으로서 유주자사의 관할 범위는 유주에 소속된 군들에 한정되는 것이 원칙이었지만, 유주자사의 경우에는 유주 범위 밖의 동이지역(만주+한반도)까지 관리하는 모습을 보였다. 이러한 모습은 요동지역에 공손씨公孫氏 정권이 등장한 이후 더욱 뚜렷하였다.

유주자사가 동이세력과 관계하는 형태로는 세 단계를 보인다고 할 수 있다. 첫째 단계는 후한 중기 이후 유주자사가 요동태수나 현도태수와 협력하는 관계로서 초기 형태라고 할 수 있다. 둘째는 요동에 반독립왕국半獨立王國이나 다름없는 공손씨 정권이 등장한 이후로서 이 시기 유주자사는 요동세력과 경쟁하는 입장에서 동이제국東夷諸國이 요동에 종속되는 현상을 경계하고 단속하였다. 셋째는 위魏 왕조 시대 공손씨 정권이 몰락한 이후로서, 이 시기 유주자사는 그 본부를 요동으로 이전하여 적극적으로 동이를 관리하고자 하였다.

위의 세 단계에서 확인 가능한 유주자사의 역할은 교통로 문제와도 밀접한 관련을 맺고 있다. 우선은 유주자사부幽州刺史府의 중심이 계[薊, 지금의 베이징北京]로부터 요동의 양평[襄平, 지금의 요양遼陽]으로 이전했다는 점이다. 이러한 사실은 북경을 중심으로 삼았던 시절 유주자사가 안고 있던 교통상의 어려움을 증명하는 것이라 볼 수 있다. 또한 유주자사의 병력은 공손씨 정권이나 고구려 그리고 한반도 이남의 한인韓人 토착세력과 요수遼隧, 서안평西安平, 기리영崎離營 등의 지역을 경계로 대립하는 데, 이러한 사실을 교통로 문제와 연결하여 검토하였다.

6장 요서지역 동서횡단로는 기존에 소홀히 다루었던 요서지역의 육상교통로의 실상을 규명한 글이다. 요동遼東과 요서 서부의 역사 지리는 현재의 요양遼陽과 조양朝陽을 중심으로 주위의 성보城堡들로 이어지는 교통로의 대강을 알 수 있다. 이에 비해 두 지역 사이에 개재된 요서 동부에 대해서는 알려진 바가 적다. 두 지역 간의 교통은 어디를 경유했는지 어떤 성보들이 마련되어 있었는지 등 기본적인 정보조차 정리되지 못하고 있는 것이다.

요서지역은 연진한燕秦漢 이래 중국이 요동과 한반도로 진출하는데 교두보가 되었고, 농목農牧이 가능하다는 점에서 북방 유목遊牧세력들의 활동 공간이기도 하였다. 고구려는 광개토왕의 비려稗麗 정벌을 시작으로 요서로 진출하여, 요서 동부를 서변西邊으로 삼았다. 따라서 이 지역의 간선幹線과 간선 상에 세워진 거점들을 파악하는 작업은 중국 역대왕조의 요서 경영이나 고구려의 요서 경략과 서부 방어선을 이해하기 위해 긴요하다.

현재의 북진시 대량갑고성지는 전한대前漢代 요동군遼東郡 서부도위西部都尉의 치소인 무려현無慮縣이 있던 곳으로 조양 십이대영자十二臺營子의 유성현柳城縣에서 나온 교통로가 대릉하大凌河 西岸을 지나 의무려산醫巫閭山 동록東麓을 거쳤음을 알려준다. 이곳을 실마리로 삼아 요서를 동서로 관통했던 간선의 전모를 살펴보았다.

7장 해남海南 교통과 동아시아 불교에서는 법현의『불국기』를 통해, 초기 해상실크로드를 규명하였다. 한반도에서 아시아 대륙의 서남부에 위치한 인도대륙에 이르는 길은 크게 두 갈래이다. 하나는 비단길의 일단을 이용하는 것이고, 다른 하나가 바로 바닷길을 통해 '해남' 교통로에 접속하는 것이다. 여기에서의 '해남'은 관념적 개념이다. 즉 고대 중국인들이 사는 세상을 둘러싼 관념의 바다인 '사해四海'의 남쪽이라는 의미이다. 다시 말해서 자신들이 세계의 남쪽 끝이라 인식하던 곳에서 다시 시작되는 새로운 세상인 셈이다. 따라서 이 '해남' 교통로는 육로와 해로를 모두 포함한다. 이 연구에서는 이 교통로를 따라가면서, 이 교통로가 가지는 의미를 지구사(Global History)의 관점에서 재구성하고자 한다.

3세기에서 9세기의 동아시아세계는 불교가 막대한 영향력을 행사하던 곳이었고, 수많은 구도자들이 불교의 발상지로 향하였다. 이들 중 현장과 혜초처럼 여행기를 남긴 이들이 적지 않았다. 법현(334~420년)은 중국 최초의 구법승으로『불국기』라는 여행기를 남겼다.『불국기』는 법현의 구법여행을 담은 기행문으로 당시 중앙아시아, 인도, 스리랑카, 동남아시아 지역의 약 30개 국의 지리, 교통, 종교, 문화, 물산, 풍속 등에 관한 정보를 담고 있다. 특히 무엇보다도 동인도로부터 동남아시아를 거쳐 중국의 동남부에 이르는 '남해(혹은 남양)'의 해양노선을 담고 있다는 점에서 역사적 의의가 크다. 이 노선은 1세기부터 그 기록이 보이며, 이후 그 중요성이 점차 확대되었으며, 10세기 이후로는 동서 교류와 물자운송의 측면에서 북방의 실크로드보다 비중이 커졌다.

비단길 개척으로 유명한 장건의 건의를 수용한 한 무제는 운남과 인도를 거쳐 서역에 이르는 '신독도身毒道'의 개척을 추진하였다. 당시 개통에 실패했던 이 노선이 『신당서』「지리지」에 등장한다. 물론 이는 이때 처음 이 길이 열렸다는 의미는 아니다. 중국 제국이 운남 지역을 통제 하에 두면서, 비로소 이 노선을 파악하게 되었으며, 이때에 이르러다시 관심을 갖게 되었다는 의미일 것이다. 『신당서』「지리지」에는 가탐(賈耽, 730~805)이 기록했다고 하는 '변주邊州로부터 사이四夷로 들어가는 노선' 7개가 정리되어 있다. 이 가운데 여섯 번째 노선이 현재의 베트남 하노이 지역에서 운남을 거쳐 버마와 인도의 아삼주를 거쳐 인도에 이르는 육로이다. 그리고 일곱 번째 노선이 중국의 광동지역으로부터 동남아시아를 거쳐 인도의 동부에 이르는 해상교통로이다.

이 글은 노선 상 거점들 사이의 위계와 그를 둘러싼 역사적 맥락, 지역별 국제질서, 한반도로부터 인도에 이르는 해상교통 노선상의 지역 간 환절 구조, 그리고 각 지역 사건들 사이의 상호 연관 관계 등을 규명하였다.

윤재운

교역과 교류 그리고 교통로
– 동아시아 육상·수상교통로의 연구현황

　교통이란 사람과 물자의 장소적 이동을 의미한다.[1] 교통은 교통로를
따라 사람과 물자의 이동뿐만 아니라 국가·지역 간의 경제·문화 교류
를 촉진시켰으며, 군사적 공격이나 방어에 있어서도 매우 중요한 역할
을 하였다. 이 교통로의 중심적 시설이 바로 도로이다. 도로는 국가 및
지역 간의 지식이나 기술, 생활양식을 다른 지역으로 전파시키는 역할
을 하였다.[2]

　이와 같이 교통은 각 시대마다 중앙과 지방도시와의 관계나 사회발
전에 기여하는 바가 크고 또한 그것의 발달 차이가 지역의 확대나 사람
과 재화의 이동, 문화의 전파에 크게 영향을 미쳐 사회 변화를 초래하
기 때문에 일찍부터 교통에 대한 흥미와 관심은 지대하였다. 그러나 교
통은 물자만을 의미하는 것이 아니라 문화·사상 등을 포함하고 있기

1.　富永祐治, 1989, 『交通學の生成－交通學說史硏究』, しまや書房, 151~153쪽.

2.　최영준, 1990, 『嶺南大路』, 고려대학교 민족문화연구원, 11쪽.

때문에 최근의 교통사 연구의 대상은 정치·법제·대외교섭이나 경제·사회 등 제 분야와 유기적 결합을 가진 방향성을 나타내고 있다고 해도 과언이 아니다.[3]

따라서 인간은 교통로 상에 사람, 물자의 통행을 위한 제도(驛站·津渡·漕運·擺撥)의 설치와 숙박시설(院·客館)을 건축하고 교량 등을 건축하여 편의를 제공하였고 운송 수단으로서 가마나 말, 수레 및 선박 등을 제작하여 이용하였다.[4]

먼저 육상교통에 대해서는 고고학적 측면에서 옛 도로 유구에 대한 조사·발굴 자료의 분석, 역사 지리적 측면에서는 역참 및 교통로의 분포, 역과 산성·읍치와의 관계나 경관에 대한 연구가 진척되었다. 그리고 제도사적 측면에서는 역참에 대한 제도, 역도驛道·역로驛路 노선과 성격 및 기능, 역마驛馬와 역속층驛屬層의 신분에 관한 연구가 주류를 이루고 있으나 도로나 교통로에 대한 연구동향 분석은 미흡한 편이었다. 한편 해상교통에 대한 연구사적 검토는 비교적 육상교통에 비해 상당히 많이 진행되었다고 할 수 있다. 대부분이 교역 또는 교류를 중심으로 해양사적 측면에서 이루어졌다고 할 수 있다.[5]

아래에서는 동아시아 교통로의 연구현황과 과제를 공간적으로는 한중관계에, 시간적으로 고대에 한정하여 살펴보고자 한다. 이를 위해 교통로의 연구현황과 과제를 육상과 해상으로 나누어 살펴보고자 한다. 참고로 논의의 편의상 제도사적 측면에서의 교통로는 육상 교통 부문에 더하여 검토하고자 한다.

---

3. 丸山雍成 外, 2003, 『日本交通史辭典』, 吉川弘文館, 1쪽.

4. 한정훈, 2010, 「고려시대 險路의 교통사적 의미」, 『역사와 담론』55, 2쪽.

5. 조병로, 2015, 「한국교통사 연구 동향과 역사교육의 방향—선사·고대~조선시대를 중심으로—」, 『역사와 교육』21 참조.

Ⅰ. 육상·수상교통로의 연구현황

우리나라 선사시대부터 고조선시기까지의 교통에 대한 연구는 비교적 많지 않다. 다만 선사시대의 경우 문헌자료의 제한으로 고고학 유물의 출토와 분포지역을 통해 유추해 볼 수 있다. 여기에는 청동기 시대 비파형동검의 이동과 분포를 통해 서남해안의 해로를 설정한 연구,[6] 화폐유적의 출토 지역 간의 관련성을 추적하여 고조선의 교역을 분석한 연구,[7] 문헌과 고고학 자료를 활용하여 고조선 교역의 실체를 규명한 연구,[8] 모피교역을 통한 고조선과 燕의 육상교통로 개설의 가능성을 추정한 연구[9] 등이 있다.

부여의 교통로에 대해서는 한 편의 연구[10]가 있을 뿐이다. 부여와 주변 세력과의 교류를 교통로를 통해 규명한 것이다. 중원왕조와의 교류에 사용된 교통로는 현도군로(길림-반석-휘남-매하구-청원-무순)와 요동군로(길림-쌍양-이통-요원(혹은 이용호고성-개원)-서풍-개원-철령-심양-요양)이고, 고구려와의 교통로는 길림시-휘남-백산-압원진-집안으로 연결되는 노선과, 휘남-매하구시-유하-통화-집안에 이르는 노선이 있다고 한다. 읍루와의 교통로는 육로와 수로로 구분되는데, 육로는 길림시-서란-

---

6. 최성락, 1993, 『한국원삼국문화의 연구』, 학연문화사.

7. 박선미, 2009, 『고조선과 동북아의 고대 화폐』, 학연문화사.

8. 박준형, 2006, 「古朝鮮의 海上交易路와 萊夷」, 『북방사논총』10; 박준형, 2007, 「고조선의 대외교역과 의미」, 『고조선의 역사를 찾아서』, 학연문화사; 박준형, 2013, 「산동지역과 요동지역의 문화교류-산동지역에서 새로 발견된 선형동부를 중심으로-」, 『한국상고사학보』79; 박준형, 2014, 「고조선사의 전개』, 서경문화사; 박준형, 2015, 「문헌을 통해 본 고조선의 대외교류와 익산」, 『고조선과 익산』, 익산시·한국고대사학회.

9. 강인욱, 2011, 「고조선의 모피교역과 明刀錢」, 『한국고대사연구』64.

10. 이종수, 2013, 「부여의 대외교류와 교통로 연구」, 『백산학보』96.

총론 **19**

오상-상지를 거쳐 방정에 이르거나 혹은 길림시-유수-랍림진-아성-
빈현을 거쳐 방정에 이르고, 방정에서 두 노선이 서로 합류하여 의란-
가목사를 거쳐 읍루의 중심지인 우의현에 도달하는 경로이다. 수로는
길림시-제이송화강-제일송화강-가목사 경로, 길림시-오상(육로)-랍
림하-제일송화강-가목사 경로, 길림시-빈현(육로)-제일송화강-가목
사 경로가 있다. 옥저와의 교류는 두만강유역과 수분하유역으로 나누
어 볼 수 있는데, 두만강유역은 길림시-제이송화강-랍법하-교하-돈
화-두만강유역으로 이어지는 루트이고, 수분하유역은 길림시-상지-
목단강시-수분하유역에 이르는 루트이다. 탁리국과의 교통로 역시 육
로와 수로를 이용한 노선으로 나눌 수 있는데, 육로는 길림시-유수-부
여현-송원-조원일대로 이어지는 노선이며, 수로는 길림시-제이송화
강-눈강-조원으로 이어지는 루트이다. 모용선비와의 교류는 모용선비
의 부여 공격루트를 통해 확인할 수 있는데, 모용외의 공격에는 대릉하
상류유역-부신-창무-강평-사평-장춘-길림시에 이르는 노선이 이용
되었고, 전연 모용황의 공격 당시에는 조양-북표-부신-창무-강평-
사평에서 요원시로 이어지는 루트 혹은 조양-북표-부신-신민-철령-
개원-서풍-요원에 이르는 경로를 이용하였다고 한다.

　　삼국시대 교통제도에 대한 연구 성과는 다음과 같다. 삼국시대 우역
에 대해서는 유선호가 우역과 교통로를 중심으로 우역의 설치와 관리
기구 및 기능 그리고 교통로를 분석하여 고대국가로의 발전과정에서
영토 확장 및 군사적 진출 그리고 정복지 지배를 위해서 중앙 및 지방
군현 간의 정치·군사적 필요에서 비롯되었음을 규명하였다.[11] 고구려에
대해서는 두 편의 연구가 있는데, 조병로는 고구려 국내성 도읍기의 교

11.　　유선호, 1987, 「삼국시대의 郵驛과 교통로」, 『京畿工業開放專門大學論文集』26.

통로인 남도南道·북도北道 문제 그리고 평양성 천도 이후 국내성과 평양성 사이의 17역驛의 존재를 통해 우역제의 실상을 설명하였다.[12] 최근에 조법종은 국내성과 졸본까지의 교통로를 고구려 성곽과 북구관애北溝關隘, 칠개정자관애七個頂子關隘, 노변장관애老邊墻關隘, 망파령관애望波嶺關隘 등의 관애를 연결시켜 관애가 우역의 기능을 수행하였다고 하여 주목이 된다.[13] 최근 고구려 요서횡단로를 분석한 연구도 주목이 된다.[14] 요서횡단로는 서부 국경선의 무려성武厲城을 기점으로 동쪽으로 요하를 건너 요동성遼東城에 이르는 노선이었다. 거의 400여 리에 달했던 이 노선을 관리하기 위해 설치된 역驛과 봉수烽燧·나邏·수戍의 기구의 실상을 규명하였다. 앞으로 고구려의 우역이나 역참제도는 관련 고고학 성과를 활용하면 앞으로 규명될 여지가 많다고 할 수 있다. 고구려의 수로에 대해서는 압록강 중상류 연안의 고구려 성곽을 통해 동해로東海路를 고찰한 연구[15]가 있을 뿐으로 향후 압록강 하류를 통한 연안항로와의 관련성을 규명해야 할 필요가 있다.

　　신라의 우역에 대해서는 신라 왕경과 주변 지역의 교통로를 경주지역의 도로유적 발굴 자료를 토대로 왕경 내부의 도로구조와 주변 성곽 및 역원(沙里驛·阿火驛) 기록을 분석하여 경주지역의 신라 관도官道를 추정한 연구,[16] 오통五通·오문역五門驛에 대한 개괄적인 연구,[17] 이노우에의 연구를 비판하여 북해통北海通→동해통東海通, 염지통鹽池通→북요통北傜

12.　조병로, 2002, 『韓國驛制史』, 한국마사회·마사박물관.

13.　조법종, 2011, 「高句麗의 郵驛制와 交通路」, 『한국고대사연구』63.

14.　李成制, 2017, 「高句麗와 遼東橫斷路─遼河 沿邊 交通路와 관리기구」, 『한국사연구』178.

15.　여호규, 2008, 「鴨綠江 中上流 沿岸의 高句麗 城郭과 東海路」, 『역사문화연구』29.

16.　박방룡, 1997, 『신라 도성 연구』, 동아대학교 박사학위논문; 2013, 『신라도성』, 학연문화사.

17.　井上秀雄, 1974, 『新羅史の基礎研究』, 東出版.

通, 북요통北俗通→북해통北海通, 해남통海南通→염지통鹽池通, 동해통東海通→해남통海南通으로 수정할 것을 주장한 연구,[18] 오통·오문역이 9주 5소경의 거점으로 연결됨을 추정한 연구,[19] 오통과 5소경 9주의 치소와의 관계를 검토한 연구,[20] 오통−오문역 대신에 왕경 6로路와 6기정畿停 및 주치州治와 소경과의 관계를 고려하여 신라의 간선교통로를 새롭게 제시한 연구,[21] 신라의 교통기구를 분석한 연구[22] 등이 있다.

백제의 교통로 연구는 한성백제 시기의 도성 및 북방 교통로, 웅진 천도 이후 남방교통로, 서남해안 해상교통과 남한강 및 금강 그리고 낙동강 유역진출과 관련한 분석이 많다. 수로에 대한 것만을 살펴보면, 소금 산지 확보와 운송을 위해 서해안 교통로 개척,[23] 한성 백제기 남한강 수로개척이 영서지역 말갈세력을 통제하고 고구려의 국원성 설치 이후 남한강 수로교통의 군사적·경제적 기능을 주목하거나,[24] 금강 상류지역의 교통로와 섬진강 유역의 교통로를 연계 분석한[25] 등의 연구가 있다.

발해의 교통로에 대해서는 8~10세기 동아시아 속의 발해 교통로를 분석한 연구[26]가 있다. 여기서는 중앙아시아 소그드인과의 교류 및 실크로드와의 연결, 5도를 통한 주변 민족·국가와의 교류를 설명하였다. 발

---

18. 이도학, 1997, 「古代國家의 成長과 交通路」, 『國史館論叢』74.

19. 한정훈, 2003, 「신라통일기 육상교통망과 五通」, 『釜大史學』27.

20. 서영일, 1999, 「新羅 五通考」, 『白山學報』52; 1999, 『신라 육상 교통로 연구』, 학연문화사.

21. 정요근, 2011, 「통일신라기의 간선교통로」, 『한국고대사연구』63.

22. 한정훈, 2006, 「6·7세기 신라교통기구의 정비와 그 성격」, 『역사와 경계』58.

23. 이도학, 1997, 앞의 논문.

24. 서영일, 2003, 「한성 백제의 남한강수로 개척과 경영」, 『문화사학』20.

25. 곽장근, 2009, 「금강상류지역 교통로의 조직망과 재편과정」, 『한국상고사학보』66.

26. 김은국, 2006, 「8~10세기 동아시아 속의 발해 교통로」, 『한국사학보』26.

해 교통로와 5경의 입지를 통해 발해 교통로의 특징을 분석한 연구[27]도 있다. 이를 통해 발해 교통로는 하곡지대에 연하여 수로와 육로를 병행하고 있다는 점, 육로와 해로의 결합이 있다는 점, 그리고 농경지역과 유목지역에 대한 외교적·정치적 기능을 수행하기 설치되었다는 점이 특징이라고 하였다. 발해의 역참제도를 규명한 연구[28]도 있다. 발해의 역참은 크게 마참馬站과, 수참水站·구참狗站으로 나누어 볼 수가 있고, 발해의 역참제는 수상·육상·해상 교통로를 아우르는 네트워크의 거점으로서, 서해(압록강·휘발하 수계)·동해(두만강 수계)·북방 유목민과의 교류 출구(목단강 수계)의 거점이자, 실크로드의 간선의 거점으로서 동아시아 네트워크의 동맥이었다고 하였다. 이와 관련하여 연해주 지역에서 조사된 발해 유적을 바탕으로 교통로의 복원을 시도한 연구[29]도 있다. 발해의 수로에 대해서는 흑룡강성黑龍江省 일대에 형성된 발해 유적을 중심으로 발해 중후기에 활발하게 운용된 수로 체계를 그려내는 데 목적을 두고 목단강牡丹江을 큰 줄기로 삼아 흑룡강성의 발해 유적을 크게 3개의 구역으로 분류해 분석한 연구[30]도 있다. 최근에 발해의 5도 가운데 육상교통로에 대한 연구들이 주목이 된다. 먼저 발해 거란도의 노선을 고고학 자료를 통해 분석한 연구가 있다. [31] 이에 따르면 그 구체적인 노선은, 발해 상경성 → 목단강 중상류(남호두고성 → 요전자24개돌 → 대전자고성 → 남대자고성) → 주이다허(액목) → 장광재령(전진고성) → 교하 → 망우허(칠도하자건축

27. 윤재운, 2011, 「발해의 5경과 교통로의 기능」, 『한국고대사연구』63.
28. 윤재운, 2015, 「발해의 역참제와 교통로」, 『고구려발해연구』53.
29. 남호현·정윤희, 2017, 「발해의 교통·관방체계 복원을 위한 예비작업」, 『한국상고사학보』96.
30. 구난희, 2014, 「渤海의 水路 體系에 관한 試論的 考察—중국 黑龍江省을 중심으로」, 『고구려발해연구』49.
31. 정석배, 2018, 「발해 거란도 노선 연구」, 『고구려발해연구』60.

지) → 상의 → 용담산산성 → 동요하 중상류(진가둔고성 → 오가자고성 → 십옥
고성 → 대금산고성) → 서요하(동마납심고성 → 통료 → 개로) → 천산 → 오이길목
륜하 → 요 황도로 비정을 하였다. 영주도營州道의 성격을 대당對唐 사행
로 보다는 당과 북방 제족의 성쇠를 통해 다원적 대외 교섭을 수행하는
교통로로 새롭게 인식한 연구도 있다.[32] 상경용천부에서 장령부까지 영
주도 노선상에 존재했던 발해유적 분포와 조영특징을 파악하여 영주도
의 구체적인 동선을 재조명 한 연구도 있다.[33] 가설 차원에 머물던 '담비
길'을 구체적으로 규명하기도 하고,[34] 흑수도黑水道의 노선을 평지성을 통
해 살펴보기도 하였다.[35]

　　지금까지 육상·수상교통로 교통로의 연구 동향을 살펴보았다. 전반
적으로 국가별로 몇 편 정도의 연구 성과가 있을 뿐으로 본격적인 의미
의 연구가 진행되지는 않은 상황으로 판단이 된다. 다만 최근에 고고학
과 문헌을 결합한 연구 성과들이 조금씩 나오고 있는 것이 주목이 된다.

II. 해상교통로의 연구현황

　　고대 한중간 항로의 명칭에 대해서는 많은 이견이 있어왔다. 간단히
정리해 보면 아래의 도표와 같다.

32.　구난희, 2018, 「渤海 營州道의 行路와 運用」, 『고구려발해연구』60.

33.　이병건, 2018, 「발해 상경~장령부 구간 영주도 노선상의 24개돌유적 현황과 역참 가능성 탐
　　　구」, 『백산학보』110.

34.　정석배, 2018, 「발해의 북방 서역루트 담비길 연구」, 『발해의 동서 네트워크와 아무르유역의
　　　중세고고학』 – '발해 네트워크의 역사적 위상' 국제학술회의 발표요지문.

35.　이병건, 2018, 「유적과 유물로 본 발해 흑수도 탐색」, 『발해의 동서 네트워크와 아무르유역의
　　　중세고고학』 – '발해 네트워크의 역사적 위상' 국제학술회의 발표요지문.

〈표 1〉 한중항로에 대한 제견해[36]

순번	연도	연구자 성명	사용 용어
1	1927	今西龍	南方航路, 新羅航路, 遼東航路, 遼東沿海航路, 山東直航路, 山東直行航路, 北方航路, 沿岸航路, 沿海航路
2	1948	金庠基	北線航路, 南線航路
3	1961	內藤雋輔	北支那航路, 南支那航路, 北方航路, 南方航路, 遼東沿海路, 黃海橫斷路, 南路, 北路
4	1979	李永澤	北路, 南方航路, 南路
5	1989	申瀅植	高麗·渤海航路(老鐵山水道航路), 西海橫斷航路, 新羅航路 (赤山航路)
6	1992	金在瑾	老鐵山水道經由航路, 黃海橫斷航路, 東中國海斜斷航路
7	1992	무함마드 깐수 (정수일)	北方航路, 南方航路, 沿海路, 直航路, 橫斷路, 迂廻路, 橫斷直航路, 黃海橫斷路, 赤山航路, 南方航路, 北方海路
8	1993	尹明喆	黃海北部沿岸航路, 黃海北部斜斷航路, 黃海中部斜斷航路, 黃海中部橫斷航路, 黃海南部斜斷航路
9	1996	權悳永	北部沿岸航路, 中部橫斷航路, 南部斜斷航路
10	2001	姜鳳龍	沿岸航路, 黃海橫斷航路, 東支那海斜斷航路
11	2011	고경석	서해 북부 연안항로, 서해 중부 횡단항로, 서해 남부 사단 항로

---

36. 도표에 인용된 전거는 시대 순으로 다음과 같다.

今西龍, 1933, 「慈覺大使入唐求法巡禮行記を讀みて」, 『新羅史硏究』, 國書刊行會.

金庠基, 1948, 『東方文化交流史論攷』, 乙酉文化社.

內藤雋輔, 1961, 「朝鮮支那間の航路及び其推移就いて」, 『朝鮮史硏究』, 京都大學 東洋史硏究會.

李永澤, 1979, 「張保皐 海上勢力에 관한 考察」, 『韓國海洋大學論文集』14.

申瀅植, 1989, 「韓國 古代의 西海交涉史」, 『國史館論叢』2; 1990, 『統一新羅史硏究』, 삼지원.

金在瑾, 1992, 「張保皐時代의 貿易船과 그 航路」, 『張保皐의 新硏究』, 莞島文化院.

무함마드 깐수(정수일), 1992, 『新羅·西域交流史』, 단국대학교출판부.

尹明喆, 1993, 『高句麗 海洋交涉史 硏究』, 성균관대학교 박사학위논문; 2002, 『장보고 시대의 해양활동과 동아지중해』, 학연문화사.

權悳永, 1996, 「新羅 遣唐使의 羅唐間 往復行路에 대한 考察」, 『歷史學報』149; 1997, 『古代韓中外交史』, 一潮閣.

姜鳳龍, 2001, 「8~9세기 東北亞 바닷길의 확대와 貿易體制의 變動」, 『歷史敎育』77; 2016, 『바닷길로 찾아가는 한국 고대사』, 경인문화사.

고경석, 2011, 「신라의 對中 해상교통로 연구」, 『신라사학보』21.

이상의 제설을 바탕으로 황해를 통한 한중항로의 주요내용을 정리해 보면 다음과 같다.

〈표 2〉 환황해 항로의 주요 내용

항로명	출항지	도착지	근거	주요사례
환황해 연근해 항로	요동반도, 대동강 하구와 경기만	산동반도의 등주	『신당서』권43 지리지에 인용된 가탐(賈耽)의 『도리기』	명도전의 출토지역, 발해사절의 대당항로, 발해 무왕대 당의 등주 공격루트, 김춘추와 온군해 등의 귀국항로
황해중부 횡단항로	인천만, 강화도와 주변 지역, 남양만 일대	등주, 적산포, 유산포 등	『입당구법순례행기』	개로왕대 백제 사신의 대북위 항로, 소정방의 당나라 군대 진격 루트, 『일본서기』에 전하는 신라도(新羅道)[37]
황해남부 사단항로	영산강 하구의 회진, 청해진, 영암	강소성 해안지방, 절강성의 항주, 명주, 주산군도	『고려도경』, 『송사』 고려전	진철대사 이엄, 법경대사 경유의 귀국항로, 918년과 927년 후백제사신의 대오월국항로 등

황해를 통한 항로는 위의 표에 나온 것처럼 환황해 연근해항로, 황해 중부 횡단 항로, 황해 남부 사단 항로로 나누어 볼 수 있다.

1. 환황해 연근해항로

한중항로에 대해서는 〈표 1〉에서처럼 많은 명칭이 있다. 하지만 환황해 연근해항로는 중국의 남쪽인 절강성 해안을 출발하여 산동반도를 거쳐 요동반도로 북상한 다음에 압록강 유역인 서한만에 진입한다. 이

---

37. 『日本書紀』卷25, 孝德天皇 白雉 5年 2月.

어 대동강 하구와 경기만을 지나 계속 남하한 다음에 서남해안, 남해 안의 일부, 쓰시마, 규슈 북부로 이어진 긴 항로이다. 크게 보면 4개 구역으로 이루어졌으나 기본적으로는 환상형環狀形의 항로이므로 특정한 출발지와 도착지가 없고, 다만 필요와 상황에 따라 경유지가 있을 뿐이다. 따라서 용어 그대로 황해를 둘러싸고 연근해를 항해하는 항로라는 점에서 환황해 연근해항로라고 부르는 것이 타당할 듯하다.

이러한 환황해 연근해항로의 주요 노선은 요동반도와 산동반도를 잇는 구간이다. 산동반도와 요동반도간의 교류는 신석기시대인 기원전 4500년 무렵에 처음 시작되었다. 그러나 산동반도에서 요동반도를 경유하여 한반도 서해 연안에 이르는 연안 항해는 기원전 2000년 전후의 용산문화 시기로부터 비롯되었다.[38] 이 항로는 노선이 길지만 안전하다는 장점을 가지고 있어서 많은 공적인 교류에 이용되었다.

『신당서新唐書』 권219, 발해전에 의하면, 발해는 수도 상경용천부를 중심으로 일본도·신라도·조공도·영주도·거란도 등 5개의 교통로가 있었다고 한다. 그 가운데 이른바 조공도와 영주도는 발해와 당을 연결하는 길로, 영주도는 순수한 육로인데 반하여 소위 조공도는 일부구간에 있어서 강과 바다를 이용하던 육·수로 혼합형 교통로였다. 이에 대한 기록은 『신당서』 지리지 기미주조羈縻州條 말미에 언급된 『도리기道里記』[39]에 있다. 이에 따르면 조공도는 수로와 육로로 되어 있다고 한다.[40] 수로는, 신주神州에서 압록강을 이용하여 환도丸都·박작구泊汋口를 통해

---

38. 정진술, 2009, 『한국의 고대 해상교통로』, 한국해양전략연구소, 199~208쪽.

39. 『道里記』는 『皇華四達記』의 逸文으로 唐 貞元 17년(801)에 賈耽이 德宗에게 헌상한 『古今郡國縣道四夷述』에서 四夷와 관련된 부분을 발췌한 것이다(榎一雄, 1994, 「賈耽の地理書と道里記の稱とに就いて」 『榎一雄著作集』7, 汲古書院, 197~200쪽).

40. 『新唐書』 卷43下, 志33下 地理7下.

황해로 들어가고 또한 요동반도 동해안을 따라 등주登州에 이른다. 신
주는 서경압록부의 치소로 서경안에 두어졌고, 환도는 고구려의 옛 도
읍으로 오늘날의 집안이다. 박작구의 위치에 대해서는 대포석하大蒲石
河의 하구 또는 애하하구靉河河口로 보는, 두 개의 추정이 있다. 최근에
애하하구부근에서 고구려시대의 호산산성虎山山城이 발견되었기 때문에
애하靉河하구설이 유력하다고 생각된다.[41] 한편 육로는 상경에서 경박호
鏡泊湖의 동안을 따라 남행하여 합이파령哈爾巴嶺을 넘어 알아하嘎呀河·
해란하海蘭河 하곡河谷을 따라 중경에 이른다. 게다가 중경부터는 해란
강海蘭江·장인강長仁江·고동하古洞河·이도하곡二道河谷을 따라 신안성新安
城터를 통해 서경[오늘의 임강臨江]에 도달한다.

조공도의 명칭에 대해, 조공도가 '발해국'을 '말갈국' 또는 '발해군'
이라 부르던 것과 같이 당에서 일방적으로 부르던 호칭일 것으로 보아
서, 조공도를 '등주도[42] 또는 '압록도'[43]로 부르는 것이 타당한 것으로 보
인다.[44]

황해 해로는 신라 견당사들이 비교적 초기에 이용하던 북부 연안항
로의 일부와 일치한다. 즉 압록강구에서 서남방으로 요동반도 남쪽 연
안을 따라 항해하여 석성도石城島·장산군도長山群島를 거쳐 지금의 여대
시旅大市 앞바다에 도착한 후, 서남쪽으로 조금 더 나아가면 여순 서남

41. 侯莉閔, 1994-4, 「渤海初期通往日本陸路部分的研究」, 『北方文物』; 王俠, 1997-1, 「渤海朝
貢道白山區段及相關問題」, 『北方文物』.

42. 權悳永, 1997, 앞의 책.

43. 韓圭哲, 1998, 「渤海의 西京鴨淥府 硏究」, 『韓國古代史硏究』14, 388~391쪽.

44. 발해의 5道 가운데 거란도, 일본도, 신라도는 도착 국가명이 명확히 특정이 된다. 하지만 唐
의 경우에는 영주도와 조공도 두 가지의 길이 있고, 영주도는 육로·조공도는 육로+수로 또
는 해로라는 의미를 내포하고 있기 때문에 다른 국가와는 상황이 다르다. 따라서 육로라는
특징을 가진 영주도와 대비하여 수로라는 특징을 가진 압록도가 타당하다고 생각된다(윤재
운, 2018, 「鴨淥道를 통해 본 발해사신의 여정」, 『고구려발해연구』60).

방에 있는 노철산老鐵山 아래의 도리진都里鎭에 도착할 수 있다. 압록강 하구에서 요동반도의 서쪽 끝인 노철산까지는 당척唐尺으로 800리라 하였으므로 미터법으로 환산하면 대략 427㎞ 정도 되는 거리이다.

결국 환황해 연근해항로인 압록도는 상경용천부에서 현주를 거쳐 신주에 이르는 당척 1,000리의 발해 육로와 신주에서 압록강구까지 당척 830리의 압록강 수로, 그리고 압록강구에서 요동반도 남단을 따라 발해해협을 건너 등주에 이르는 당척 1,100리의 황해 해로로 구성되어 있었다.

2. 황해 중부 횡단 항로

황해 중부 횡단 항로는 낙랑군과 대방군을 통한 중원과의 해상교류 지식, 고구려와 중국 남조와의 교섭을 통한 해로 지식의 증대, 고구려의 연안해로 차단으로 인한 백제에서의 새로운 중국항로 개척의 필요성 등에서 기인하여 이용되기 시작하였다. 따라서 475년 개로왕이 북위에 보낸 국서를 통해 볼 때,[45] 이 시기부터 이용되었음을 알 수 있다. 본격적으로 이용된 시기는 남북국시대부터였다.

황해 횡단 항로는 일찍이 3세기 초엽에 후한後漢이 멸망하고 대신에 위魏가 중원을 장악했을 당시 요동에서 공손씨가 일어나서 육로를 봉쇄하자, 낙랑 등의 군현郡縣이 위와 연락을 취하기 위해 이용되기 시작하였다. 이후 고구려와 대립하던 백제에 의해 이용되었고 삼국통일 후 발해가 흥기하자 신라와 중원과의 연락은 주로 황해 횡단 항로에 의존할 수밖에 없었다. 신라와 당과의 긴밀한 친선관계는 9세기 말에 두 나라

---

45. 「魏書」 卷100, 列傳88, 百濟傳.

가 모두 쇠퇴할 때까지 2백년간 지속되면서 황해 횡단 항로를 통한 연락은 사상 유례를 찾아보기 힘들만큼 성행했다. 그 때의 항로는 산동반도와 한반도의 서해안을 직결하는 것이지만 당대의 무역선들처럼 여러 가지 정세와 항해목적에 따라 적절한 지점에 발착했다. 이 항로는 풍천豊川—적산포赤山浦를 잇는 직선거리가 200㎞ 내외로서, 신라인의 공식적인 입당로入唐路였다. 이 항로의 가장 대표적인 사례로는 『입당구법순례행기入唐求法巡禮行記』[46]에 보이는 일본승려 엔닌의 귀국 노정을 들 수 있다. 이러한 황해횡단항로黃海橫斷航路는 그 후 여초麗初의 북송北宋과의 문물교류에도 크게 이용되었다.[47]

신라의 당은포唐恩浦와 당의 등주登州를 잇는 바닷길로는 일반적으로 두 항로가 있었다. 하나는 가탐의 『도리기道里記』에서 말하는 한반도 서남 해안 북쪽 연안을 따라 요동반도와 묘도열도廟島列島를 거치며 반원형 모양으로 항해하는 연안항로이고, 다른 하나는 황해도 옹진반도 혹은 장산곶 부근에서 황해를 동서 일직선으로 가로질러 중국 산동반도 동쪽 끝에 이르는 횡단항로이다. 항해술과 조선술이 미숙했던 시대의 항해는 대부분 연안항해를 하였는데, 삼국통일 이전의 신라인들도 주로 북부 연안항로를 따라 나당간을 왕래하였다.[48]

『신당서』권43 말미에 인용된 가탐의 『도리기』에 의거하여 당은포를

46. 『入唐求法禮行記』卷4, 會昌 7年 9月 2日條.
47. 孫兌鉉·李永澤, 1981, 「遣使航運時代에 關한 硏究」, 『韓國海洋大學論文集』16, 44쪽.
48. 신라가 6세기 중반 한강유역을 차지한 후 한동안 당항진에서 출발하여 고구려의 영해를 거치는 서해 중부 횡단항로를 이용하다가, 『日本書紀』 645년에 나오는 '新羅道'에 착안하여 고구려의 방해를 받지 않고 중국 산동반도를 연결하는 새로운 항로인 '新羅道'를 개척하였다고 보기도 한다(전덕재, 2013, 「新羅의 對中·日 交通路와 그 變遷」, 『역사와 담론』65). 이에 따르면 남북국시대 이전에 황해 횡단 항로가 활성화된 것이 된다. 그러나 설사 황해 횡단 항로를 이용한 적이 있더라도 이것은 일시적인 것이고, 활성화 된 것은 남북국시대에 접어든 이후로 생각된다.

출발점으로 삼아 이 항로를 구체적으로 추적해 보면, 우선 당은포에서 서쪽으로 지금의 덕적도로 나아갔다가 그곳에서 방향을 북쪽으로 바꾸어 강화도로 항해한다. 그 사이에는 대부도·영흥도·영종도 등의 섬들이 점재해 있어, 연안항해를 하던 당시의 선박들은 그것을 표식으로 삼아 운항했을 것이다. 강화도에서 교동도를 거쳐 황해도 연안을 따라 서북진하여 해주만·옹진반도를 거쳐 지금의 황해도 장연군 장산곶 혹은 몽산포 부근에 있던 장구진長口鎭에 도달할 수 있는데, 그곳에는 신라시대 당을 왕래하던 사신들이 일시 머물렀던 객관의 터가 조선시대까지 남아 있었다고 한다.[49] 장구진에서 다시 바다로 나와 초도椒島를 거쳐 대동강 하구를 건너 평안도 서쪽 해안을 따라 북상하면 지금의 평안북도 선천군에 속한 신미도에 도달할 수 있다. 그곳에서 배의 방향을 서북쪽으로 바꾸어 항해하면 압록강 하구에 이르게 된다. 출항지 당은포 앞바다에 있는 덕적도에서 이곳 압록강 하구까지의 항해 거리는 당척으로 1,000리라 하였으므로 약 534km 정도 된다.

다시 압록강 하구에서 서남쪽으로 요동반도 남단 연안을 따라 계속 항해하면 석성도石城島에 이르고 그곳에서 대련만까지 이어지는 장산군도長山群島를 차례로 거쳐 나아가면 지금의 여대시旅大市 앞바다에 도달한다. 대련만에서 서남쪽으로 좀 더 나아가면 요동반도의 가장 서쪽 지점인 도리진都里鎭 즉 지금의 여순 서남쪽에 있는 노철산老鐵山 아래에 도달하게 된다. 압록강 하구에서 요동반도 서쪽 끝인 이곳 노철산까지의 항해 거리는 당척으로 800리라 하였는데, 미터법으로 환산하면 대략 427km 정도가 된다. 도리진에서는 요동반도와 산동반도를 잇는 묘도열도廟島列島를 따라 남행하는데, 발해해협을 지나 지금의 황성도隍城島·

---

49. 『增補文獻備考』 권10, 輿地考.

장산도長山島를 거쳐 당척으로 약 300리 즉 160㎞ 정도를 항해하면 등주에 도착할 수 있다.

이처럼 북부 연안항로는 약 1,100㎞에 걸쳐 황해를 둘러싸고 있는 대륙의 연안을 따라 북쪽을 한 바퀴 도는 바닷길이었다고 하겠다. 이 해로는 육지와 근접하여 운항하는 항로이므로 산을 위시한 연안의 지형을 항해의 표지로 삼을 수 있고, 악천후를 만났을 때에는 인근 육지로 쉽게 피항하여 해상조난의 화를 면할 수 있는 장점이 있다. 반면에 이 항로는 연안을 따라 황해를 우회해야 함으로 항해거리가 길고 바람을 효과적으로 이용할 수 없었으므로 많은 시일이 소요되었을 것이다. 그러므로 신라인들이 이 항로를 이용한다면 중간 몇 곳에서 장기간 항해에 소요되는 물자를 공급받아야 했을 터인데, 중간 기착지가 고구려·발해와 같은 적국이었으므로 기항이 불가능했다. 뿐만 아니라 그들에게 나포당할 위험이 항상 도사리고 있었다. 이러한 사정으로 인하여 견당사를 포함한 신라인들은 나당간의 새로운 항로를 모색했음 직한데, 그것이 바로 황해 중부 횡단 항로와 남부 사단 항로이다.

견당사 양패良貝의 사례[50]에서처럼 백령도 혹은 황해도 서쪽 끝에서 황해를 가로질러 산동반도로 가는 항로가 바로 황해 중부 횡단항로이다. 나당간을 오가던 사람들이 이 항로를 이용하려면 우선 당은포에서 배를 타고 황해도 서쪽까지 북상해야만 한다. 북상코스는 앞서 살펴본 환황해 연근해항로의 그것과 같이 덕적도·강화도·교동도를 거쳐 장구진에 이르는 길이었다. 그런 다음 장구진에서 서쪽을 향하여 대양으로 들어가 황해를 횡단하는데, 이 횡단 길은 중국과 한반도 사이의 최단거리 직선코스이다. 그러므로 이 항로는 당은포에서 장구진까지는

---

50. 『三國遺事』 권2, 眞聖女大王 居陀知.

연안항해를 하고 장구진에서 산동반도까지는 원양항해를 하는 구간으로 이루어진 셈이다.

이 항로가 언제부터 본격적으로 활용되었는지는 분명치 않다. 그런데 무열왕 7년(660)에 소정방이 당나라 군사 13만 명을 이끌고 이 바닷길을 따라 덕적도를 거쳐 백제를 공격하였던 점으로 미루어 보아 늦어도 7세기 중엽에는 활용되기 시작했을 것으로 보인다.

3. 황해 남부 사단 항로

황해 남부 사단 항로는 경주에서 가까운 감포·영일만이나 울산만에서 출발하여 남해안을 지나 흑산도 부근에서 뱃길을 서북방으로 돌려 산동반도 쪽으로 가거나,[51] 서남쪽으로 바다를 건너 양자강구나 남중국으로 직항하는 해로가 이용되었다. 이 항로의 중국측 중심 항구는 명주 정해현·대주 황암현·양주·천주·광주 등이며 신라측에서는 무주·나주·강주가 이용되었다.[52]

이 항로는 오대五代 이후 중국 강소성에서 연안항해가 발달되고, 거란의 위협에 따라 고려가 송나라와의 항로를 변경해야 할 필요성이 생겼으며, 11세기에 항해용 나침반의 등장으로 항해술이 발달하여 사단 항해가 가능해졌기 때문으로 보기도 한다.[53]

그 자세한 도정道程은 선화宣和 5년(인종 원년; 1123)에 내조來朝한 서긍徐兢의 『고려도경高麗圖經』[54]과 『송사宋史』에 기록되어 있는 것과 같이 명주

---

51. 『唐國史補』 卷下.

52. 金文經, 1997, 『張保皐硏究』, 淵鏡文化社, 113쪽.

53. 정진술, 2009, 앞의 책, 307~326쪽.

54. 『高麗圖經』 卷34-39(海道 1-6) 參照.

明州를 출발하여 백수양白水洋·황수양黃水洋을 지나 흑수양黑水洋을 동북으로 횡단하여 흑산도黑山島에 이르고 더욱 전진하여 서해연안의 섬들을 거쳐 예성강禮成江에 이르는 것이었다.

중국의 등주지방이 신라의 당은포와 2개 코스의 해로로 연결되었음에 비하여 강회江淮지역의 초주楚州·양주揚州·명주明州 등지는 거리상 가장 가깝고 당시 신라 서남단의 대표적인 항구였던 회진會津과 바닷길로 연결되었다. 이 항로는 흑산도와 장강 하구 사이 약 600km 구간을 중간 기착지 없이 횡단해야 하는 바닷길이기 때문에 연안항해 혹은 근해항해에 비하여 해상조난의 위험성이 훨씬 높다. 그럼에도 불구하고 나당간을 왕래하던 사람들이 이 항로를 이용했던 것은, 계절풍과 구로시오난류 혹은 쓰시마난류와 같은 해류를 효과적으로 이용하면 신속하고 용이하게 횡단할 수 있었기 때문이다. 항해술과 조선술이 일정 수준에 도달한 남북국시대 후반에야 비로소 그 이용이 보편화되지 않았을까 생각된다.[55]

이후 고려시대에는 황해 중부 횡단 항로와 남부 사단 항로 모두 이용되었으나, 북송 때부터는 주로 남부 사단 항로를 이용했던 것으로 추정된다. 9세기 말에서 10세기 전반에 이르는 당말오대의 혼란기에 중국 북방지방 대외무역의 중심은 양주와 회하 연변으로부터 남쪽의 절강 지역으로 이동되었다. 이에 따라 절강과 산동을 연결하는 남북해운로로서 강소성 연안항해가 발달되었고, 황해도 서남단과 산동반도를 연결하는 중부 횡단 항로도 강소성 연안을 경유하여 절강성 연안까지 연장되었다. 나아가 이 무렵 즉 10세기 초부터는 흑산도와 회하 하구를

55.　윤재운, 2017, 「남북국시대의 對中항로와 거점」, 『한국사연구』179.

연결하는 새로운 남부 횡단 항로도 이용되기 시작했다.[56]

1123년에 송나라 사절단의 한 사람으로 고려에 왔던 서긍徐兢의 『선화봉사고려도경宣和奉使高麗圖經』에 남부사단 항로의 자세한 항해 일정이 소개되어 있다. 즉 그 해 5월 16일에 명주를 출발한 서긍 일행은 정해현定海縣에 도착한 다음 동남풍을 이용하여 북상하여 장강長江 하구까지 갔다. 거기서 동북쪽으로 방향을 바꾸어 대양으로 나아가 흑수양黑水洋을 지나 황해를 횡단한 후 6월 3일에 흑산도를 통과하여 해안을 따라 예성강까지 올라갔다고 한다. 만약 그들이 영산강 하구의 회진에 기착하려고 했다면, 흑산도에서 곧장 북상하지 않고 지금의 전남 신안군 앞바다를 통하여 입항하면 된다. 결국 남부 사단 항로는 회진에서 흑산도를 거쳐 흑수양을 지나 장강 혹은 절강浙江 하구에 도착하는 코스라 하겠다. 『송사』 고려전에도 이와 동일한 항로가 소개되어 있다.

4. 국가별 해상활동

고구려의 해양활동에 대해서는 윤명철의 연구 성과[57]가 대표적이다. 그는 고구려 고대 국가의 발전과 해양활동을 고찰하여 만주 남부의 지리적 조건을 이용하여 해양활동을 활발하게 전개하였다고 하였다. 즉 태조왕대부터 압록강 하구 서안평으로 진출하여 황해북부를 통한 중국 교역을 추진하여 동천왕 때는 양자강 하구 건강建康의 오나라와 최초로 교역을 하였고, 미천왕 때에는 압록강 하구를 장악, 낙랑과 대방을 멸망시키는 역할을 하였다고 하였다. 또 광개토왕 시기에는 백제공격시 수

---

56. 정진술, 2009, 앞의 책, 307~345쪽.
57. 윤명철, 1995, 「고구려 전기의 해양활동과 고대국가의 성장」, 『한국상고사학보』18; 윤명철, 2003, 「해양사관으로 본 한국고대사의 종언」, 『한국사연구』123.

류양면 작전으로 경기만과 서해안 해상권을 장악하였고, 이어서 장수왕의 평양천도 이후 경기만과 황해중부 해상까지 진출하였다고 하였다.

백제의 해양활동에 대해서는 바다를 통한 백제의 흥망을 다룬 연구,[58] 백제의 해상교통로와 기항지를 고고학적인 관점에서 고찰하여 기항지(포구)를 영암 옥야리 장동 고분 등으로 추정한 연구,[59] 백제의 대중항로와 대왜항로 검토를 통해 그 기항지를 살펴본 연구,[60] 백제의 대중항로 기항지를 압록강 하구 신도·요동 황골도, 석성도, 장산도, 평도, 황성도, 산동반도 등주·액현·황현·성산·불기·구산·욱주·장강 하구 등으로 고찰한 연구,[61] 롄윈강 지역에서 발견된 '토돈석실묘土墩石室墓'의 축조가 백제 유민에 의한 것으로, 이 지역이 고대 항로상의 역할을 규명한 연구,[62] 백제의 서남해 도서지역 군현설치의 의미를 제해권 장악으로 파악한 연구,[63] 고구려와 백제의 대립관계를 고려 분석하여 5세기 후반과 7세기 전반에 사용된 백제의 항로를 횡단항로로 추정한 연구,[64] 백제와 동진의 교섭 항로를 시기별로 나누어 살펴본 연구,[65] 백제와 중국의 사행로를 분석한 연구[66] 등이 있다. 최근 백제의 해양 활동 관련 연구 성과가 많이 나오고 있는 것은 주목할 만하지만, 향후 관련 고고

---

58. 강봉룡, 2002, 「고대 동아시아 海上交易에서 百濟의 역할」, 『한국상고사학보』38.
59. 김낙중, 2016, 「서남해안 일대의 백제 해상교통로와 기항지 검토」, 『백제학보』16.
60. 문안식, 2015, 「백제의 동아시아 해상교통로와 기항지」, 『사학연구』119.
61. 박순발, 2016, 「백제의 해상 교통과 기항지-對中國航路를 중심으로-」, 『백제학보』16.
62. 박순발, 2013, 「百濟의 中國 使行路-連雲港 封土石室墓의 歷史性格」, 『백제연구』57.
63. 문안식, 2012, 「百濟의 西南海 島嶼地域 進出과 海上交通路 掌握」, 『백제연구』55.
64. 박종욱, 2017, 「백제의 對中國交涉 航路-고구려의 해상 차단 관련 기록을 중심으로」, 『백제학보』19.
65. 임동민, 2016, 「백제와 동진의 교섭 항로」, 『백제학보』17.
66. 손광기, 2013, 「百濟의 中國 使行路-漢唐時期 中國과 韓半島의 海上航路」, 『백제연구』57.

학 성과 등의 분석을 통해 더 나은 연구가 나올 것으로 기대된다.

신라의 연구 동향에 대해서는 위의 항로 부분에서 거의 언급이 되었기 때문에 여기서는 더 이상 언급을 하지 않겠다. 해상활동과 관련된 주제로 많은 것은 특정 포구나 항구의 해양사적 의미를 규명한 연구 성과들이다.[67] 다음으로 교과서와 교통사에 대해 규명한 연구,[68] 최치원의 생애를 통한 항로를 검토한 연구,[69] 『태평광기』에 나오는 항로에 대해 분석한 연구,[70] 후백제의 교류에 대해 살펴본 연구,[71] 신라의 외항外港에 대해 규명한 연구[72]가 있다. 이에 따르면 내항內港이 권역내의 어업, 운송 등 대내 기능을 맡고 있었다면, 외항外港은 외교교섭이나 대외교역과 같은 대외적 기능을 수행했고, 신라의 외항으로는 율포栗浦와 당항성黨項城을 들 수가 있다고 한다.

---

67. 강봉룡, 2002, 「고대·중세초의 한·중 항로와 비금도」, 『도서문화』19; 강봉룡, 2006, 「신라 말 ~고려시대 서남해지역의 한·중 해상교통로와 거점포구」, 『한국사학보』23; 김은국, 2008, 「登州를 중심으로 한 渤海와 東아시아의 交流」, 『동아시아고대학』17; 신성재, 2011, 「후삼국시대 나주지역의 해양전략적 가치」, 『도서문화』38; 최영호, 2011, 「나말여초 김해지역의 對中國 해상교섭」, 『석당논총』50; 윤명철, 2012, 「唐津의 고대 海港都市的인 성격 검토와 航路」, 『동아시아고대학』29; 장일규, 2015, 「나말여초 서해 항로와 평택」, 『신라사학보』34; 이판섭, 2016, 「古代 地方道路와 陸上交通路—燕岐地域을 中心—」, 『호서고고학』35; 서영일, 2016, 「龍仁의 古·中世 交通路와 駒城 地域」, 『문화사학』45; 선석열, 2016, 「신라시기 부산지역의 해양교류와 형변」, 『항도부산』32.

68. 최진열, 2015, 「동아시아 교과서의 교통사 서술과 역사교육」, 『역사와 교육』21; 한정훈, 2015, 「중학교 역사교과서 '交通史' 서술 내용 분석—한국 전근대사를 중심으로」, 『역사와 교육』21; 이병희, 2015, 「고등학교 한국사 교과서의 전근대 교통사 서술 내용 검토」, 『역사와 교육』21; 조병로, 2015, 앞의 논문.

69. 김복순, 2012, 「신라 지식인들의 입당·귀국로」, 『경주사학』36; 최낙민, 2015, 「崔致遠의 시를 통해 본 9세기 黃海航路」, 『해항도시문화교섭학』12; 장일규, 2015, 「신라 말 서해 항로와 崔致遠의 지방관 활동」, 『한국고대사탐구』19.

70. 김창겸, 2009, 「당에서 신라를 다녀간 사신들의 항로와 해양경험—태평광기를 중심으로」, 『신라사학보』17.

71. 이도학, 2016, 「後百濟와 高麗의 吳越國 交流 研究와 爭點」, 『한국고대사탐구』22.

72. 김창석, 2015, 「삼국시기 신라 外港의 변천과 그 배경」, 『도서문화』45.

마지막으로 발해의 해상활동에 대해서는 발해문물교류의 양상을 인적 왕래, 물품교류, 지식·정보의 교류 등을 통해 살펴본 연구,[73] 발해의 대중국 무역의 양상을 네 시기로 살펴본 연구[74] 등이 있다.

이상에서 해상교통로와 활동에 대해 살펴보았다. 전장에서 살펴본 육상·수상교통로에 비해 상당히 많은 연구업적이 있음이 눈에 띈다. 항로의 전반적인 노선과 그 역사적인 변천에 대한 규명은 어느 정도 이루어진 상황이라 판단된다. 다만 동아시아 지역뿐만 아니라 동남아시아와 서아시아 나아가 유럽까지 이어지는 유라시아네트워크의 해양구간을 고려한 전체적인 입장에서의 연구와, 각 시대별·지역별 해상교류의 내용과 그 의미에 대해서는 앞으로 천착할 여지가 여전히 남아 있다고 판단된다.

---

73. 윤재운, 2006, 「8~10세기 발해의 문물교류」, 『한국사학보』23.

74. 윤재운, 2003, 「발해의 왕권과 대중국무역」, 『백산학보』67.

1

한국고대의 교역과 교통로

제1장

동북아시아 교통로의 태동

박선미

1. 머리말

길은 사람과 물자의 이동이다. 길이 있다는 것은 서로 다른 어떤 것 혹은 사람이 오고갔음을 의미한다. 길은 어떤 것의 최종 목적지에서 서로 다른 두 개체가 만난 것으로 이어진다. 서로 다른 어떤 것들은 한 곳에서 만남으로써 상호 변동한다. 이것을 전문용어로 상호작용(interaction)이라고 한다.[1] 교역, 교환, 만남과 이주, 호혜, 전쟁 등은 대표적인 상호작용이다. 상호작용은 인류가 지구상에 등장한 이후부터 시

---

1.   Karl Polanyi, 1957, The Economy as Instituted Process, In Polanyi et al.(des.), *Trade and Markets in the Early Empires*, Glencoe, IL, The Free Press.

작되었을 것이다. 옛길은 이것을 보여주는 역사의 장이다.

산발적인 이동에 의해 길이 만들어진다. 사람과 물자의 이동이 빈번해지면 이것이 교통로가 된다. 교통로는 대량의 인구와 물자의 반복적인 이동을 의미하는데, 이것을 흔히 교역이라고 한다. 무력에 의한 약탈이나 노획 없이 쌍방 간에 평화적으로 멀리 떨어진 곳으로부터 직간접적으로 물자가 운송된다. 이 과정에서 새로운 교통로가 개척되고 교통수단과 운송수단이 개발된다. 따라서 교역은 보다 체계적이고 조직적인 인구와 물자의 이동을 의미한다. 상호작용도 이에 맞게 규모와 성격 및 양상을 달리하여 나타는데, 두 집단을 비슷하게 하거나 혹은 더욱 차이나게 하는 기재로 작용한다. 이것이 인류의 역사에서 교역을 주목하는 이유다.

한중관계사에서 교역은 서로 다른 집단 혹은 정치체가 어떻게 상호작용을 했고, 이들의 정체성에 어떠한 변화를 주었는가를 이해하는 데에 도움이 된다. 언제부터 교역이 이루어졌으며, 그 동기는 무엇이었는가? 길은 언제, 어떻게 개척됐는가? 이것이 인류사의 전개에 어떠한 영향을 미쳤는가?

이 장에서는 선사시대의 대표적인 교역품을 중심으로 동북아시아에 인류가 등장하여 교역을 시작하기까지의 배경과 교통로가 개척된 태동기의 양상을 살펴보도록 하겠다. 문자가 없는 시대 혹은 문자로 기록되지 않은 시대, 인류의 교역과 교통로의 개척을 탐색하는 것은 전적으로 고고학 자료에 의존하고 있다. 옛길과 인구, 이동된 모든 물자가 오늘날까지 남아 전해지지는 않는다. 그러나 고고학 조사에서 발견된 단편적인 자료를 가지고도 동북아시아의 가장 이른 시기 교역과 교통로의 전개 양상을 살펴볼 수는 있다.

본문에서 '한중관계사'상의 교역과 교통로라 하지 않고 '동북아시아'

라는 용어를 사용하는 것은 이 시기에는 아직 한국과 중국이 성립되기 전으로서 한중관계라는 용어가 어울리지 않기 때문이다. 대신 한국과 중국의 원류(proto)로 접근하여 동북아시아와 한중관계 등의 용어를 적절히 구분하여 사용하도록 하겠다.

2. 동북아시아의 고환경과 인류 그리고 길

인류는 언제부터 길을 만들고 물건을 주고받았을까? 사람이 많이 다니다 보면 길이 생긴다고 했으니 길은 사람의 왕래를 의미한다. 사람과 함께 물자 혹은 생각, 개념, 이념 등의 각종 아이디어도 이동한다.

이 장에서는 고환경古環境 분야와 구석기학에서 연구된 바를 바탕으로 중국내륙–남만주–한반도–일본열도 간 인류의 이동 경로를 통해 교통로 개척의 서막을 살펴본다. 이를 통해 선박 등과 같은 교통 및 운송 수단이 개발되기 전에 어떻게 원격지遠隔地간에 교류와 교역이 가능했는가에 대하여 조금이나마 이해할 수 있을 것이다.

인류가 등장하고 돌이나 나무·뼈 등으로 도구를 만들어 사용했던 구석기시대에는 다양한 기후 변화가 일어났고 해수면의 변동이 수차례 발생했다. 선사시대의 자연환경을 다루는 고환경고고학古環境考古學 연구에 따르면 요동반도–산동반도 사이의 발해만 일대를 가리키는 '환발해지역'은 지금으로부터 216만년 전 홍적세(Pleistocene) 초기에 형성된 이후 기후가 변하면서 오늘날까지 여러 차례의 해수면 변동을 겪었다.

때로는 해수면이 지금보다 120m나 낮아서 한반도와 중국의 산동반도 사이의 왕래가 수월했던 적도 있었다. 지금은 배를 타고 가야하는 요동반도와 산동반도는 걸어서 왕래가 가능했다. 해수면이 90m 낮았

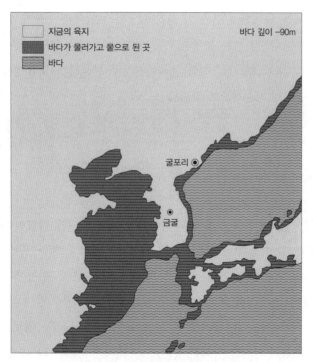

의 범례:
- 지금의 육지
- 바다가 물러가고 뭍으로 된 곳
- 바다

바다 깊이 -90m

굴포리 ◉

◉ 금굴

지도 1. 3만년~2만8천년 전 사이의 동북아시아
(손보기, 1988의 지도를 일부 수정)

을 때도 마찬가지였다. 한반도와 일본열도도 육지로 연결되어 있었다. 이것이 해수면의 하강에 의한 소위 연륙현상連陸現象이다.

해수면이 지금보다 높았을 때는 최고 45m가 더 상승했다. 지금은 육지였던 곳이 1만5천5백여년 전에는 바다였다. 지금의 인천 일대는 바다 속에 잠겨 있었던 셈이다.[2]

그런데 문자로 기록되지 않은 먼 과거의 기후를 어떻게 가늠할 수 있는가? 자연과학적인 여러 방법이 있겠지만 식물을 이용한 고환경古環境

---

2.   손보기, 1988, 「한국구석기학 연구의 길잡이」, 연세대학교출판부, 27~71쪽.

의 복원이 기본이다. 식물은 기온이나 습도 혹은 인간활동에 매우 민감하게 반응하기 때문에 고古기후 및 식생의 이해와 같은 환경복원에 가장 중요한 자료다. 또한 식물자료는 인간의 토지이용양식과 농경의 기원에 대한 연구에도 중요한 자료가 된다.[3]

중국학계의 고환경에 대한 연구는 비교적 일찍 시작되었는데, 황해 수심 50미터에서 1만2천여년 전의 소택상 토탄층의 발견, 발해 수심 27.5미터에서 1만여년 전의 토탄 발견, 요동반도 내륙 동구東溝에서 7천7백여년 전의 토탄 발견 등은 해수면의 변동을 잘 보여준다.[4] 최근에는 발해만 일대의 심해저 토층을 분석하기도 했다. 이 연구에 따르면 1만4천여년 전 기후 변화가 격심했던 것으로 나타났다. 당시의 기후변화는 기온과 강수량에 민감한 동식물종의 변화를 초래했다. 발해 해역 중부의 수심 27.5미터가 되는 곳에서 다량의 초본화분류와 침엽수화분이 검출됐고, 소량의 낙엽활엽수 화분이 검출됐다. 이러한 화분구성은 이 일대의 기후가 춥고 건조한 한온대寒溫帶에 속했음을 보여준다. 식물군유형을 토대로 추산된 기온은 현재보다 7~8도가 낮았다.

1만2천년에서 8천년 전이 되면 기온이 상승하여 지구 전체가 따뜻해졌다. 화분검출에서 활엽수가 증가하고 침엽수가 감소한 것은 이를 잘 보여준다. 환발해지역의 기후가 오늘날과 비슷해진 것은 8천년에서 6천년 전부터다. 이후에도 기후 변동이 발생하여 6천년과 5천년 전 사이에는 지금보다 기온이 4도 정도 높았다가 5천년 전 이후에는 다시 기온이 하강했고 4천년 전 이후 기후 변동이 적어지면서 오늘날과 같은 수준으로 비교적 안정된 환경을 유지했다.

---

3. 이선복, 1988, 「구석기시대 뭍과 바다의 지도」, 『한국고고학 개론』, 이론과 실천, 115~124쪽.
4. 王靑, 2014, 『環境考古餘鹽業考古』, 科學出版社, 31~39쪽.

이러한 기후변화는 강수량의 변화를 야기시켰다. 기후가 추웠을 때는 하천이나 저수지 등을 얼게 하여 물의 순환을 저해하고 해수량을 감소시켰다. 이것은 곧 해수면의 하강이라는 결과를 낳았다. 이와 반대로 기후가 따뜻했을 때에는 얼은 하천이 녹아 물이 되고 강을 이루어 바다로 흘러들어갔다. 해수면이 상승하는 것이다. 이것이 지리학에서 말하는 빙천조절론氷川調節論이다. 이 이론은 해안선 상승과 기후변화의 관계, 즉 난기와 해수의 상승, 냉기와 바다의 후퇴라는 대응관계를 비교적 정확하게 보여주는 것으로 평가되고 있다. 이 연구에 따르면 한반도와 요동반도 및 한반도를 아우르는 환발해 지역과 한반도와 일본열도 사이의 바다는 해상 및 육상이 교체되고 침적沈積되어 해수면 변화가 빈번했다.

한반도에서 발견된 구석기유적에서도 빈번했던 기후변화의 흔적을 찾을 수 있다. 평양 상원 검은모루유적에서는 물소, 짧은꼬리원숭이 등 따뜻한 기후에 살았던 짐승의 뼈가 발견되어 당시 한반도의 기후가 지금보다 온난하였음을 보여주고 있다. 학계에서는 이들 뼈가 출토된 당시를 60만~55만년 전으로 추정하고 있다. 당시의 한반도 해수면은 지금보다 10m가 높았다고 한다.

해수면이 가장 낮았던 경우는 지금보다 120m 아래에 해안선이 형성된 시기인데, 인류 등장 이후에는 두 차례 발생했다. 24만~21만년 전에 한 차례 있었고 이후 몇 차례의 기후 변화에 의한 해수면의 변동이 있다가 5만8천~3만8천년 전 사이에 다시 120m 아래로 떨어졌다. 전자의 경우에 해당하는 유적은 공주 석장리 3층과 4층 지점, 평양 역포구역 대현동유적이 대표적이다. 이 유적들에서는 사람뼈와 함께 각종 석기가 출토됐으며, 추운 지방에서 사는 동물인 털코뿔이, 큰뿔사슴 등의 뼈가 출토됐다. 후자의 경우는 평양 덕천군 승리산동굴유적, 평산군 해상동굴유적이 있는데, 이곳에서 동굴곰, 털코뿔이, 산양, 털코끼리 등 추운 기후 짐승뼈가 출토됐다. 기후의 변동과 동물상이 정확하게 일치하고 있음을 보여주는 고고학 자료다. 식물로는 시베리아소나무 화분이 검출되어 추운 기후임을 보여주었는데, 활엽수 꽃가루도 검출되어 한반도는 아주 추운 기후는 아니었던 것으로 드러났다.

이와 같이 중국 동부인 산동반도는 요동반도 및 한반도와 훨씬 가깝게 연륙되어 있었다. 이 덕분에 인류는 원양遠洋이 불가능한 자그마한 배만으로도 이들 지역으로 왕래할 수 있었다. 또한 한반도와 일본열도 사이에 바다가 없었으므로 걸어서 왕래할 수 있었다.

이렇게 기후변화가 다양하게 일어나는 동안 인류도 변화된 식생에

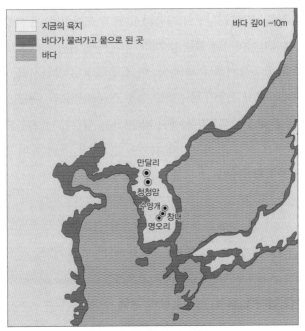

지도 2. 2만5천년~1만8천년 전 사이의 동북아시아
(손보기, 1988의 지도를 일부 수정)

맞추어 먹을 것을 찾아 이동했다. 어쩌면 이것이 인류 최초의 길이 만들어진 이유였을 지도 모른다.

초기 인류의 이동과 교류를 가장 잘 보여주는 것은 흑요석이라는 돌로 만든 석기다. 이에 대해서는 다음 장에서 살펴보자.

이외 직접자료는 아니지만 이 시기 인류의 이동과 교통로를 방증해주는 유적이 있다. 잘 알려져 있다시피 3만년 전에서 1만5천년 전에 인류는 동굴 벽에 그림을 그려놓았다. 이것이 유럽의 알타미라, 라스코 등의 동굴벽화다. 들소, 말, 사슴, 곰, 사자 등의 짐승이 매우 사실적이고 역동적으로 묘사되어 있다. 이와 유사한 동굴벽화는 몽골 서북부의 중심도시인 호브드(Khovd)에서 발견됐다. 비슷한 시기에 나체 여인상인 비너스상이 만들어지는데, 그 출토지를 보면 대체로 프랑스, 이탈리아, 남부 독일, 오스트리아, 유고슬라비아, 우크라이나, 동시베리아 등이다. 동북아시아에서는 요령성 객좌 등에서 발견됐다. 한반도에서는 구석기시대의 동굴벽화나 비너스상이 발견되지는 않았지만 8천년 전 신석기시대의 비너스상이 함경북도 선봉군 서포항유적, 청진 농포동유적 등과 강원도 신암리유적 등에서 발견됐다. 시간적 낙차가 커서 이를 곧바로 지역간 교류로 연결시키기는 어렵겠으나 옛 인류의 광범위한 활동을 짐작하게 한다.

3. 교통로의 개척

1) 구석기시대 – 인류 최초의 흑요석 교역

흑요석은 인류가 교역한 가장 뚜렷한 고고학 자료 가운데 하나다. 화

산 폭발에 의해 만들어지는 흑요석은 규산이 풍부한 유리질의 화산암
이다. 색깔은 흑색, 회색, 적색, 갈색을 띤다. 입자가 매우 고와서 깨뜨
리면 예리한 날이 만들어지는데 인류는 이것을 가공하여 섬세하고 아
주 작은 도구를 만들어 사용했다. 입자가 거친 화강암이나 규암에 비해
유리에 가까운 흑요석은 도구를 만드는 최고의 재료이자 그 자체가 상
품이었다.

고고학에서는 흑요석의 성분 분석과 흑요석 표면에 형성된 수화층水
和層 분석을 통해 원산지와 연대를 추정한다.[5] 따라서 여러 유적에서 출
토된 흑요석제 도구를 분석해 보면 유적의 연대는 물론 도구의 재료가
된 흑요석이 어디로부터 들어왔는지 알 수 있다. 즉 흑요석은 구석기시
대에 살았던 인류와 물자의 이동경로를 추정할 수 있게 해주는 자료다.
덕분에 고고학자는 이른 시기 인류의 이동 혹은 교역의 초기 양상을 조
금이나마 복원할 수 있다.

동북아시아에서 흑요석이 제작돼 사용된 시기는 중기 구석기시대부
터다. 후기 구석기시대가 되면 흑요석으로 만든 석기가 많아진다. 신석
기시대에도 흑요석은 도구제작의 재료로 사용되며 때로는 장신구 제작
에 이용되기도 했다.

한반도에서 발견된 흑요석기의 성분 분석 결과는 한반도에 살았던 옛
인류의 교역 혹은 이동의 양상을 추정해 볼 수 있어 흥미롭다. 한국고
고학계가 일본고고학계와 합동으로 진행한 흑요석 형광 X선 분석[6] 결과

---

5.   C. Renfrew and P. Bahn, 1991, *ARCHAEOLOGY: THEORIES, METHODS AND PRACTICE*,
     Thames and Hudson, New York.

6.   X선에 쬐었을 때 물질마다 굴절되는 파장의 속성이 다르다는 점을 이용하여 시료의 특징을
     분석하는 방법. 고고학에서는 자연과학의 연구를 활용하여 도구의 소재가 된 재료분석을 통
     해 원산지를 추정하고 있다.

그림 1. 흑요석(좌)과 흑요석으로 만든 각종 도구

에 따르면 한반도 출토 흑요석은 크게 백두산계와 일본 큐슈계로 구분
된다.

백두산계 흑요석으로 제작된 도구가 발견된 곳은 주로 한반도 북부,
경기도, 강원도 등에 분포하며 양구 상무룡리유적, 양양 오산리유적,
연천 전곡리유적, 평양 만달리유적 등이 대표적이다. 백두산계 흑요석
은 글자 그대로 백두산 화산 폭발로 형성된 화산암을 말한다. 백두산계
흑요석으로 제작된 도구가 경기도와 강원도에서 발견되었다는 것은 당
시 인류가 어떠한 경로를 거쳐 원거리의 원자재를 획득했다는 것을 의
미한다. 사람이 직접 이동해서 가져왔을 수도 있고 직·간접교역이 이
루어졌을 수도 있다.

일본 큐슈계 흑요석으로 제작된 도구가 발견된 곳은 주로 충청도와
남해안 지역에 분포한다. 공주 석장리유적, 통영의 상노대도유적과 연
대도유적, 울산 세죽유적 등이 대표적이다. 일본은 화산이 많은 지대
에 속해 흑요석 산지가 비교적 많다. 이 중에서 한반도 남부를 중심으
로 출토되는 흑요석은 큐슈 나가사키 사세보 지역에서 형성된 화산암
이다. 대표적인 예로 남부해안 지역의 동삼동과 범방유적에서 출토된
다량의 흑요석기가 있다. 장흥 신북유적에서는 백두산계와 큐슈계의

흑요석기가 모두 출토되기도 했다. 학계는 특정집단이 대마도 등 중간지대의 집단을 매개로 하여 간접적으로 입수하였을 것으로 파악하고 있다.[7]

후기 구석기시대까지는 한반도와 일본 열도가 연륙되어 있었으므로 두 지역 간 인류의 이동이 비교적 손쉬웠을 것으로 추정된다. 바다가 있었다 하더라도 굳이 원양이 가능한 큰 배를 이용하지 않더라도 도해 渡海가 가능했다. 큐슈지역의 흑요석이 한반도까지 도달하게 된 과정에 대해서는 구체적으로 복원할 수는 없다. 흑요석을 구하기 위해 인류가 직접 이동을 했는지 혹은 물품으로 교역되었는지, 교역되었다면 어떠한 방법, 즉 직접교역이었는지 혹은 중간 거래자에 의한 간접교역이었는지에 대한 단서는 알 수 없다. 다만 멀리 떨어진 곳에서 나는 재료로 만든 도구가 한반도에서 발견되었다는 것은 두 지역 간의 교류를 보여주기에 충분하다.

2) 신석기시대 – 조개화폐로 개척된 길

조개는 인류가 가장 이른 시기에 화폐로 사용한 천연자원이다.[8] 조개

7.　하인수, 2006, 「신석기시대 한일 문화교류와 흑요석」, 『한국고고학보』58, 한국고고학회.

8.　껍질이 하나로 되어 있는 腹足綱 中腹足目의 개오지(Cypraeidae)과에 속하는 것을 화폐로 사용했다. 일본학계에서는 寶貝라고 부르고 있으며 북한학계와 국내학계의 일부에서는 寶貝를 보배조개라고 해석하여 사용하고 있다. 독특한 생김새와 아름다운 외양으로 인해 인류가 일찍부터 선호하여 장신구나 화폐로 사용했기 때문에 일반적으로 개오지과를 Cowrie(또는 Cowry)라고 하는데 국내에는 紫貝, 子安貝로 많이 알려져 있다. 그러나 사실 이 용어는 정확한 명칭은 아니다. 紫貝나 子安貝는 大貝·斑貝 등으로 불리는데 개오지과 중에서도 크고 무늬가 있는 것으로서 학명으로 Maurilia arabica(Linne)를 가리킨다. 반면 화폐로 사용된 것은 개오지과 중에서도 무늬가 없고, 볼록한 등 부분이 대개 노란색이나 갈색을 띠며 학명은 Cypraea moneta이며 일명 Money cowrie, 즉 돈개오지라고 불리는 종이다. 작고 휴대하기 편해서 일찍부터 화폐로 사용됐다.

를 이용하여 도구나 장신구를 만든 행위는 중기 구석기시대부터 나타나지만 이것이 교역된 것은 금속기가 발명되기 이전, 즉 신석기시대부터다. 교역된 조개의 이동경로를 찾아보는 것은 청동기시대 이전에 조성되었을 인류의 이동과 교통로의 탐색에 중요하다.[9]

조개는 자연그대로의 상태로 교역되기도 했고, 조개를 본떠서 만든 인공조개 형태로 교환되기도 했다. 이를 통틀어 조개화폐, 즉 패화貝貨[10]라고 한다. 조개화폐는 중국 내륙에서 주로 유통됐고, 국내 출토사례는 많지 않다. 이 때문에 국내 학계에는 잘 알려져 있지 않은 유물중 하나이지만 선사시대 원격지 교류나 우리나라 초기의 화폐 사용 및 발전 양상을 알려주는 중요한 고고학 자료다. 조개화폐의 종류도 자연산 해패海貝부터 뼈, 옥, 돌, 흙 등을 이용해서 만든 것도 많다. 이들 재료는 보존확률이 높아서 향후 한반도에서의 출토가 기대되는 고고학 자료이기도 하다.

자연산 해패 중에서 원시 화폐로 사용된 조개는 개오지과(Cypraeidae)에 속하는 것이다. 종명種名은 사이프리아 모네타(Cypraea moneta)이며[11] 돈으로 사용된 조개 중에서 가장 많이 사용되었기 때문에 일명 돈개오지(Money cowry)로 불린다. 인도 태평양 등 열대지방의 얕은 바다 또는 수백 미터의 깊은 바다 속에 서식하며 크기는 보통 2.5cm 내외다. 등이 볼록하고 연한 노란색을 띠며, 배면의 주둥이 바깥 입술과 안쪽 입술이 안쪽으로 감기고 그 사이에 하얀 톱니모양이 있는 것이 특징이다. 독특한 외

---

9. 천연 조개는 종류마다 서식지가 한정되어 있으므로 원산지 구분이 가능하며, 이를 통해 조개의 이동 경로를 파악할 수 있다.

10. 돈개오지를 포함하여 장신구 및 화폐로 사용된 각종 자연산 海貝와 이를 모방해서 만든 다양한 仿製貝를 貝貨로 통칭한다(박선미, 2005, 「웅기 송평동 출토 貝殼 및 貝殼形 玉 검토」, 「한국고고학보」56, 한국고고학회).

11. 彭信威, 1988, 「中國貨幣史」, 上海人民出版社.

그림 2. 화폐로 가장 많이 사용된 돈개오지(좌)와 보배조개의 하나인 호반보패

모와 아름다운 빛깔 때문에 처음에는 장식품으로 사용되기 시작하다가 점차 상품교환을 위한 화폐로 발전된 것으로 보고 있다.

이 외에 돈으로 사용된 조개는 호반보패(虎斑寶貝 Cypraea tigris), 하문수패(阿文綬貝 Maurilia arabica), 서반안구패(黍斑眼球貝 Erosaria Miliaris), 사수안구패(蛇首眼球貝 Erosaria Copusrpentis) 등 대형해패大形海貝와 의조패(擬枣貝 Erronea errones) 등의 소형해패小形海貝 등 수십여 종이 있다. 대부분 개오지과에 속하는 것들이다.[12] 그러나 이것들은 하나 또는 몇 개씩 소량만 출토되며 돈개오지와 같이 무더기로 출토되지는 않는다. 특히 가공 방식이 시기별로 변화되지 않아서 화폐보다는 장신구로 선호되었을 것으로 보고 있다.[13]

처음에 돈개오지는 자연산 그대로의 모습으로 교환됐다. 그러다가 교환의 용이함을 위하여 점차 가공됐다. 제일 먼저 껍질의 등 부분이 손질됐다. 중국에서는 볼록한 등 부분이 마연되어 없어진 형태의 조개화폐를 배마식패背磨式貝로 분류하고 있다. 현재까지 출토된 사례를 보

12.　黃錫全, 2001, 「先秦貨幣通論」, 紫禁城出版社.

13.　戴志强, 1981, 「安陽殷墟出土貝貨初探」, 「文物」3.

면 등 부분을 마연하여 구멍을 뚫은 형태가 많다. 구멍은 끈으로 꿰어 휴대에 편리하게 하기 위한 것이거나 혹은 여러 개를 꿰어 장신구로 사용하기 위한 것으로 추정된다.

고고학 조사에 의하면 인도양 심해저에 서식하는 조개화폐가 한반도와 몽골 및 중국 내륙에서 발견됐다. 이는 이른 시기에 교역이 이루어졌음을 보여준다.

중국 내륙에서 자연산 조개화폐가 발견된 대표적인 유적은 하남성 언사 이리두偃師 二里頭와 안양 은허安陽 殷墟, 산동성 익도益都 등의 신석기시대 후기 또는 청동기시대의 무덤유적과 섬서성 주원周原, 하남성 낙양洛陽 등의 서주 및 춘추시대 무덤유적 등이 있다. 분포범위를 보면 중국 내륙에 집중돼 있고 산동반도 일대에서도 출토예가 비교적 많다. 현재까지 발견된 유적 중에서 가장 이른 시기는 중국 신석기시대에 해당하는 앙소 반파仰昭 半坡 1기 문화인 섬서성 임동 강채陝西 臨潼 姜寨유적이다. 이를 근거로 하여 중국학계는 신석기시대에 조개화폐가 장신구로 사용됐고 이후 교환이 빈번해짐에 따라 작고 가공하기 쉬우며 휴대하기에도 편리한 돈개오지만이 화폐로서의 자격을 얻어 상대商代와 서주西周 중기까지 사용되어 중원지역과 연해지역에서 성행한 것으로 이해하고 있다.[14] 이와 같은 출토자료를 보면 가공된 조개화폐는 기원전 16세기 경부터 사용되었던 것 같다.

기원전 10세기 경에는 조개화폐의 유통이 활발해졌다. 자연산 조개화폐를 모방한 청동제 및 철제 조개화폐가 출토된 것으로 보아 춘추전국시대까지도 일부 사용된 듯 하다. 지역에 따라서는 전국시대의 반량

---

14. 中國錢幣大辭典編纂委員會, 1995, 『中國錢幣大辭典』(先秦編), 中華書局.
張永溪, 1992, 「試論靑海古代文化與元始貨幣的生産和發展」, 『中國錢幣論文集』2, 中國金融出版社.

전, 환전圜錢 등과 같이 출토되기도 한다.

한편 조개화폐는 중국 동북지역의 적봉 대전자赤峰 大甸子유적뿐만 아니라 요동반도와 한반도에서 출토되어 원거리 교역의 일면을 보여주고 있다.

함경북도 웅기 송평동에서는 모두 네점의 조개화폐가 출토됐다. 천연 조개로 된 것과 이를 본떠 옥으로 만든 조개화폐다.[15] 천연조개화폐는 대체로 연한 황색이고 배면은 다소 평평하고, 주둥이는 좁고 길며, 양쪽 가에 이빨모양의 돌기가 있다. 등 쪽은 원래 노란색을 띠었을 것이나 볼록한 부분이 여러 번 쪼고 갈려 제거됐다. 결과적으로 껍질 양 끝까지 전부 노출시켜 큰 구멍을 뚫은 형태다. 하나는 길이 2.53cm, 너비 1.7cm, 높이 0.7cm이고, 다른 하나는 길이 2.3cm, 너비 1.3cm, 높이 0.5cm이다(그림 3-1, 2).

천연조개화폐와 함께 출토된 옥제 조개화폐 두 점은 중앙박물관에 '패각형옥貝殼形玉'으로 명명, 등록된 것이다. 생김새를 보면 전체적으로 납작한 럭비공 모양이다. 자연산 조개 모양을 그대로 본떠서 만들었다 하여 방제패倣製貝라고 한다. 조개의 주둥이가 있는 배면은 약간 볼록하며, 세로로 길고 깊게 한 줄의 홈을 판 다음 양쪽에 여러 개의 이빨 모양을 짧게 새겨 넣어 자연산 해패와 같은 치상齒狀을 성형했다. 등에 해당하는 면은 납작하게 마연했고 양 끝에 원형의 작은 구멍 2개를 뚫어 끈을 관통시켜 매달 수 있도록 했다(그림 3-3, 4).

두 매의 옥제 조개화폐 중 하나는 길이 2.1cm, 너비 1.3cm, 두께 0.7cm의 것이다. 배의 윗면을 다소 납작하게 갈아서 정상부가 판판하

---

15. 국립중앙박물관 소장품 등록번호 K773 유물로 보관되어 있다. 관련 문헌으로는 藤田亮策 1930, 雄基松坪洞遺蹟の調査, 『靑丘學叢』6, 大阪屋號書店. 박선미, 2005, 앞의 논문.

지만 그 옆으로는 둥근 몸체의 선이 살아 있다. 납작하게 마연한 윗면의 한 가운데에 단면 깔때기 모양으로 홈을 판 다음, 그 양쪽에 톱니모양 이빨을 새겨 넣었다. 등면은 직경 0.32cm 크기의 작은 구멍 두 개를 양 끝에 뚫어 놓았으며 구멍의 위치는 다소 중앙에 모여 있다. 전면을 고르고 판판하게 갈았으나 아래쪽 구멍 부분이 약간 오목하게 들어갔다. 다른 하나는 길이 2.3cm, 너비 1.7cm, 두께 0.5cm의 것이다. 배면은 전면을 마연하였으나 전자의 경우와는 달리 정상부를 납작하게 마연하지 않고 약간 둥글게 만들었다. 볼록한 배면의 한 가운데에 세로로 길게 역시 단면 깔때기 모양의 반듯한 홈을 파고, 그 양쪽에 톱니모양의 패치貝齒를 새겨 넣었다. 등면에는 직경 0.3cm 크기의 작은 구멍 두 개를 양 끝에 뚫어놓았으며 전면을 고르고 판판하게 갈았으나 너비가 같지 않은 구유[槽]모양의 골이 나왔다.

송평동 출토 옥제 조개화폐는 중국 내륙에서도 발견사례가 비교적 많은 종류에 해당한다. 자연산을 모방해서 만든 방제패는 자연산 조개화폐와 같이 출토되는 경우가 많다. 학계는 자연산 조개화폐의 부족을 보충하기 위하여 옥玉·석石·방봉·골골骨·도陶·동銅·목木·금金 등으로 제작했을 것으로 이해하고 있다. 즉 자연산 조개화폐는 바다에서 나는 것이어서 획득하기가 쉽지 않기 때문에 화폐로 충당하기에는 부족했고, 그 대용품으로 방제패를 만들게 되었다는 해석이다. 다양한 형태의 조개화폐가 국내에 소개된 바 있다.[16]

조개화폐가 출토된 지점을 선으로 이어보면 이들이 교역된 길, 즉 교통로를 추정할 단서를 발견하게 된다. 물론 출토지점을 연결한 선이 곧바로 교통로를 나타낸다고 할 수는 없다. 그러나 해당지역으로 유입되

16.　계명대학교박물관, 2000, 『한국과 중국의 古錢』, 계명대학교박물관 특별전 도록 참조.

자연패화　　　방제패화(석제)

방제패화(토제)　　　방제패화(골제)

그림 3. 각종 조개화폐(좌 : 웅기 송평동 출토, 우 : 계명대학교박물관, 2000, 인용)

었던 그 길로 이 시기의 사람과 물자가 왕래했음을 보여준다.

3) 청동기시대 – 화폐의 발행

돈, 즉 화폐는 교환의 매개, 가치 혹은 부의 축장수단, 가치표준, 지불수단 등의 기능을 수행하는 사물이다. 그러나 돈이 처음 발생했을 당시에는 이 모든 기능을 하나의 사물이 수행한 것은 아니었다. 맨 먼저 교환의 매개라는 기능이 나타나고 점차 나머지 기능이 같은 사물에 부여됐다.[17]

역사적으로 이러한 기능이 처음 부여된 사물은 패각貝殼, 옥玉, 포布, 염鹽, 철鐵 등 이다. 이들을 실물화폐라고 한다. 실물화폐는 그 자체가 물품으로서 사용가치가 있었고 유통의 매개수단도 됐다. 패각이나 옥은 그 외향의 아름다움으로 인해 장신구로 사용됐다가 화폐의 기능을 수행하게 됐다. 주조화폐가 등장한 후에는 화폐로서의 기능이 퇴화되면서 다시 장신구나 위신재로 기능했다. 옷감[布], 소금은 실생활의 필

17.　손동우, 1995, 『화폐의 기원과 진화에 관한 연구—화폐의 기능들을 중심으로』, 서울대학교 경제학과 석사학위논문.

수품으로서 교환의 수단이나 가치척도의 기능을 수행했고 점차 본격적인 실물화폐의 기능으로 전환됐다.

이들은 법정화폐의 등장 이후에도 유통의 매개수단과 가치척도로서의 기능을 지속했다. 『삼국지』 한전에 인용된 위략의 염사치 이야기는 1세기 초 죽은 한나라 사람 500명의 몸값으로 진한辰韓이 5천명의 노예와 모한포牟韓布 1만4천필을 한나라에 지불했다고 전한다. 이 포가 어느 정도의 화폐 기능을 수행했는지에 대해서는 확인할 수 없으나 적어도 가치척도와 지불수단으로 쓰였다는 것은 분명하다.

동북아시아에서 교역과 교통로를 보여주는 화폐는 앞에서 살펴본 조개화폐가 있으나 출토 사례가 많지 않아 간헐적인 교류의 일면을 보여줄 뿐이다. 소위 중국고대사의 활동무대였던 중국내륙과 한국고대사의 활동무대였던 중국 동북지역 및 한반도의 교역을 가장 명확하게 보여주는 것은 청동을 주조하여 만든 화폐, 즉 동전이다.

동전이 발행된 시기는 이미 두 지역을 대표하는 국가가 성립된 이후다. 중국사에서는 동주東周 시기에 해당되고 한국사에서는 고조선 시기에 해당한다. 이 시기의 교역과 교통로에 대해서는 이 책의 다른 장에서 논의되고 있으므로 이 장에서는 초기 발행된 화폐를 중심으로 교역과 교통로에 대해 살펴보자.

동북아시아에서 공통적으로 발견되는 화폐는 포전布錢과 도전刀錢이다(그림 4).

포전은 포폐布幣라고도 한다. 가래, 호미, 삽 등의 농기구를 본떠서 만든 청동주조 화폐다. 동주를 비롯한 춘추시대 여러나라가 제작하여 사용했다. 도전은 도폐刀幣라고도 한다. 손칼 모양의 화폐를 총칭하는 용어이며, 여기에는 첨수도尖首刀, 침수도針首刀, 직도直刀, 명도전明刀錢, 제도폐齊刀幣 등이 속한다. 최근 연구에 따르면 도전은 북방 어렵지구와 수공업

지역에서 손칼을 본뜬 형태로 가장 먼저 등장했다. 도폐 중에서 가장 이른 시기로 편년되는 것은 산융山戎의 옥황묘玉皇廟에서 출토된 첨수도폐인데[18] 이 유적은 북경 서북쪽의 연경 군도산延慶 軍都山에 위치한다.

포전과 도전은 진시황이 전국시대를 통일하기 전까지 통용됐으며 유통된 범위도 가장 넓다.

포전의 경우는 서쪽으로 섬서성 함양咸陽, 남쪽으로 하남성 낙양洛陽, 북쪽으로 하북성 장가구張家口, 동쪽으로 한반도 서북부에 이른다. 주로 춘추전국시대의 동주東周, 진晉, 정鄭, 송宋, 한韓, 위魏, 조趙, 연燕, 고조선 등에 속했던 지리적 범위에 해당한다.

도전의 경우는 명도전이 중국 내륙과 한반도의 교역을 대표하고 있다. 아마도 이 시기부터 명도전을 매개로하는 한중관계사상의 교역과 교통로를 이야기할 수 있을 것이다. 동북아시아의 유통범위를 보면 서쪽의 진양晉陽, 남쪽의 한단邯鄲, 동쪽의 산동반도山東半島, 동북쪽의 내몽고자치구·길림성 서남부, 그리고 한반도 서북부에 이르는 넓은 범위

그림 4. 각종 포전(왼쪽 상, 하)과 도전(맨 오른쪽 두점이 명도전)

18.　黃錫全, 2001, 앞의 책, 199~302쪽.

에 걸쳐 있다. 포전보다 분포범위가 넓은 편은 아니다.

이외 일본열도의 빈고(備後, 현재 히로시마현 동부), 비젠(備前, 현재의 오카야마현 일부) 지방을 비롯하여 멀리 오끼나와 나하那覇 등지에서도 출토된 것으로 전해진다.[19]

4) 한반도와 일본열도를 잇는 '덩이쇠'

한반도와 일본열도 사이의 교역에 화폐로 사용되었다고 볼 수 있는 것은 덩이쇠다. 청동기시대보다 후대의 일이지만 일정한 모양을 띠고 있는 덩이쇠는 초기 화폐로서의 면모를 보여준다.

판상철부板狀鐵斧, 철정鐵鋌 등으로 불리는 덩이쇠는 대략 기원 전후 ~6세기대의 고분에서 출토되는 철제품이다. 주로 영남과 호남지역과 일본열도에서 출토되며, 현재까지도 고고학 발굴에서 꾸준히 출토되고 있는 유물 가운데 하나다. 호남과 일본열도에서는 제사유적에서도 다량 출토된다.

명칭에서 알 수 있는 것처럼 판상철부는 납작한 철판으로 된 도끼모양의 철제품이다. 철정은 판상철부와 같이 납작한 철판으로 되어 있으되 중앙 부분이 잘록하고 도끼와 같이 양 끝으로 갈수록 폭이 넓어지는 형태다. 이외 몽둥이 모양의 봉상형도 있다(그림 5).

현재까지 학계에 제기된 덩이쇠의 기능은 화폐설貨幣說, 철소재설鐵素材說, 철소재-화폐 공용설 등으로 대분大分할 수 있다. 이외 매지권설, 사자死者나 신神을 위해 특별히 제작된 봉헌품 등으로 보는 견해도

19.　이기동, 1990, 「馬韓史 序章-西海岸航路와 馬韓社會의 黎明」, 「馬韓·百濟文化」12, 원광대학교 마한백제문화연구소, 101쪽.

있다.

그러나 덩이쇠가 화폐로 사용되었음을 보여주는 기록이 『후한서』와 『삼국지』에 나온다.

① (진한에는) 철이 나는데 예, 왜, 마한이 모두 와서 사간다. 모든 무역에 철을 화폐로 삼는다.(國出鐵 濊·倭·馬韓並從市之. 凡諸貿易, 皆以鐵爲貨. 『後漢書』卷85, 東夷列傳 韓)

② (변진에는) 철이 나는데 한과 예와 왜가 모두 와서 이를 사간다. 모두 사고파는 데에 철을 사용하는데 마치 중국에서 돈을 쓰는 것과 같다. 또 두 군(낙랑과 대방)에 (철을) 공급한다.(國出鐵 韓濊倭皆從取之. 諸市買皆用鐵 如中國用錢. 又以供給二郡. 『三國志』卷30, 烏丸鮮卑東夷傳 韓)

위의 두 기사는 진한과 변한의 철이 사회 간 교역되고 있었을 뿐만 아니라 이것이 돈과 같이 사용되고 있었음을 보여주고 있다.

그런데 잘 알려져 있다시피 이 기록은 3~4세기대의 것이며 내용은 3세기 이전의 상황을 묘사한 것이다. 3세기는 판상철부형 덩이쇠가 봉상형 덩이쇠로 넘어가는 시기이며 아직 철정형 덩이쇠가 등장하기 전이다. 즉, 「동이전」에서 말하는 '돈과 같이 사용됐다는 철'은 판상철부형 혹은 봉상형 덩이쇠를 가리킬 가능성이 높다. 그리고 이것이 철정형으로 변화되면서 6세기대까지 지속된 것으로 보인다. 따라서 덩이쇠의 기능에 대한 여러 견해에도 불구하고 대체로 화폐로 보고 있다.[20]

---

20.   김정학, 1973, 「五倫臺 古墳群 發掘報告書」, 부산대박물관, 55쪽.
      鄭璟喜, 1984, 「先三國時代 社會와 經濟—정치권력의 성격과 유통경제의 발전을 중심으로」, 「동방학지」41, 연세대학교 국학연구원, 34~36쪽.

초기 화폐가 실물에서 출발했다는 것은 세계사적으로 화폐의 기능을 수행한 패각, 베, 소금 등을 통해서 알 수 있다. 법정화폐의 등장 이전에 금속 주조화폐는 각 지역의 전통, 문화배경, 인문지리적인 관습 등에 따라 가장 중요하다고 생각되는 물품이 교역의 매개체 역할을 했다. 이후 실물을 본 따서 만든 방제품倣製品으로 대체되었다가 오늘과 같은 완전한 경제학적 의미를 가진 화폐로 발전했다. 농업을 주산업으로 하는 지역에서는 농기구를 본떠서 만든 포폐布幣가, 목축이 주업인 곳에서는 손칼을 본뜬 도폐刀幣가, 어업이 주업인 곳에서는 물고기 모양의 어폐魚幣나 조개를 본 딴 의비전蟻鼻錢이 만들어진 것은 이를 잘 보여준다.[21]

한반도에서 출토되는 덩이쇠의 성격과 기능을 밝히는 문제도 인문지리적인 관점에서 접근하여 고찰할 필요가 있다. 덩이쇠는 한반도와 일본열도에서 가장 중요한 자원이었을 것이다. 그리고 이것이 화폐의 기능을 갖게 된 원인이었다고 생각된다. 많은 고분에서 출토된 덩이쇠 다발은 '부의 축장'수단으로서의 덩이쇠를 보여주고 있다.

그렇다면 중앙정부에서 덩이쇠를 화폐로 제작하여 유통시켰을까? 이에 대해서는 단언할 수 없다. 기록도 없으며, 이를 추정할 만한 어떠한 명문이 덩이쇠에서 발견된 바도 없다. 현재로서는 앞에서 인용한 사료가 변진의 철과 덩이쇠가 화폐로 사용되었음을 보여주는 유일한 기록인 셈이다.

흥미롭게도 최근에 덩이쇠가 배모양 토기에 담긴 채 창원 현동 가야고분에서 출토됐다. 2018년 6월 이 지역의 발굴조사 현장설명회에서 정식으로 보고됐는데, 배모양의 토기에 덩이쇠 4~5매가 담긴 형태로 출

박선미, 2011, 「한반도 출토 덩이쇠[판상철부·철정]의 성격과 의미」, 『백산학보』89, 5~49쪽.

21.　박선미, 2009, 『고조선과 동북아의 고대 화폐』, 학연문화사, 62~65쪽.

판상철부형	봉상형		철정형
	곤봉형	철봉형	

그림 5. 덩이쇠의 종류

그림 6. 한반도 출토 덩이쇠(좌)와 일본열도 출토 덩이쇠

그림 7. 한반도 출토 철정　　　그림 8. 창원 가야고분 내 배모양토기와 철정형 덩이쇠
　　　　　　　　　　　　　　　출토 모습 (출처 : 주류성출판사, 2018)

토됐다는 점이 의미심장하다. 덩이쇠의 종류는 철정형으로 387호 목곽묘에서 나왔다.[22] 무덤에 덩이쇠를 묻는 행위를 저승길의 노잣돈의 개념과 연결시킬수 있을까?

도끼모양의 화폐는 중국의 상·주 시대 유적인 낙양 북요촌北窯村 출토의 도끼모양 청동괴靑銅塊, 강서 신간江西 新干 출토의 청동부형靑銅斧形 칭량화폐가 있다.[23] 철로 된 것으로는 하남성 정주시 고영진古滎鎭유적과 공현鞏縣 제철유적에서 출토된 서한 중·후기~후한 대의 철판이 판상철부형 덩이쇠와 같은 크기의 것으로 알려졌다.[24]

유럽에서도 도끼모양의 화폐가 만들어졌다. 프랑스와 영국 사이에 거래된 소켓식 청동도끼는 자루를 끼울 수 있도록 제작된 것인데, 청동기시대 후기에 등장하여 철기시대 초기까지 생산됐다. 절대연대로는 기원전 800년에서 기원전 600년 사이에 통용됐으며 비교적 넓은 범위에서 사용됐다. 당시 유럽인들은 수십 혹은 수백매를 주머니나 나무상자, 항아리 등에 보관했다. 소켓식 청동도끼는 납의 비율이 높아서 실제 도구로 사용하기에는 부적합하다. 이 때문에 유럽의 고고학계와 민족지학계는 이와 같은 청동도끼의 저장현상을 고화폐古貨幣, 청동 소재의 저장, 종교적 봉헌 등과 연결시켜 보고 있다.[25]

22. 주류성출판사, 2018, 「한국의 고고학」 40호, 104~109쪽.

23. 黃錫全, 2001, 「先秦貨幣通論」, 紫禁城出版社, 55~61쪽.

24. 東潮, 1995, 「弁辰과 加耶의 鐵」, 「加耶諸國의 鐵」, 신서원, 85~87쪽.

25. Ben Roberts, Barbara S. Ottaway, 2003, The use and signification of stocketed axes during the Late Bronze Age, European Journal of Archaeology, Vol.6(2), pp.119~140. Christian Ryo, 2007, La Préhistoire dans l Ouest, Edmons Ouest-Frame, pp.83~111.

4. 동북아시아를 연결하는 육로와 해로

사료가 남아 있는 경우는 역참驛站의 위치와 역참간의 거리, 방문지역 등을 통해 교통로의 복원이 가능하다. 길을 통해 오고갔을 교역품이 사료에 드러나있지 않아도 역참을 이은 선은 그대로 길이 될 수 있다. 이 길은 지도에 비교적 분명한 표시가 가능하다.

그러나 문자기록이 남아 있지 않은 시대의 길은 어떻게 복원할 수 있을까? 길이라는 것이 만들어지고 나면 현재까지 줄곧 이용되는 사례가 많다. 그렇다고 하여 현재 남아 있는 길이 전부 옛길을 토대로 만들어졌다고는 볼 수 없다. 따라서 문자로 기록되어 있지 않은 시기의 길은 조사된 교역품의 출토 사례를 통한 간접적 유추만 가능하다.

먼저 발해만과 서해 연안에서 발견된 교역품을 보자.

유물로는 비파형동검, 선형동부, 선형동부 거푸집 등의 유물과 고인돌, 석관묘 등의 유적이 요동 및 산동지역과 한반도에서 공통적으로 발견됐다. 비파형동검은 하북성 승덕시承德市에서 두점, 청룡青龍에서 한점으로 모두 세점이 발견됐다. 선형동부와 선형동부 거푸집은 산동반도 북부 해안가인 용구시龍口市 귀성歸城에서 선형동부 한점, 장도현長島縣 왕구촌王溝村에서 선형동부 한점과 거푸집 세점이 각각 발견됐다.[26]

이들과 유사한 거푸집이 요양 이도하자에서도 출토됐다. 비파형동검과 초기세형동검은 하북성과 산동성에서 출토됐다. 하북성에서는 탁현涿縣 한점, 망도望都 한점, 신성현新城縣 고비점高碑店 세점으로 모두 다섯점이 출토됐다.[27] 산동지역에서는 서하현栖霞縣 점동향占疃鄉 행가장촌

---

26. 박준형, 2013, 「산동지역과 요동지역의 문화교류—산동지역에서 새로 발견된 선형동부를 중심으로—」, 『한국상고사학보』79.

27. 鄭紹宗, 1998, 「河北省發現的青銅短劍」, 『北方考古研究(三)』(1994년 초판), 中州古籍出版

杏家莊村[28]에서 후기비파형동검 한점, 일조시日照市[29] 경내에서 초기세형 동검 한점 출토됐다.

세형동과 즉, 세형의 청동꺾창은 북경 남서쪽에 위치한 전국시대 연燕의 수도인 연하도유적에서 출토됐다. 이외 신태시新泰市 주가장周家莊,[30] 창락昌樂 악가하岳家河,[31] 서하시栖霞市 금산金山[32] 등의 출토품도 비파형동검의 영향을 받은 것으로 교류를 짐작하게 한다. 반대로 전국시대 계통의 철기, 동주식 동검, 진나라의 청동꺾창 등 중국 내륙산 물자가 중원지역으로부터 한반도로 이동됐다.

고인돌과 석관묘는 보수성이 강한 무덤의 특성상 주민의 이주와 관련이 깊다. 산동지역에서는 치박시淄博市 왕모산王母山, 영성현榮成縣, 문등시文登市 등에서 여러 기가 조사됐다. 고인돌은 요서지역에는 없고 평안도, 황해도 등 한반도 서해안과 요동반도의 벽류하碧流河·대양하大洋河 등 요남지역에 밀집해있다.[33] 한반도 남부는 잘 알려져 있다시피 고인돌 밀집지역이다.

요동과 요서, 한반도의 중심 매장양식인 석관묘는 산동반도 동남부 지역의 서주 중만기~춘추시대 전기 문화인 '남황장문화南黃莊文化' 유적

社, 161~164쪽.

鄭紹宗, 1975, 「河北省發現的靑銅短劍」, 『考古』 4期.

28. 煙台市文物管理委員會 等, 1992, 「山東栖霞縣占瞳鄕杏家莊戰國墓淸理簡報」, 『考古』 1期.
王 靑, 2006, 「山東發現的几把東北系銅短劍及相關問題」, 『東北亞歷史論叢』 13호(이유성 譯, 「산동 출토 동북계통 청동단검과 그와 관련된 문제에 대해」), 273~296쪽.

29. 楊深富 等, 1990, 「山東日照市周代文物遺存」, 『文物』 6期.

30. 劉延常 等, 2004, 「齊國墓再現春秋爭覇-山東新泰市周家莊東周墓葬」, 『文物天地』 2期.

31. 山東省濰坊市博物館, 1990, 「山東昌樂岳家河周墓」, 『考古學報』 1期.

32. 煙台市文物管理委員會 等, 1996, 「山東栖霞市占金山東周遺址的淸理」, 『考古』 4期.

33. 하문식, 1999, 『古朝鮮 地域의 고인돌 硏究』, 백산자료원, 162~170쪽.

에서 발견되고 있다.[34] 네 벽이 괴석塊石으로 되어 있고 대형의 판석으로 덮여 있는 형식으로서 지석묘의 분포 범위와 대체로 일치하며 후기 청동기시대에 진행된 교류의 결과라고 할 수 있다.

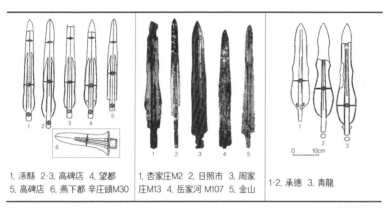

1. 涿縣 2·3. 高碑店 4. 望都
5. 高碑店 6. 燕下都 辛庄頭M30

1. 杏家庄M2 2. 日照市 3. 周家
庄M13 4. 岳家河 M107 5. 金山

1·2. 承德 3. 靑龍

그림 9. 중국 하북성과 산동성에서 출토된 고조선계통의 청동검과 청동꺾창(좌의 6)

그림 10. 석관묘가 발견된 남황장유적

34. 王獻唐, 1957, 「山東的歷史和文物」, 『文物參考資料』2.
    李彗竹·王靑, 2002, 「後期靑銅器~初期鐵器時代 中國 山東地域과 韓國間의 交流」, 『白山學報』32, 9~11쪽.

이상과 같이 중국 하북성을 중심으로 하는 내륙과 산동지역 및 요동반도와 한반도의 교류 관련 유적 및 출토품을 통해 다음과 같은 교통로를 상정할 수 있겠다. 첫째, 요하-대릉하-난하로 이어지는 내륙교통로, 둘째, 발해만을 끼고 도는 연안항로, 셋째, 묘도열도를 따라 산동반도로 오가는 해로이다. 이 중에서 육로보다는 해로가 주목되는데, 산동반도에서 발견되는 동검과 관련하여 거리상 해상로가 용이하며, 앞에서 살펴 본 조개화폐의 경우도 중원지역과 요동을 연결하는 요하유역에서의 조개화폐가 발견되지 않는다는 점을 고려해 보면 산동반도의 묘도열도-요동반도-한반도로 이어지는 교역로가 주로 이용되었을 것으로 생각된다(지도 3).

그런데 교통로는 길이라는 것 외에 또 다른 의미가 있다. 즉 사람과 재화의 이동을 수월하게 해줄 각종의 운송수단과 교통로 혹은 무역로를 따라 형성된 시장과 항구 등의 존재다. 이 책의 다른 장에서 기술되는 고구려와 수당의 교역에서 등장하는 역참驛站은 그 대표적인 예다. 여하튼 본 장에서 다루는 선사 및 국가 성립 시기에는 공식적인 역참이 만들어지지는 않았으나, 앞에서 살펴본 교통로를 따라 시장과 항구가 발전했을 것으로 짐작된다.

운송수단의 경우 육로는 가축과 사람 위주의 운송수단, 즉 마차와 수레의 사용을 전제로 한다.[35] 역사시대 고고학 유적에서 발견되는 거마구들은 이를 잘 보여주고 있다. 한국사에서 거마구는 비교적 이른 시기의 유적에서 출토된다. 요동반도의 조공가肇工街유적[36]에서는 마구의 가죽끈 같은 것을 엇바꾸는데 쓰는 마디씌우개가 발견되어 수레 혹은 마

---

35. 마차와 수레가 발명되기 전에는 사람과 동물이 걸어서 왕래했음을 물론이다.
36. 沈陽市文物工作組, 1964, 「沈陽地區出土的靑銅短劍資料」, 『考古』 1期.
    고고학연구소, 1969, 『고고민속론문집』1, 과학백과사전출판사, 100~101쪽.

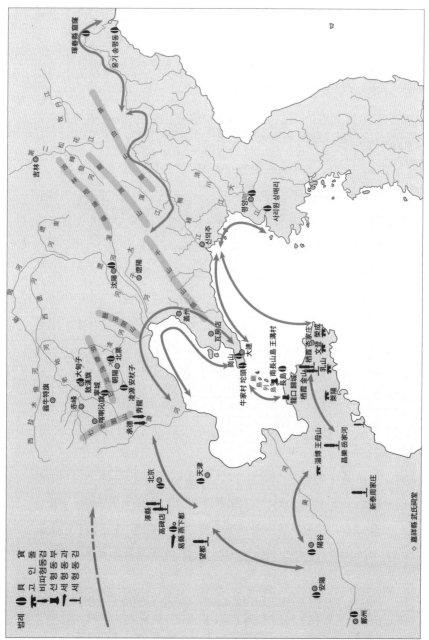

지도 3. 교역품 출토지를 이어 추정된 교통로

차의 존재를 간접적으로 시사하고 있다. 청동으로 된 말 제갈이나 고삐 등이 출토되는 것은 위만조선과 관련된 유적에서 확인되고 있다.

한반도 중부 이남의 부여 합송리, 당진 소소리, 장수 남양리 등에서도 거마구가 출토됐다. 이들 유적의 연대가 기원전 2-1세기인 점을 미루어 보면 수레와 가축을 이용한 육로의 발전은 이때부터 본격적으로 이루어졌을 것이다.

해로의 경우는 배의 축조를 전제로 한다. 고대 한·중을 연결하는 해로는 한반도 황해에서 발해만을 끼고 도는 연안항로와 한반도 서북부 및 요동반도를 잇는 묘도열도를 따라 산동반도에서 내륙의 낙양으로 가는 두 가지가 있다. 이때는 아직 먼 바다를 항해할 수 있는 선박의 개발이 이루어지기 전으로서 육지에 가까운 섬을 활용하는 소위 지문항법地文航法[37]을 통해 바닷길을 오갈 수 있었다.

고고학적으로 해로의 개발 가능성을 보여주는 것은 해안가에 밀집한 교역물품 외에 나무배가 출토된 사례다. 가장 이른 시기의 것으로는 2005년에 발굴 조사된 경남 창녕군 비봉리의 통나무를 이용한 배다. 이 배는 비봉리 신석기시대 유적 최하층에서 발견되어 기원전 6천경 신석기시대에 사용됐을 것으로 추정된다. 출토된 배는 최대길이 3m10㎝, 최대폭 60㎝, 깊이가 약 20㎝다.

또한 비교적 최근인 2012년 경남 김해시 봉황동 주택 건축지에서 4~5세기 경의 가야 것으로 추정되는 선박 부재(部材·배를 구성하는 부품)와 노가 출토됐다. 발굴지점은 국가사적 제2호인 봉황동 유적지의 남쪽 끝이다. 이 부재는 선박의 칸을 지르는 목제 격벽 부분과 노櫓, 돌로 된

---

37. 지문학(地文學)이나 단순히 지상물표를 이용하여 항해하는 방법이다. 둘 이상의 목표물과의 상대 방위를 측정하여 자선의 위치를 파악하고 이를 통해 방향을 잡아 항해하는 기법으로 연안항해에 적합하다.

닻이다. 격벽 부분은 길이 3m40cm, 폭 60cm이며, 노는 길이 152cm, 너비가 하단부 9cm, 손잡이 5cm이다. 닻은 가로 40cm, 세로 30cm, 높이 17cm이다. 고고학자들은 가야시대 진흙 층에서 4~5세기경 선박 부재가 발굴된 것은 이곳에 항구가 있었음을 나타내는 것이라고 보고있다.

경상남도 울주군 태화강 상류의 반구대 암각화에 그려져 있는 3척의 선박 그림도 배를 이용했음을 암시한다. 반구대 암각화의 배 그림은 매우 간단하고 상징적으로 보이지만, 18명이 승선해 큰 고래를 포획하는 광경이 그려져 있다. 이것이 교역에 이용되었는가는 확실하지 않다. 그러나 앞에서 언급한 바와 같이 실물로서의 배의 출토 사례와 암각화 속의 배는 이른시기 '교통과 운송 수단으로서의 배'의 이용을 짐작하게 한다.

그림 11. 울산 대곡리 암각화에 그려진 배와 배를 탄 사람들(원으로 표시된 부분)

그림 12. 창녕 비봉리 출토 신석기시대 나무배(좌)와 중국 강소성 출토 초기 춘추시대 나무배

5. 맺음말

흑요석과 같이 특수한 재료를 얻고자 시작된 길은 역사시대 국가 간 교역을 가능하게 한 교통로의 토대가 됐다. 사람과 함께 문화와 문명이 길을 따라 오고갔고, 이 과정을 통해 변화, 발전했다. 전쟁이 일어났을 때에도 이 길이 사용됐다.

한 지역에서 다른 지역으로의 문화와 문명의 이동은 다양한 방식에 의해 이루어졌다. 평화로운 시절에는 교류와 교역, 개인간의 교환과 접촉, 이주와 방문이 있었다. 그러나 전쟁이 일어난 경우도 인구의 이동과 문화 및 문명의 이동은 이루어졌다. 이렇게 이동된 물자는 지역마다 다른 기능과 의미가 부여됐다. 때로는 거부되거나 흡수되기도 하며 변용되거나 그대로 수용되기도 했다. 실물 없이 아이디어만 전해지기도 하고 완제품으로 수입되었다가 토착문화와의 접변을 통해 전혀 다른 모양으로 재창조되기도 했다.

역사시대가 되어 여러 나라들이 들어서고 물자의 왕래가 잦아질수록 길은 많아져서 더욱 촘촘한 교역망이 형성됐다. 동아시아국제 관계라는 것도 어쩌면 보이지 않는 길을 통해 이해할 수 있을 것이다.

고조선의 산동지역 교류와 해상 교통로

박준형

1. 머리말

역사상 어떤 국가도 주변국과 교류를 단절하면서 고립적으로 유지된 경우는 없었다. 어느 국가든 주변국과의 관계 속에서 정체성이 형성될 뿐만 아니라 주변국과의 교류 없이 독자적으로 필요한 재화를 모두 해결할 수 없다. 따라서 한 국가의 대외관계와 교류 내용을 살펴보면 그 국가의 성격이 분명하게 드러나게 된다. 이런 점에서 대외관계·교류사 연구의 의미를 찾을 수 있다. 고조선의 대외교류와 이에 따른 교통로에 대한 연구도 바로 이런 측면에서 접근할 필요가 있다.

고조선이 수행한 중원제국과 교류는 교통로상 크게 두 가지 방향으로 이루어졌다. 하나는 고조선이 위치한 요령~서북한지역이 중원대륙과 육지로 연결되었기 때문에 요서회랑을 통한 육로교통로가 이용되었다. 다른 하나는 『관자』 규탁·경중갑편에 언급되었듯이 고조선이 춘추시기 제나라와 문피교역을 했던 사실에 근거하여 묘도열도를 통해 산동반도를 거쳐 제 도성이 있는 임치로 이어지는 해상교통로가 이용된 것이다.

이 글에서는 산동지역을 대상으로 한 고조선의 교류와 그에 수반되는 교통로에 대해 주목하고자 한다. 고조선이 수행한 산동지역 교통로에 대한 연구는 중원제국이 중국 동북지역으로의 진출이라는 관점에서 왕면후王綿厚·이건재李健才에 의해 개괄적으로 정리된 바 있다.[1] 그리고 고대국가의 성장과정에서 교통로의 의미를 파악하는 과정에서 고조선이 이용한 해상교통로에 대해 언급된 바 있다.[2]

이와 달리 고고학적인 교류 양상을 통해 한중교류에 대해 접근한 연구도 제시되었다.[3] 그리고 고대 한중간에 '서해 중부 횡단항로'가 개발되기 이전에는 묘도열도를 이용하는 '서해 북부 연안항로'가 이용되었다고 한다.[4] 나아가 고조선이 춘추 제와 묘도열도를 통한 해상교통로로 교류하기 위해서는 산동지역에 있던 춘추 래국萊國을 거쳐서 교류가 이루어졌다는 점이 밝혀졌다.[5] 또한 산동지역에서 발견된 비파형동검 및 세형동검문화 관련 유적·유물의 분석을 통해 교류의 양상이 좀

---

1. 王綿厚·李健才, 1990, 『東北古代交通』, 沈陽 : 沈陽出版社, 1~20쪽; 王綿厚·朴文英, 2016, 『中國東北與東北亞古代交通史』, 遼寧人民出版社.

2. 이도학, 1997, 「고대국가의 성장과 교통로」, 『국사관논총』74.

3. 이청규, 2003, 「한중교류에 대한 고고학적 접근」, 『한국고대사연구』32; 李慧竹·王青, 2002, 「後期青銅器~初期鐵器時代 中國 山東地域과 韓國間의 交流」, 『백산학보』64.

4. 정진술, 2009, 『한국해양사(고대편)』, 해군사관학교, 61~65쪽.

5. 박준형, 2006, 「古朝鮮의 海上交易路와 萊夷」, 『북방사논총』10.

더 구체적으로 밝혀졌다.[6] 나아가 산동지역에서 출토된 선형동부와 거푸집을 소개하고 고인돌·석관묘와 관련하여 종합적으로 검토한 연구가 있다.[7] 최근에는 위만조선을 전후한 시기에 고조선이 환황해 교류네트워크를 통해 '산동-요동-서북한[고조선]-서남한[진국]'을 연결하는 교통로가 이용되었다는 견해가 제시되었다.[8]

이처럼 고조선이 산동지역과 교류를 위해 이용한 교통로에 대해서는 고고학 자료의 증가로 좀 더 구체적으로 접근할 수 있게 되었다. 다만 이제까지 교통로에 대한 연구가 춘추시기, 진한시기로 나뉘어져 고조선이 이용한 교통로에 대한 체계적인 흐름이 보이지 않았다. 또한 고고학 자료가 새롭게 소개될 때마다 교통로에 대한 단편적인 접근이 이루어졌다. 이런 점에서 이 글에서는 이제까지 연구 성과를 종합하여 고조선이 이용한 교통로에 대해 종합적으로 정리해 보고자 한다.

고조선의 산동지역 교류와 교통로에 대해 접근하기 위해서는 먼저 고조선의 중심지가 어디에 있었는지에 대한 검토가 전제되어야 한다. 이에 대한 논쟁이 여전히 진행 중이지만 고조선의 중심지가 요서·요동에서 서북한의 평양지역으로 이동했다고 보는 것이 최근의 경향이다.[9] 고조선 중심지의 이동을 고려했을 때 고조선이 이용한 교통로도 변화하기 마련이다. 따라서 고조선 중심지의 변동과 궤를 같이 하여 교류와

---

6. 오강원, 2001, 「춘추말 동이계 萊族 木槨墓 출토 비파형동검」, 『한국고대사연구』23; 王青, 2006, 「산동 출토 동북계통 청동단검과 그와 관련된 문제에 대해」, 『동북아역사논총』13; 박순발, 2012, 「고고자료로 본 산동과 한반도의 고대 해상교류」, 『백제와 주변세계-성주탁교수 추모논총』, 진인진.

7. 박준형, 2013, 「산동지역과 요동지역의 문화교류-산동지역에서 새로 발견된 선형동부를 중심으로-」, 『한국상고사학보』79.

8. 박준형, 2015, 「문헌을 통해 본 고조선의 대외교류와 익산」, 『고조선과 익산』, 익산시·한국고대사학회.

9. 박준형, 2014, 『고조선사의 전개』, 서경문화사.

교통로에 대한 검토가 필요하다고 본다. 또한 산동지역 정치세력의 변화에 따라 고조선이 상대했던 교류의 대상과 그 활동이 달라질 수 있다는 점을 고려하면서 논의를 진행해 보고자 한다.

2. 비파형동검문화기의 교류와 교통로

1) 고조선과 산동지역 춘추 제齊와의 교역 사실

『관자』 규탁편과 경중갑편에는 고조선과 춘추 제와의 관계를 보여주는 기록이 있다.

① 환공이 관자에게, "내가 듣건대 해내海內에 귀중한 옥폐玉幣 7가지가 있다는데 그것들에 대해 들을 수 있겠소"라고 물었다. 관자가 대답하기를, "음산陰山의 연민礝珉이 그 하나요, 연燕의 자산紫山 백금白金이 하나요, 발發·조선朝鮮의 문피文皮가 하나요, 여수汝水·한수漢水의 우구右衢의 황금黃金이 하나요, 강양江陽의 주珠가 하나요, 진秦 명산明山의 증청曾靑이 하나요, 우지禺氏 변산邊山의 옥玉이 하나입니다."라고 하였다.(『관자』 권23 규탁편 제78)

② 환공이 "사이四夷가 복종하지 않는 것은 아마도 잘못된 정치가 천하에 퍼져서 그런 것으로 이로 인해 과인이 상하게 될까봐 걱정되는데 이를 위해서 과인이 행할 방법이 있겠소"라고 물었다. 관자가, "오·월이 조근하지 않는데 청컨대 주상珠象을 폐물[幣]로 삼는 것은 어떻습니까? 발·조선이 조근하지 않는데 청컨대 문피·타복紽服을 폐물로 삼는 것은 어떻습니까? … 한 장의 표범가죽으로서 천금을 넘어

서는 것이 바로 문피·타복입니다. (값을 제대로 계산해 준다면) 8천 리 떨어진 발·조선도 조근할 것입니다. … "라고 말하였다.(『관자』 권23 경중갑편 제80)

『관자』 규탁편에서는 발·조선의 문피가 해내의 7대 옥폐 중의 하나라고 되어 있다. 이를 통해 고조선의 문피가 제환공 재위기간[기원전 685~642]인 기원전 7세기 중반에 이미 중국사회 널리 알려졌다는 사실을 알 수 있다. 『관자』경중갑편에서는 제환공은 관중에게 사이가 복종하지 않는 이유를 묻자, 이에 관중은 오·월, 발·조선, 우씨, 곤륜 등 사이가 조근하게 하려면 그들의 특산품인 주상, 문피·타복, 백벽白璧, 구림璆琳·낭간琅玕을 제에서 폐물[幣]로 사용할 것을 권유하면서 그것이 얼마나 귀중한 것인지가 설명되어 있다. 사료상에는 고조선이 제에 조공한 것처럼 되어 있으나 이것은 중원 중심의 화이론적 세계관에서 나온 표현으로 실제로는 고조선과 제는 대등한 교류 관계였다.

2) 산동지역에 나타나는 전기비파형동검문화 관련 유물

고조선은 기원전 7세기 중반에 산동지역 제와 문피교역을 했다. 그렇다면 구체적으로 고조선은 제와 어떠한 경로를 통해서 문피교역을 하였을까? 춘추시기 제는 현재 산동성 치박시 임치현에 있었다. 당시 요령지역에 있던 고조선이 제로 가기 위해서는 요서회랑을 거쳐 연을 통과하는 육로[혹은 발해만 연안항로]와 요동반도에서 묘도열도를 통해 봉래를 거쳐 제의 도성인 임치로 가는 해로를 상정할 수 있다. 아직까지 하북성지역 발해연안에 비파형동검문화 관련 유적·유물이 발견되지 않았고 요동·산동반도 사이에 신석기시대부터 지속된 문화교류가 있었던 점을 고려한다면, 고조선이 이용했던 교통로는 묘도열도를 통한 해로였을 가능성이 높다.

이와 관련해서 산동지역에 나타나는 전기비파형동검문화 관련 유물·유적을 통해서 확인해 볼 필요가 있다. 먼저 묘도열도 중 가장 남쪽에 있는 남장산도南長山島 장도현박물관長島縣博物館에는 비파형동검문화의 전형적인 청동유물로 알려진 선형동부 1개와 선형동부 거푸집 3개가 전시되어 있다(그림 1·2·3). 연태시박물관烟台市博物館 임선정林仙庭 부관장에 의하면 이 유물들은 왕구촌유적을 발굴할 당시 주민들이 신고한 것이라고 한다. 이중 그림 1의 동부 길이는 약 7.5㎝ 정도이다.

거푸집 중에는 합범 한 쌍도 있다(그림 2·3). 거푸집의 길이는 약 11㎝

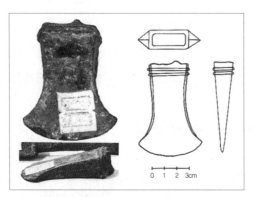

그림 1. 왕구촌유적 수습 선형동부(동부1)와 도면

그림 2. 왕구촌유적 수습 선형동부 거푸집(동부2)와 도면

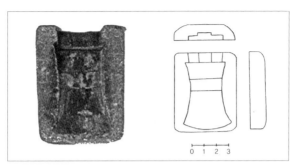

그림 3. 왕구촌유적 수습 선형동부 거푸집(도끼3)와 도면

정도이다. 그림 3의 선형동부는 길이는 약 6.5㎝ 정도이다. 크기가 그림 2의 동부에 비해 상대적으로 작다.

이와 비슷한 선형동부가 연태시박물관에 전시되어 있다(그림 4). 임선정에 의하면 이 동부는 용구시龍口市 귀성歸城유적을 발굴할 당시 주민들이 신고한 것이라고 한다. 1973년 연태지구문물관리위원회烟台地區文物管理委員會에서 성터를 비롯하여 분묘 2기와 차마갱을 발굴·조사하였는데 대체로 서주~춘추시기로 편년된다.[10] 이 성은 기원전 567년 제영공에 의해 멸망하기 전까지 래국의 도성으로 사용되었다.

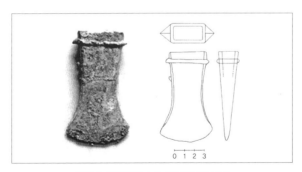

그림 4. 귀성유적 수습 선형동부와 도면

---

10.   李步靑·林仙庭, 1991, 「山東黃縣歸城遺址的調査與發掘」, 『考古』10.

이들 선형동부는 모두 요령지역 전기비파형동검문화의 특징을 갖춘 선형동부와 유사하다. 이중 합범을 제외하면 그와 가장 유사한 요령지역의 대표적인 선형동부로는 요양遼陽 이도하자二道河子 1호 석관묘(A), 서풍西豊 충후둔忠厚屯 석관묘, 신금현新金縣 쌍방雙方 6호묘의 출토 선형동부를 들 수 있다(그림 5). 나머지 합범은 강상묘崗上墓 16호분과 요양 이도하자 출토 C동부와 가장 유사하다(그림 6).

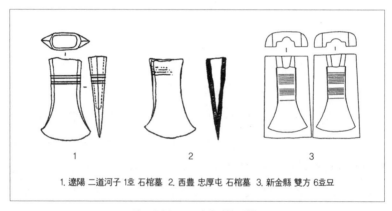

1. 遼陽 二道河子 1호 石棺墓 2. 西豊 忠厚屯 石棺墓 3. 新金縣 雙方 6호묘

그림 5. 동부1·3·4와 유사한 선형동부

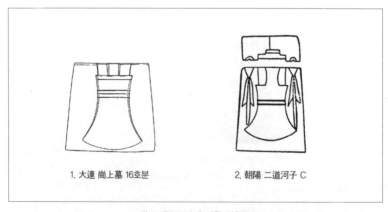

1. 大連 崗上墓 16호분   2. 朝陽 二道河子 C

그림 6. 동부2와 유사한 선형동부

이도하자유적, 쌍방유적 등은 요동지역 비파형동검문화 쌍방유형을, 강상묘는 요동반도 남단의 비파형동검문화의 강상유형을 이루는 대표적인 유적이다. 이처럼 전기비파형동검문화의 강상유형과 쌍방유형은 정가와자 6512호로 대표되는 후기비파형동검문화가 나타나기 이전까지 요동지역을 대표하는 비파형동검문화이다. 그 시기는 대체로 기원전 8~6세기로 편년된다.

그렇다면 이들 선형동부의 연대는 요동지역과 산동지역의 시공간적인 차이를 감안한다고 해도 요동지역 편년안에서 크게 벗어나지 않을 것이다. 왕구촌유적에서 춘추중기층 유적이 있고 귀성유적이 서주~춘추시기인 점을 감안한다면 이들 선형동부는 대략 기원전 8~6세기로 볼 수 있다.

한편 산동반도 내륙에 있는 서하시栖霞市 행가장촌杏家庄村유적에서는 3기의 무덤이 발견되었는데 이중 가장 큰 2호 목관묘에서(그림 7) 인골 상반신 우측에서 비파형동검이 출토되었다(그림 8).[11] 대련大連 와룡천臥龍泉 2·5호의 것이나 심양 정가와자 제1지점과 남탑南塔 유적의 비파형동검과 형태상으로 가장 유사하다. 와룡천·정가와자유적이 기원전 5세기대로 편년되고 행가장촌유적의 연대가 춘추만기인 점을 고려해 볼 때, 요동지역에서 유행하던 당시의 동검이 큰 시간적 격차 없이 바로 산동지역으로 유입되었던 것으로 볼 수 있을 것이다.

---

11. 煙台市文物管理委員會·栖霞縣文物事業管理處, 1992, 「山東栖霞縣占疃鄉杏家庄戰國墓清理簡報」, 『考古』2.

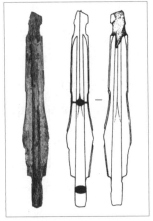

그림 7. 행가장 2호묘와 주요 출토 유물　　그림 8. 행가장 2호묘 출토
비파형동검과 도면

3) 산동지역에 나타나는 비파형동검문화 관련 유적의 성격

산동지역의 대표적인 지석묘로는 치박시淄博市 치천현淄川縣 왕모산王
母山 지석묘를 들 수 있다(그림 9·10). 도리이(鳥居龍藏)는 이 지석묘를 제1
형식[바둑판식]으로 분류하였다.[12] 이후 왕헌당도 재차 조사하여 제1형
식 지석묘라고 하였다.[13]

도리이(鳥居龍藏)는 왕모산 지석묘와 함께 치천현 두파촌杜坡村 하마석
蝦蟆石 지석묘를 보고하였다(그림 11).[14] 하마석은 대형 지석묘로 대형 판
석을 이용한 점에서 요령지역의 대석붕일 가능성이 많지만 상석의 두
께가 한국의 남부 기반식 지석묘의 두께를 가진 점에 차이가 있다.

12.　鳥居龍藏, 1946,「中國石棚之研究」,『燕京學報』31; 鳥居龍藏, 1976,『鳥居龍藏全集』, 朝日新
聞社.

13.　王獻唐, 1957,「山東的歷史和文物−在山東省文物工作會議上的報告−」,『文物參考資料』2.

14.　鳥居龍藏, 1946, 앞의 글.

그림 9. Dr. Menzies 촬영 왕모산
지석묘 사진 1

그림 10. Dr. Menzies 촬영 왕모산
지석묘 사진 2

그림 11. 하마석(蝦蟆石) 지석묘

산동반도 동단부의 영성시榮成市 애두집崖斗集 석문자石門子에 제1형
식의 지석묘군이, 아녀석兒女石에는 13.4m 높이의 석갈石碣이 있다고
한다. 장정량張政烺은 석갈과 지석묘가 공존하는 현상을 전라도 순천의
정형과 일치한다고 보았다.[15]

영성시 지석묘군은 조사가 이루어지기도 전에 개발에 의해 모두 파괴
되었다. 다행히 서일초徐逸樵의 책(『先史時代的日本』, 1991, 139쪽)에 지석묘 사
진이 게재되어 있다(그림 12). 사진을 바둑판식 지석묘인 것이 확실하다.

현재 산동반도에서 지명이나 촌명에 석붕(石棚, 石硼)이 들어가는 곳

---

15.   張政烺, 1951, 「史前的中朝關係」, 『五千年中朝友好關係』, 開明書店.

그림 12. 榮成市 支石墓

을 나열해 보면 다음과 같다. 영성시에는 이도진俚島鎭 행석붕촌杏石硼村, 하장진夏庄鎭 석붕염가촌石硼閻家村·석붕정가촌石硼丁家村, 애서진崖西鎭 석붕자촌石硼子村, 호산진虎山鎭 석붕촌石棚村, 인화진人和鎭 북석붕촌北石硼村, 남석붕촌南石硼村 등 7사례가 있고, 유산시乳山市에는 대고산진大孤山鎭 석붕양가촌石硼楊家村, 유산채진乳山寨鎭 석붕최가촌石硼崔家村, 제왕진諸往鎭 상석붕촌上石硼村·하석붕촌下石硼村 등 4사례가 있고, 문등시文登市에는 계석진界石鎭 석붕구촌石硼塂村, 갈가진葛家鎭 동석붕촌東石硼村·서석붕촌西石硼村, 장가산진張家産鎭 석붕자촌石硼子村 등 4사례가 있고, 봉래시蓬萊市에는 대행점진大辛店鎭 서석붕촌西石硼村, 대류행진大柳行鎭 동석붕촌東石棚村 등 2사례가 있고, 래양시萊陽市에는 산전점진山前店鎭 동석붕촌東石棚村, 성상가도변사처城廂街道辨事處 석붕촌石棚村 등 2사례가 있다. 모두 20개의 촌명에 석붕이란 명칭이 들어간다.

지석묘와 함께 요동지역의 대표적인 묘제는 석관묘이다. 산동지역에도 유산시 남황장유적에 석관묘가 있다(그림 13). 모두 22기가 발견되었

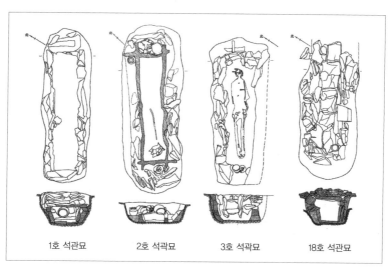

그림 13. 남황장유적 석관(곽)묘

는데 이중 15기가 석곽묘이고 5기가 석관묘이다. 출토된 동촉이 서주중기의 곡부曲阜 노국고성魯國故城 갑조甲組 138호묘 출토의 도촉범극陶鏃范極과 유사하여 남황장유적의 연대는 서주 중만기로 편년된다.

유산시에서는 남황장유적과 비슷한 성격의 유적이 유산채진 소관촌小管村 채산寨山유적을 비롯하여 서가진徐家鎭 대호구촌大浩口村, 대고산진 유개장촌俞介庄村, 해양소진海陽所鎭 해탄촌海瞳村, 풍가진馮家鎭 합자촌合子村 등 10여 곳에서 발견되었으며, 문등·영성 일대에서도 약간의 단서가 발견되었다고 한다. 한편, 유산시 장팔석촌丈八石村 장팔석丈八石 유적 부근에서 서주시대 석관묘 1기가 발견되었다고 한다.

장도현에도 남황장유적과 유사한 석곽(관)묘가 발견되었다고 한다. 대죽산도大竹山島에서 석판묘가, 대흠도大欽島에서는 석판묘가 발견되었다. 왕청은 이러한 석관묘문화[남황장문화]를 묘도열도 중심의 진주문문화珍珠門文化에서 기원하는 서주중기~춘추조기 래이문화의 한 부분

이며 산동지역 토착적인 묘제와 다른 이질적인 측면이 있다고 보았다.[16]

이런 점에서 산동지역의 선형동부를 포함한 지석묘와 석관묘는 전기 비파형동검문화 단계의 요동지역 쌍방유형의 조성세력인 고조선·예맥과 직간접적인 관계 속에서 이해할 수밖에 없다고 할 수 있다.

4) 고조선의 산동지역 교통로

산동지역에 나타난 비파형동검문화 요소는 제나라의 도성 주변인 임치현과 교래하膠萊河 이동의 교동반도에 분포한다. 교동반도는 은말주초 이래 래이萊夷의 문화권에 포함된 지역이다. 이후 기원전 7세기 환공대에도 제의 영향력은 교래하를 넘지 못하였다. 이후 기원전 567년에 제영공이 래국을 멸망시키고, 기원전 6세기 말 경공대에 가서야 래이의 잔여세력을 진압하면서 교동반도를 완전히 장악하게 된다. 이처럼 기원전 6세기 후반까지 교동반도는 래이[래국]의 영향력에 있었다. 따라서 교동반도에 보이는 비파형동검문화 요소는 바로 래이와 요동지역의 고조선·예맥과의 관계 속에서 유입된 것으로 볼 수 있다.

선형동부가 출토된 남장산도는 요동과 산동을 이어주는 가교역할을 했으며, 용구시 귀성은 요동에서 교동반도를 거쳐 제의 임치로 가기 위해서는 반드시 거쳐야하는 래국의 도성이 있던 곳이다. 석관묘와 지석묘의 분포지인 영성과 유산·문등 일대는 남중국과 북중국을 연결하는 해상교통상의 중요한 거점이었다. 산동지역에 분포된 비파형동검문화 요소는 바로 래이의 도성과 교통로상의 중요거점과 관련이 된다고 할 수 있다.

---

16.   王靑, 2002, 『海岱地區周代墓葬硏究』, 山東大學出版社, 200~201쪽.

전기비파형동검문화 단계에 고조선의 중심은 대릉하유역의 조양지역에 있었다. 이 고조선이 산동의 제와 문피교류를 하기 위해서는 요동의 예맥[강상유형의 주체]과 교동의 래이가 구축했던 교류망을 이용할 수밖에 없었다. 이후 요동지역에서는 후기비파형동검문화 단계에 요동의 심양지역이 문화의 중심으로 부상되면서 고조선의 중심이 이곳으로 바뀌게 되었고, 제는 교동반도의 래이를 완전히 장악하게 되었다. 이로써 고조선과 제의 교류는 각각 예맥과 래이의 교류망을 흡수하면서 쌍방간의 직접적인 교류가 이루어질 수 있게 되었다. 이를 간단히 나타내면 전기비파형동검문화 단계에서는 '고조선[조양↔요동지역 예맥] ⇔ 래이[묘도열도↔봉래↔귀성] ⇔ 제[임치]'의 관계로 표현할 수 있다. 이후 후기비파형동검문화 단계에 들어서고 래국이 멸망함에 따라 '고조선[심양↔요동반도 대련지역] ⇔ 제[묘도열도↔봉래↔임치]'로 이어지는 관계로 변화된다고 할 수 있다.

이처럼 산동지역에서 발견된 전기비파형동검문화 요소만으로 볼 때 요동지역과 관련된 교통로는 두 가지로 나뉜다. 하나는 묘도열도를 건너서 산동에 도착한 후에 육로를 통해 래국의 도성인 귀성으로 가는 길이고, 다른 하나는 묘도열도를 건너서 산동반도 동단의 영성시 일대로 가는 길이다(그림 15).

그런데 여기에서 하나 더 고려해야 할 것이 서하시 출토 비파형동검이다. 이와 관련해서 산동지역에서 출토된 춘추전국시기 제도폐齊刀幣의 분포 상황을 주목할 필요가 있다. 산동반도의 동서방향으로 출토 지점을 살펴보면, 제남齊南—역성歷城—장구章邱—치박淄博—익도益都—창낙昌樂—유현濰縣—평도平度—래양萊陽—서하栖霞—복산福山—모평牟平—영성榮成으로 이어진다. 이것이 제도齊都를 횡으로 관통해서 산동반도 끝인 영성까지 이어지는 동서대도東西大道이다. 그리고 장도·봉래·황현·초원招

遠·복산 등 산동반도 북부 해안지대와 즉묵卽墨·노산嶗山·청도靑島 일대의 산동반도 남부 해안지대에 제도폐가 집중적으로 출토되었다. 이 두 지대를 연결하는 내륙에 내양·평도 등의 교통선상에 제도폐가 출토되고 있다. 이것이 산동반도를 종으로 관통하는 남북대도南北大道이다. 이 교통로상의 인접지역에 바로 서하가 위치해 있다.

　서하는 산동반도를 종횡으로 이어주는 교통로상 중요한 지역이다. 또한 이 교통로를 바로 래국을 멸망시킨 제가 이용했다. 요동반도의 비파형동검이 내륙까지 유입된 것도 바로 이러한 교통로가 있었기에 가능했던 것으로 판단된다. 이러한 기원전 5세기 전반의 교통로까지 고려

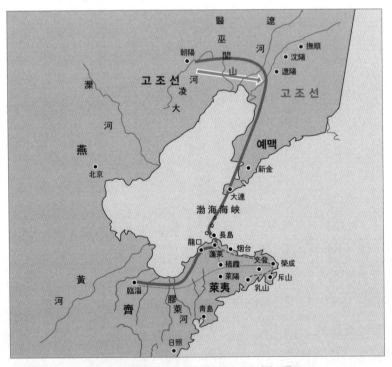

그림 14. 비파형동검문화기 고조선의 산동지역 교통로

한다면 산동지역에서 요동지역의 쌍방유형과의 교류는 다양한 교통로를 통해서 이루어졌다고 볼 수 있다.

고조선과 산동지역 제나라와의 교류에 대해서는 문헌상에는 『관자』를 통해서 접근할 수밖에 없다. 그러나 산동지역에서 발견된 비파형동검문화 관련 유적·유물을 함께 고려해 본다면 그 교류의 양상은 매우 다양하게 나타난다. 묘도열도, 제의 도성인 치박시 임치현, 래이의 도성인 용구 귀성유적, 산동반도 동단의 영성시, 문등시 일대의 지석묘, 석관묘 유적 등은 고조선계 주민집단이 산동지역에서 다양한 교류 활동을 한 흔적이라고 할 수 있다. 이를 기반으로 고조선과 관련된 산동지역 교통로는 ① 제의 도성으로 가는 길(봉래↔용구↔임치), ② 산동반도 동단으로 가는 길(봉래↔영성[척산]↔유산), ③ 산동반도 내륙[서하]을 이용한 길을 상정해 볼 수 있다(그림 14).

3. 기원전 4~3세기 교류와 교통로

대릉하~요동지역의 전기비파형동검문화는 기원전 5세기 전후 후기비파형동검문화로 들어서면서 요동 심양지역이 문화의 중심적인 역할을 하게 된다. 요동지역은 정가와자유형을 중심으로 전기비파형동검문화의 기본적인 특징을 계승·발전시키면서 요동지역 내에서 각 지역집단 사이의 위계를 통해 좀더 통일적인 문화 양상을 확산시켜 나갔다. 이 과정에서 심양을 중심으로 하는 지배집단이 후기비파형동검문화의 중심으로 성장할 수 있었다. 이들이 기원전 4세기대에 들어서면서 초기세형동검문화를 주도하게 된다. 기원전 4세기 후반에 이르면 『전국책』·『위략』에서 고조선이라고 언급된 실체는 조양지역이 아닌 심양지역의 지배집단이었다. 이것은 심양지역의 후기비파형동검문화의 담당세력이 초기세형동검문화를 주도하게 되면서 예맥사회의 대표성을 갖는 세력으로 성장하면서 고조선이라는 실체가 교체된 것이라고 할 수 있다. 『삼국지』 한전에 인용된 『위략』에는 고조선에 대해

> 옛날 기자의 후손 조선후朝鮮侯는 주周가 쇠미하여 연燕이 스스로 존대하여 왕을 칭하고 동쪽으로 침략하려고 하자, 조선후 역시 스스로 왕을 칭하고 병사를 일으켜 연을 공격하여 주실周室을 받들려고 하였다. 그 대부 례禮가 간諫하여 그만두었다. 예를 서쪽으로 보내 연을 설득하니 연도 중지하고 조선을 공격하지 않았다. 그 후 자손이 점점 교만하고 포학해지자 …

라고 되어 있다. 이 내용은 연이 칭왕을 하면서 고조선을 공격하려고 하자 조선후도 칭왕을 하고 연을 공격하려고 했으나 그만두었다는 것이다. 연이 칭왕한 것이 이왕易王 10년인 기원전 323년이므로 이 사료의 시점은 대략 기원전 4세기 후반이다.

그렇다면 왜 고조선과 연이 적대적인 관계에 있었을까? 이와 관련해서 기원전 4세기 후반 연과 가장 적대적인 관계에 있었던 제에 주목할 필요가 있다. 춘추말기~전국초기에 제는 산동반도의 래국을 멸망시키고 그 잔여세력까지 흡수하면서 산동반도를 완전히 장악하게 된다. 이러한 제에 정치적 격변이 일어난다. 제영공과 안영晏嬰이 죽자 구귀족세력을 대신하여 전씨세력田氏勢力이 정권을 잡게 되었다. 기원전 401년에는 강제姜齊를 대신하여 전제田齊가 제후의 반열에 오르게 된다. 이후 제위왕齊威王(기원전 356~320)은 추기鄒忌를 재상宰相으로 등용하면서 부국강병을 꾀한다. 그리하여 기원전 334년에는 칭왕하면서 동방의 패자로 군림하게 된다. 제의 이러한 기세는 선왕대宣王代(기원전 320~301)까지 이어진다.

제의 부강을 제일 두려워했던 나라가 바로 제의 북쪽에 있었던 연이었다. 연에서는 연왕 자쾌子噲가 국군國君의 지위를 대신大臣 자지子之에게 양위讓位하는 '자지의 난'(기원전 314)이 발생한다. 제는 이 사건을 빌미로 주변국들과 함께 출병하여 연을 공격하게 된다. 이 때문에 연은 거의 멸망 상태까지 이르게 되었다. 이런 상황에서 연소왕(기원전 311~278)이 즉위한다. 연소왕은 악의樂毅·추연鄒衍·극신劇辛 등을 기용하여 변법을 수행하면서 연하도燕下都를 건설하는 등 일대 개혁을 단행한다.

변법에 성공한 연소왕은 소진의 반간反間 작전을 통해 제를 고립시키기 시작했다. 이후 제민왕(기원전 301~283)은 3차례나 송宋을 공격한 것을 계기로 조趙·진秦·한韓·위魏·연燕 등 5국의 연합 공격을 받게 되었다. 그 다음 해인 기원전 283년에는 연소왕은 제의 70여 성을 함락시켰다. 이에 제는 료聊·거莒·즉묵卽墨 등을 제외한 영토 대부분을 연에 침략당했다. 벌제伐齊에 성공한 연은 시선을 북방으로 돌려 동호와 고조선을 공격하였다.

칭왕 이후부터 연의 벌제까지 연과 제의 대립·갈등 구도를 이해했을 때, 고조선과 연의 대립구도도 그 연장선상에서 이해할 필요가 있다. 당시 연과 대립하고 있던 제는 연을 배후에서 압박하기 위해 고조선을 적극적으로 끌어들였던 것으로 보인다. 고조선도 연이 요동지역으로 팽창하려는 움직임에 민감하게 반응할 수밖에 없었을 것이다. 따라서 고조선이 연의 남쪽에 있는 제와 연계하여 연에 대항하였던 것으로 보인다. 연이 벌제 이후 고조선을 공격한 것도 바로 고조선과 제의 국제 공조에 대한 보복일 가능성이 매우 높다고 생각된다.[17]

고조선이 연에 대항할 수 있었던 것은 산동지역의 제와 연대했기 때

---

17. 이성규, 2003, 「고대 중국인이 본 한민족의 원류」, 『한국사시민강좌』32, 143~149쪽; 박대재, 2006, 「古朝鮮과 燕·齊의 상호관계—기원전 4세기말~3세기초 전쟁 기사를 중심으로—」, 『사학연구』83, 6~11쪽.

문이라고 볼 수 있다. 기원전 282년 경에 연이 장수 진개를 보내 고조선을 공격하여 만번한을 경계로 삼게 된다. 이에 따라 고조선의 중심지도 심양에서 서북한지역의 평양으로 옮기게 되었다. 『한서』 지리지에 문현과 번한현이 이어서 나오고 만번한으로 연칭된다는 점에서 번한현은 문현과 인접한 곳일 가능성이 높다. 문현은 평곽현 위쪽인 개주 일대에 있었고, 개주의 서북쪽에 혼하의 하구인 영구가 있다. 따라서 번한현은 혼하 하류인 영구와 개주 사이에 있었던 것으로 볼 수 있다. 만번한이 천산산맥 이서 지역인 점으로 보아 고조선과 연이 천산산맥과 같은 자연계선을 경계로 삼았던 것으로 볼 수 있다.

그렇다면 진개의 공격은 왜 만번한에서 멈추었을까? 이와 관련해서는 만번한의 지정학적 위치를 생각해 볼 필요가 있다. 이 지역은 발해만과 연접해 있으면서 요동반도를 따라 펼쳐진 서부 해안지대이다. 즉, 만번한은 요북평원에서 대련을 거쳐 산동반도로 가는 길목에 있다. 묘도열도는 춘추시기 고조선과 제의 교역로로 이용되었으며, 누선장군 樓船將軍 양복楊僕이 고조선 공격시 제에서 배를 타고 발해를 건넜을 때도 묘도열도를 이용했다. 이런 점으로 보아 전국시기에도 제와 고조선의 교류가 바로 이 교통로가 이용되었을 것이다. 따라서 진개의 공격이 만번한에서 멈춘 것은 바로 고조선이 산동의 제와 연결될 수 있는 해상교통의 거점을 차단하기 위했던 것으로 볼 수 있다.[18]

고조선은 기원전 282년 경 연의 공격으로 인해 평양지역으로 그 중심을 옮길 수밖에 없었다. 고조선과 연의 경계는 천산산맥 이서지역의 개주, 영구 일대였다. 연은 요동군을 설치하면서 고조선을 압박했지만 산동지역 제와의 교류가 완전히 차단되지는 않은 것으로 보인다. 기원

---

18. 박대재, 2006, 위의 논문, 26~28쪽.

그림 15. 1. 일조시 수습 동검 2. 용구박물관 세형동모

전 282년 이후 고조선과 제의 정치적 관계는 문헌상에서는 확인할 수 없다. 그러나 이 시기 산동반도와 요동반도의 고고학적 양상을 통해 교류 관계를 어느 정도 유추해 볼 수 있다.

먼저 산동성 일조시日照市에서 수습 동검을 살펴보자(그림 15-1). 이 동검은 구체적인 수습 지점과 시기가 알려져 있지 않다. 이 동검을 실견한 왕청에 의하면 동검의 돌기와 결입부가 없으며, 검신과 봉부가 상당히 긴 편이다. 등대가 있으며 혈구가 검신 길이의 절반 정도이다. 왕청은 이 동검이 윤가촌 M12호, 봉성 소진가小陳家 동검과 그 형태가 비슷한 것으로 보았다. 그러면서 그는 동검의 연대를 전국만기 정도로 보고 세형동검으로 가는 과도기적 형태로 이해하였다. 이 검은 산동지역에서 요령지역 관련 유물 중에서 가장 남쪽에 출토된 것으로 요동지역과의 교류의 범위의 남쪽 범위를 이해하는 데에 중요한 유물이라고 할 수 있다.

용구박물관龍口博物館에 소장되어 있는 세형동모細形銅鉾(그림 15-2)는 봉인부가 공부에 비해 더 길고 공부 구연단에는 1조 돌대가 있는 것으로 한반도의 단봉소형세형동모短鋒小型細形銅鉾와 유사하다. 박순발은 유물의 연대를 기원전 3세기 3/4분기로 보았다.[19] 이 동모는 구체적인 출토 지점을 알 수 없으나 이 박물관에 소장·전시되어 있는 것으로 보아 전반적으로 용구시와 그 주변 지역에서 수습되었을 가능성이 높다. 이런 점에서 이 동모는 2장에서 살펴본 용구시 귀성유적에서 수습된 선형동부와 관련시켜서 그 유입 경위를 짐작할 수 있을 것이라고 본다.

앞에서 살펴본 것처럼 용구는 기원전 567년 제영공에 의해 멸망되기 이전에 래국의 도성이었다. 또한 용구는 묘도열도를 건너 봉래에 도착한 후 제의 임치로 가는 길목에 있다. 이런 점에서 비록 래국은 멸망했지만 봉래에서 임치로 가는 교통로상 용구에서 이 동모가 수습되었다는 점은 요동지역과 산동지역의 교류와 교통로를 이해하는 데에 중요한 점을 시사해 준다고 할 수 있다.

한편 교통로라는 점에서 일조시 수습 동검은 이전과 다른 양상이라고 할 수 있다. 일조시는 산동반도의 남쪽이자 아래로는 강소성과 인접해 있다. 동검의 연대가 대체로 전국만기인 기원전 3세기 중후반인 점으로 볼 때 이 시기에 일조시와 요동·한반도지역과의 교류 관계를 상정해 볼 수 있다. 물론 두 지역 간의 직접적인 교류가 있었다고 보기는 어려울 것이다. 다만 이 지역까지 동검이 유입된 경로를 상정해 본다면, ① 묘도열도를 건너 봉래를 지나 내륙의 서하를 거쳐 일조에 이르는 길과, ② 봉래를 거쳐 산동반도 동쪽 끝인 영성을 지나 유산·청도를 거쳐 일조에 이르는 해안로를 들 수 있다. 이와 관련하여 먼저 전기 비파형동검문화 단계에 영성에 고인돌이 분포하고, 유산시에 석관묘가

---

19.   박순발, 2012, 앞의 논문, 439~440쪽.

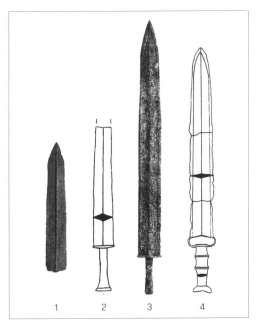

그림 16. 산동지역에서 유입된 동검

조영된 남황장문화가 있었던 점을 고려할 필요가 있다. 또한 4장에서 살펴보겠지만 한대에 '고조선의 문피'가 요동반도를 거쳐 산동반도 끝인 영성의 척산斥山에서 교역되었던 점을 상기할 필요가 있다. 즉, 산동반도 끝인 영성은 남중국과 북중국의 물산이 집결되는 전통적인 교역항의 역할을 했던 것이다. 그렇다면 일조시 수습 동검은 영성을 거치는 해안로를 따라 유입되었을 가능성이 높다고 할 수 있다.

한편 요동반도에서도 산동지역에서 유입된 유물을 확인할 수 있다. 특히 요동반도 남부의 윤가촌유형尹家村類型에서 잘 드러난다. 보란점普蘭店 화아산花兒山 출토 중원식 동검(그림 16-1), 여순 윤가촌 출토 중원식 동검(그림 16-2·3), 장해長海 서가구徐家溝 출토 중원식 동검(그림 16-4)은 이 지역 토착적인 세형동검과는 그 계통이 다른 중원식 동검이다. 이들 유물은 대체로 기원전 3세기 중엽 경으로 추정된다. 이들 동검이 연[요동군]을 통해 유입되었다기보다는 묘도열도를 통한 산동지역과의 교류 속에서 유입되었을 가능성이 높다.[20] 윤가촌유형의 문화주체들이 산동지역과의 교류를 지속하였기 때문에 이러한 중원식 동검이 유입되었다고 볼 수 있을 것이다.

기원전 4~3세기 고조선은 산동지역의 제나라와 교류관계를 맺었다. 연이 칭왕할 때 고조선이 칭왕하는 데에 제가 배후에서 지원한 것은 이를 잘 보여준다. 이 때 고조선이 제와 교류하기 위해서는 '고조선[심양

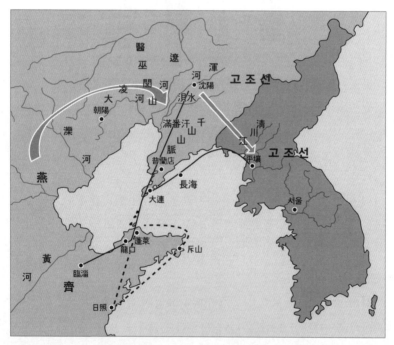

그림 17. 기원전 4~3세기 고조선의 산동지역 교통로

---

20.   이후석, 2016, 「尹家村類型의 변천과 성격」, 『중앙고고연구』19, 중앙문화재연구원, 26~27쪽.

↔요동반도 남단] ⇔ 묘도열도 ⇔ 제[봉래↔귀성↔임치]'로 이어지는 교통로를 이용했을 것으로 보인다. 그리고 고조선은 기원전 282년 경 연의 공격으로 그 중심지를 서북한지역 평양으로 옮기게 되었다. 이때 고조선은 여전히 요동반도 남단을 경유하는 '고조선[평양↔압록강 하구↔요동반도 남단] ⇔ 묘도열도 ⇔ 제[봉래↔귀성↔임치]'로 이어지는 교통로를 이용했을 것이다. 일조시에서 출토된 동검의 유입 경로를 상정해 본다면, '고조선 ⇔ 묘도열도 ⇔ 제[봉래↔영성현 척산↔일조시]'로 이어지는 교통로가 이용되었을 것으로 추정된다(그림 17). 이러한 교통로는 2장에서 살펴본 춘추시기 이래의 고조선과 제의 교류 관계의 연장선장에서 이루어졌다고 볼 수 있다.

4. 위만집권 전후 교류와 교통로

1) 고조선과 한漢의 경계, 패수浿水

진秦이 전국戰國을 통일하면서 패수沛水[浿水]를 건너 고조선을 공격하자 고조선은 진에 내속內屬하게 되었으며 『사기』에서는 진이 연의 요동군 지역을 요동외요遼東外徼에 소속시켰다고 되어 있다. 진한교체기를 거치면서 전국을 일원적으로 지배하였던 군현지배체제가 심하게 훼손되었다. 진에 의해 강압적으로 군현체제에 편입되었던 남월·동월·서남이의 변군邊郡들이 독립하였고 흉노는 다시 하서河西지역을 차지하게 되었다.

진한교체기 이러한 중국사회의 분열은 고조선과 한의 국경 변화에도 영향을 주게 된다. 이와 관련하여 『사기』 조선열전에는 조선왕 만滿은 옛 연인燕人이다. 연의 전성기에 비로소 진번·조선을 경략하여 복속시키고 관리를 두고 장새鄣塞를 쌓았다. 진이 연을 멸한 뒤에는 (그곳을) 요동외요에 소속시켰다. 한漢이 흥기하니 그곳[요동외요]이 멀고 지키기 어려우므로 다시 요동고새遼東故塞를 수리하고 浿水에 이르러 경계로 하여 연에 소속시켰다. 연왕 노관盧綰이 (한을) 배반하고 흉노로 들어가자 위만이 망명하여 무리 천여 인을 모아 상투에 만이복蠻夷服을 하고 동쪽으로 새塞를 빠져나와 패수浿水를 건너 진의 옛 공지空地인 상하장上下鄣[秦故空地上下鄣]에 머물렀다.

라고 되어 있다. 여기에서 한이 요동외요가 멀어서 지키기 어려우므로 다시 요동고새를 수리하고 패수에 이르러 경계로 삼고 연의 관리하에 두었다고 되어 있다. 여기에서 한초의 고조선과 한의 국경이 패수였다는 사실을 알 수 있다.

위만은 새[요동고새]를 빠져나와 패수를 건너 진의 옛 공지인 상하장[秦故空地上下鄣]에 머물렀다고 되어 있는데 그곳은 고조선이 한과의 경계를 패수로 삼기 이전에는 진 요동군의 관할구역이었다. 이와 관련하여『염철론』비호편에

大夫가 말하기를, "옛날에 사이四夷가 모두 강성하여 다같이 중국을 노략질한 적이 있습니다. 조선은 변경을 넘어 연의 동쪽 땅을 겁劫했고 …"

라고 되어 있다. 여기에서 고조선이 한초에 연땅을 겁했다고 했다.『사기』조선열전에서는 멀고 지키지 어렵다는 이유로 다시 요동의 고새를 수리하고 패수를 경계로 삼았다고 하였는데 이것은 고조선에게 연의 동쪽 땅을 빼앗긴 것을 한의 입장에서 수사적修辭的으로 표현한 것이다.

결국 진한교체기에 고조선이 패수 이동지역의 영토 즉, '진의 옛 공지'를 회복한 것을 알 수 있다.

그렇다면 패수는 어느 강을 지칭하는 것일까? 패수의 위치에 대한 논쟁은 고조선의 위치와 강역에 대한 논쟁과 긴밀하게 연결되어 있다. 이제까지 패수의 위치에 대해서는 난하·대릉하·혼하·압록강·청천강 등 다양한 견해가 제시되었다. 이중 청천강설은 소위 고조선 중심 평양설과, 대릉하설·난하설은 요령설, 그리고 압록강설·혼하설은 대체로 이동설과 연관된다.

패수의 위치와 관련하여 『전한기前漢紀』의 기록을 주목해 볼 필요가 있다. 『전한기』 효무황제기孝武皇帝紀에

한이 흥기하니 그곳이 멀고 지키기 어려우므로 요수遼水를 새塞로 삼았다. 연인燕人 위만이 망명하여 무리 천여 인을 모아 요(동)에 있었는데 진의 고지故地에 머물렀다.

라고 하여 고조선과 한의 경계를 시사하는 요수가 언급되어 있다. 『전한기』는 후한 헌제가 『한서』의 문장이 번잡하고 읽기가 난해하여 198년 순열(149~209)에게 명하여 기전체의 『한서』를 1/4분량의 편년체인 『(전)한기』로 편찬한 것이다. 주지하듯이 『한서』 조선열전은 『사기』 조선열전을 거의 그대로 전재한 것이다. 따라서 『전한기』에는 『사기』와 『한서』 저술 당시의 역사지리 인식이 반영되었다고 볼 수 있다.

『전한기』에서는 "요수를 새로 삼았다"고 했다. 요수에 대해서 『수경주』에는 대요수大遼水와 소요수小遼水가 있는데 대요수는 "大遼水出塞外衛白平山 東南入塞東 過遼東襄平縣西"이라고 하고 소요수는 "水出北塞外 西南流逕遼陽縣 注遼水"라고 되어 있다. 대요수는 오늘날 요하遼河

이며 소요수는 혼하渾河라는 것을 알 수 있다.

『전한기』의 밑줄 친 부분("漢이 흥기하니 그곳이 멀고 지키기 어려우므로 遼水를 塞로 삼았다")은 『사기』 조선열전의 밑줄 친 부분("漢이 흥기하니 그곳[遼東外徼]이 멀고 지키기 어려우므로 다시 遼東故塞를 수리하고 浿水에 이르러 경계로 하여 燕에 소속시켰다")을 개사改寫한 것이다. 『전한기』의 요수[혼하]는 『사기』의 패수에 해당된다. 따라서 혼하 이동 즉, 요동반도 대부분은 한이 아닌 고조선의 영역이었다고 할 수 있다.

2) 위만집권기 교류와 교통로

고조선과 한의 교역은 어떠한 형태로 이루어졌을까? 이와 관련해서는 사료상에 구체적으로 드러나지 않는다. 다만 남월이 관시關市를 통해 한과의 교역을 하고, 흉노도 한과의 공식적인 교역이 관시를 통해서 이루어졌던 것을 볼 때, 고조선도 한과의 국경인 패수를 사이에 두고 관시와 같은 형태를 통해서 교역을 했을 것으로 추정된다. 위만이 요동 태수를 통해서 한과 외신관계를 맺었던 것으로 보아 패수 인근의 어느 지점에서 공식적인 교역 장소를 유추해 볼 수 있다.

고조선과 한의 교역은 패수를 경계로 요동군을 통해 교역했던 것만은 아닌 것으로 보인다. 고조선이 한초에 패수=혼하 이동의 요동반도[진고공지상하장] 지역을 회복했기 때문에 요동반도를 통해 산동지역과 교류했을 가능성이 매우 높다고 본다.

이와 관련하여 주목되는 것이 바로 『회남자』와 『이아』에 언급된 '척산斥山의 문피文皮'이다. 『회남자』 추형훈에는

① 동방東方의 좋은 물건은 의무려醫毋閭의 순우기珣玗琪가 있다. 동남방

東南方의 좋은 물건은 회계會稽의 죽전竹箭이 있다. 남방南方의 좋은 물건은 양산梁山의 서상犀象이 있다. 서남방西南方의 좋은 물건은 화산華山의 금석金石이 있다. 서방西方의 좋은 물건은 곽산霍山의 주옥珠玉이 있다. 서북방西北方의 좋은 물건은 곤륜(허)의 구림낭간璆琳琅玕이 있다. 북방北方의 좋은 물건은 유도幽都의 근각筋角이 있다. ② 동북방東北方의 좋은 물건은 척산斥山의 문피文皮가 있다. 중앙에는 대악岱嶽이 있어서 오곡五穀·상마桑麻를 자라게 하고 어염魚鹽이 생산된다.

라고 되어 있다. 이 내용은 구주九州의 구부九府를 설명하고 있는 것으로 『이아』석지釋地에도 같은 내용이 있다. 여기에서는 오악五嶽의 하나인 대악[태산]을 중심으로 중국의 영토를 팔방八方으로 나누고 그 지역의 특산품을 나열하는 방식으로 설명하고 있다. 이 중에서 ①의 의무려는 요서 고원지대가 시작되는 오늘날의 의무려산이란 것을 쉽게 알 수 있다. 따라서 ②의 동북방은 바로 의무려산 이동지역, 즉 요동지역을 지칭하는 것을 알 수 있다.

그런데 현재까지 알려진 바로는 요동지역에 척산이라는 지명은 없다. 척산의 위치와 관련하여 『수서』지리지 동래군東萊郡 문등현조에 척산이 있다고 하고, 『태평환우기』하남도河南道 등주登州 문등현조에도 척산이 언급된 것을 보면 척산이 산동반도에 있는 것이 확실하다. 그리고 청대 소진함邵晉涵이 저술한 『이아정의』석지에서는

이것은 영주營州의 이익을 설명하는 부분이다. 『수서』지리지에 따르면, 동래군 문등현에 척산이 있다. 『태평환우기』에는 『이아』의 척산이라 기록하고 있다. 척산은 지금의 등주부 영성현 남쪽 120리에 있다. 『관자』규탁편의 '발·조선의 문피' 또 경중갑편에서 '발·조선이 내조하지 않은

것은 문피와 타복을 폐물로 요구하기 때문이다'라고 한다. 척산은 영주 역내에 있는데 영주에서 바다를 건너면 요동 땅이 있어 능히 동북지역의 좋은 물건[美]을 모을 수 있다.

이라 하여, 척산을 등주부 영성시 남쪽 120리에 있는 것으로 보았다. 이처럼 척산은 오늘날 영성시 남쪽에 있는 석도항으로 비정된다.[21]

척산은 남중국 해안으로부터 들어오는 물산이 황하유역의 중원까지 운반되는 과정에서 반드시 거쳐야 하는 관문으로서 남중국과 북중국을 연결시켜주는 해로상의 중요한 항구였다. 또한 요동반도와 산동반도를 연결시켜주는 해상교역의 중심지이자 중계무역항이었다. 장보고가 세웠던 적산赤山 법화원法華院도 바로 이곳 척산과 같은 지역이다. '동북방의 미자'가 척산에 모이는 것도 바로 이러한 교역의 중요한 거점이었기 때문이라고 할 수 있다. 비파형동검문화 단계에 요동지역의 묘제인 지석묘와 석관묘가 산동반도 영성현과 문등현 일대에 집중적으로 분포하였던 것도 당시에도 이 지역의 교역의 거점이었기 때문이었을 것이다.

『회남자』는 기원전 139년 유안劉安이 저술한 책이므로 사료의 시점은 고조선이 아직 멸망하기 이전이다. 동북방은 연의 공격 이전에 고조선의 영역이었고, 한초에는 고조선이 패수[혼하] 이동지역을 다시 회복하였다. 따라서 『회남자』·『이아』에서 언급된 '동북방의 미자'는 고조선과 관련된 것으로 볼 수 있다.

『이아주』에서 문피에 대해 "虎豹之屬 皮有縟綵"라 한 것을 보면, 문피는 무늬를 수놓은 비단과 같이 화려한 호랑이 표범과 같은 맹수류의 가죽임을 알 수 있다. 『관자』 규탁편과 경중갑편에서 고조선의 특산

---

21. 박준형, 2006, 앞의 논문, 171~178쪽.

품으로 문피가 언급되어 있다. 이런 점에서 전한대까지 문피가 고조선의 특산품이었다는 것을 알 수 있다.

그런데 『이아』에서 주목되는 것은 '동북지방의 미자'[고조선의 문피]가 '척산의 문피'로 알려졌다는 점이다. 이것은 문피가 산동지역의 척산을 통해 중국사회에 유통되었기 때문에 중국인들이 척산의 문피라고 한 것을 알 수 있다. 즉, 집산지가 원산지로 바뀐 배후지교역의 대표적인 사례라고 할 수 있다.[22]

이처럼 고조선은 진번·임둔 등 복속지역의 특산품을 고조선산으로 중국과 교역을 했으며 예맥 등 주변 세력의 대외교섭권을 장악하여 한과의 교역을 독점하였다. 고조선은 패수를 사이에 두고 한의 요동군과 육로를 통해 교역했을 뿐만 아니라 요동반도를 거쳐 산동반도 척산에 이르는 해상교역을 수행했다.

고조선이 기원전 2세기 전후에 산동지역과의 교류 관계를 맺을 수 있었던 것은 바로 춘추·전국시기부터 요동반도와 산동반도를 통해 이루어진 교류 관계가 있었기 때문이라고 본다. 특히 고조선[동북지역]의 문피가 산동반도의 동단에 있는 척산에서 교류가 이루어진 것은 이 지역이 전통적으로 남중국과 북중국을 연결하는 교역항이었기 때문이라고 할 수 있다. 이 지역에 비파형동검문화 단계의 지석묘와 석관묘가 많이 출현한 것도 바로 이러한 교역과 관련된 것으로 추정할 수 있다. 이처럼 고조선의 문피는 '고조선[평양↔압록강 하구↔요동반도 남단] ⇔ 묘도열도 ⇔ 한[제][봉래↔척산(영성시)]'를 거쳐 척산에 모이고 여기를 통해서 중원지역으로 유통되었을 것으로 추정된다.

---

22. 松田壽男, 1957, 「蘇子の貂裘と管子の文皮」, 『早稻田大學大學院文學研究科紀要』3; 윤용구, 1999, 「三韓의 朝貢貿易에 대한 一考察－漢代 樂浪郡의 교역형태와 관련하여－」, 『역사학보』162, 14~16쪽.

한편 『후한서』 권76 순리열전(王景傳)에 의하면 왕경은 낙랑 염한인誦 邯人인데 그 8대조 왕중王仲은 산동 낭야인琅邪人으로 기원전 177년 제 북왕齊北王 흥거興居의 반란을 계기로 낙랑군으로 망명하게 되었다고 한다.[23] 산동반도 남쪽의 낭야에 거주하던 왕중이 서북한지역 낙랑군으 로 망명할 때에 바로 묘도열도를 거쳐 요동을 지나 서북한지역으로 가 는 전통적인 해상교통로를 이용했던 것으로 추정된다. 그런데 낭야지 역은 3장에서 살펴본 것처럼 일조시 동검[그림 17-1, 18]이 출토된 지 역 일조지역과 매우 가까이에 있다. 앞에서 일조시 동검이 유입되는 과

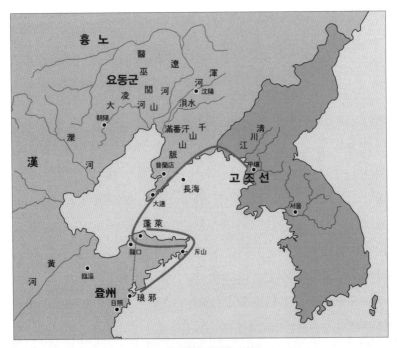

그림 18. 위만 집권 전후 교통로

23.   권오중, 1992, 『낙랑군연구』, 22쪽.

정을 봉래에서 내륙교통로를 거쳐 온 것이 아니라 해안로를 따라 들어왔을 가능성이 높다고 보았다. 왕중이 낭야에서 봉래로 갔던 길도 내륙교통로보다는 해안을 따라 척산을 거쳐 봉래에 이르렀다고 보는 편이 타당하다고 생각된다. 왕중이 이용했던 낭야↔봉래 해안로는 이전 시기부터 활용되었던 해상교통로였다고 보인다.

이러한 교통로의 이용과 관련하여 진한교체기 연·제·조민의 유입과 관련시켜 볼 필요가 있다. 『삼국지』 동이전 예조에 의하면 진한교체기에 연·제·조민이 고조선 지역으로 상당히 많이 유입되었던 것을 알 수 있다. 이것은 비단 왕중뿐만 아니라 산동지역의 많은 주민이 고조선으로 유입되었으며 그 때 이용한 교통로는 바로 이전 시기부터 이용되어 왔던 '제[봉래] ⇔ 묘도열도 ⇔ 고조선[요동반도 남단↔압록강 하구↔서북한 평양]'로 이어지는 교통로를 통해서 이주했던 것으로 보인다(그림 18).

이러한 교통로는 한이 고조선을 공격할 때에도 사용되었다. 『사기』 조선열전에는 한무제는 요동지역에서 좌장군左將軍 순체荀彘가 출격하게 하였고 누선장군 양복을 시켜서 5만명의 군사를 제에서 발해를 건너 고조선을 공격하게 하였다. 루선장군 양복은 요동지역과 산동지역 사이의 교류를 통해서 개발된 전통적인 해상교통로를 이용한 것이라고 할 수 있다.

5. 맺음말

지금까지 고조선이 산동지역과 교류했던 내용과 그 교류를 실행하기 위해 이용되었던 교통로를 고조선사의 전개과정 속에서 살펴보았다.

여기에서는 본문에서 논의했던 내용을 정리하면서 결론에 갈음하고자 한다.

『관자』 규탁편과 경중갑편에 의하면 고조선은 춘추시기 산동지역에 있는 제나라와 문피교역을 했다. 이러한 교류의 흔적을 고고학적으로도 난다. 묘도열도 장도현에서 출토된 선형동부와 거푸집 3건, 용구시 귀성유적에서 출토된 선형동부, 서하시 행가장촌 2호묘에서 출토된 비파형동검이 대표적인 유물이다. 또한 산동지역에는 치박시 왕모산 지석묘와 하마석 지석묘, 산동반도 동단인 영성시의 여러 지석묘가 있으며, 유산시 남황장유적을 비롯한 석관묘 유적이 많이 있다. 이들은 산동지역 토착적인 유적·유물과 달리 요동지역을 통해 유입된 것들이다.

고조선이 임치의 제와 직접 문피교역을 하기 위해서는 '고조선[조양↔요동지역 예맥] ⇔ 래이[묘도열도↔봉래↔귀성] ⇔ 제[임치]'로 이어지는 교통로의 이용을 통해서 이루어져야만 했다. 후기비파형동검문화 단계에 들어서고 산동지역에서 래국이 멸망함에 따라 '고조선[심양↔요동반도 대련지역] ⇔ 제[묘도열도↔봉래↔임치]'로 이어지는 교통로 상의 변화가 일어났다. 또한 산동지역에 나타나는 다양한 비파형동검 문화 관련 유적을 고려할 때 고조선은 묘도열도를 지나 1) 산동반도 동단으로 가는 길(봉래→영성[척산]→유산)과 2) 산동반도 내륙[서하]을 이용한 길도 이용했다.

기원전 4~3세기에 들어서면서 고조선은 제의 후원하에 칭왕을 하면서 연과 대립관계에 있었다. 이때 고조선이 제와 교류하기 위해서는 '고조선[심양↔요동반도 남단] ⇔ 묘도열도 ⇔ 제[봉래↔귀성↔임치]'로 이어지는 교통로를 이용했다. 고조선은 기원전 282년 경 연의 공격으로 그 중심지를 서북한지역 평양으로 옮기게 되었다. 이때 고조선은 여전히 요동반도 남단을 경유하여 '고조선[평양→압록강 하구↔요동반도 남단] ⇔ 묘도열도 ⇔ 제[봉래↔귀성↔임치]'로 이어지는 교통로를 이용했다. 한편 산동반도 남쪽에 있는 일조시에서 출토된 동검은 '고조선 ⇔ 묘도열도 ⇔ 제[봉래↔영성현 척산↔일조시]'로 이어지는 해안 교통로를 통해 유입되었을 것이다.

고조선은 준왕 시기에 중원지역에서 진한교체기의 혼란한 틈을 이용하여 패수[혼하]까지 영역을 확장하였다. 이로써 요동반도 대부분을 차지할 수 있게 되었다. 고조선은 패수를 사이에 두고 한의 요동군과 육로를 통해 교역했을 뿐만 아니라 요동반도를 거쳐 산동반도 동안에 있는 척산에 이르는 해상교역을 수행했다. 고조선[동북지역]의 문피가 척산에서 교류가 이루어진 것은 이 지역이 전통적으로 남중국과 북중국을 연결하는 교역항이었기 때문이었다. 고조선의 문피는 '고조선[평양↔압록강 하구↔요동반도 남단] ⇔ 묘도열도 ⇔ 한[제][봉래↔척산(영성시)]'를 거쳐 척산에 모이고 여기에서 다시 중원지역으로 유통되었던 것이다.

이러한 교통로는 전한 초기 왕중이 낙랑지역으로 망명할 때도 이용되었다. 낙랑 염한인 왕경의 8대조인 왕중은 산동지역 낭야인이었는데 기원전 177년 제북왕 흥거의 반란을 계기로 낙랑지역으로 망명하였다. 그는 먼저 '낭야↔척산↔봉래'를 거치는 해안 교통로를 이용하고 이어서 묘도열도를 건너 요동반도 남단을 거쳐 압록강 하구를 지나 서북한 지역으로 가는 전통적인 해상교통로를 이용했다. 낭야지역이 일조시와 가까이에 있는 점으로 보아 그가 이용했던 교통로는 일조시 출토 동검이 기원전 3세기에 산동반도 남쪽 일조시로 유입되는 경로와 유사했던 것으로 보인다. 진한교체기에 많은 연·제·조민이 고조선으로 유입되었는데 그중 제나라 유민들이 바로 이 교통로를 통해서 고조선 지역으로 들어왔다. 이후 누선장군 양복이 5만 명의 군사를 제에서 발해를 건너는 교통로를 이용하여 고조선을 공격했던 것이다.

이처럼 고조선은 그 전개과정 속에서 중심지가 요서→요동→서북한 평양지역으로 옮겨졌지만 산동지역과의 교류를 위해서는 묘도열도를 이용하는 해상교통로[서해 북부 연안항로]를 지속적으로 이용할 수밖에 없었다. 이 교통로는 이후 서해안에서 산동지역으로 곧바로 가는 '서해 중부 횡단항로'가 개발된 이후에도 여전히 이용되었다.

제3장

고구려의 황해 해상교통로와 교역

이정빈

1. 머리말

현재 고구려의 해상교통로를 직접적으로 전해주는 자료는 매우 드문 형편이다. 그럼에도 해양활동의 모습은 각종 자료를 통해 간간히 살필 수 있다. 따라서 고대·중세의 여러 해상교통로를 염두에 두고 고구려 해양활동 관련 자료를 검토해 보면, 그에 대한 보다 구체적인 이해를 얻을 수 있다.[1] 황해의 경우 연안항로·횡단항로·사단항로와 그 대략적

1. 　內藤雋輔, 1927, 「朝鮮支那間の航路及び其の推移に就いて」, 『內藤博士頌壽紀念 史學論叢』; 1961, 『朝鮮史研究』, 東洋史研究會; 海軍本部, 1954, 『韓國海洋史』, 啓文社; 정진술 외 공편, 2007, 『다시 보는 한국해양사』, 해군사관학교; 윤명철, 2003, 『고구려 해양사 연구』, 사계절출판사; 강봉룡, 2005, 『바다에 새겨진 한국사』, 한얼미디어; 정진술, 2009a, 『한국의 고

인 노선이 밝혀졌는데,[2] 이를 통해 5~6세기 중반 고구려-남조의 교섭과 그 해상교통로가 논의되었다. 주된 쟁점은 횡단항로·사단항로의 개통 여부였다.[3]

이 글은 그와 같은 연구를 바탕으로 황해를 통한 고구려의 해양활동과 그러한 해양활동이 펼쳐진 해상교통로에 관해 살펴보고자 한다. 해양활동의 구체적인 형태는 교역을 통해 생각해 보고자 하며 논의의 시간적 범위는 3~6세기 중반으로 삼고자 한다. 고구려의 해양활동은 3세기 이후 본격적으로 시작되며, 6세기 후반 이후의 해양활동은 동아시아 국제전쟁과 밀접히 연관되어 그 성격을 달리한다고 여겨지기 때문이다.

먼저 3~4세기 해양활동의 기반에 관해 살펴볼 것이다. 그리고 황해 여러 해상교통로를 염두에 두고, 5~6세기 중반 교역의 내용과 성격을 검토해 보고자 한다. 그리하여 마지막으로 동아시아의 국제정치를 염두에 두고 황해를 통한 교역의 정치경제적 의미를 생각해 보고자 한다.

2. 황해 연안의 확보와 해양활동의 개시

고구려의 본격적인 해양활동은 3세기 전반에 시작되었다.[4] 다음의 사

대 해상교통로」, 韓國海洋戰略研究所; 2009b, 『한국해양사』, 해군사관학교; 권덕영, 2012, 『신라의 바다 황해』, 일조각.

2. 명칭은 연구자마다 조금씩 차이가 있는데, 이는 권덕영, 2012, 앞의 책, 80~92쪽 참조.

3. 이와 관련한 연구동향과 쟁점은 강봉룡, 2014, 「한국 고대사에서 바닷길과 섬」, 노태돈 교수 정년기념논총 간행위원회 엮음, 『한국고대사 연구의 시각과 방법』, 사계절, 544~547쪽 참조.

4. 이 장은 이정빈, 2016, 「4세기 전반 고구려의 해양활동과 황해-고구려와 후조·모용선비의 관계를 중심으로-」, 『歷史와 實學』59를 축약·수정했다.

료가 이를 보여준다.

A. 이 해(233)에 손권孫權이 합비신성合肥新城을 향하여 장군 전종全琮을 보내 육안六安을 정벌하도록 하였는데, 모두 이기지 못하고 돌아왔다. 《『오서吳書』에서 다음과 같이 전한다. 처음에 장미張彌·허안許晏 등이 모두 양평襄平에 도착하였는데, 관속·종자가 4백 명 가량이었다. 공손연이 장미·허안을 도모하고자 먼저 그 무리를 나누어 요동군의 제현諸縣에 두고, 중사中使 진단秦旦·장군張羣·두덕杜德·황강黃疆 등과 이병吏兵 60명은 현토군에 두었다. (중략) 진단·장군·두덕·황강 등은 모두 성을 넘어 달아났다. (중략) 진단·황강은 헤어지고 며칠 지나 고구려에 도착하였다. 이에 고구려왕 궁[동천왕]과 그 주부에게 조서를 낭독하였고, 하사품이 있었지만 요동에서 공격받아 빼앗겼다고 말하였다. 궁 등이 크게 기뻐하며 곧 조서를 받고, 사자에게 명하여 해가 뜨면 돌아가서 장군·두덕을 맞아오라고 하였다. 그 해(233)에 궁이 조의皁衣 25명을 보내어 진단 등을 돌아가도록 하고, 표를 올리어 칭신하였고 담비가죽 1,000매·갈계피鶡雞皮 10구具를 조공하였다. 진단 등이 손권에게 조현하니, 희비가 교차함을 스스로 어찌하지 못하였다. 손권이 그들을 의롭다고 여기고 모두 교위校尉에 제수하였다. 1년이 지나(234) 사자 사굉謝宏·중서中書 진순陳恂를 보내 궁을 제수하여 선우單于로 삼고, 이에 더하여 의물衣物과 진보珍寶를 하사하였다. 진순 등이 안평구安平口에 도착하였다. 먼저 보낸 교위 진봉陳奉이 사전에 궁을 접견하였는데, 궁은 조위 유주자사의 풍지諷旨를 받고 오의 사신을 데려가 바치고자 하였다. 진순이 이를 듣고 되돌아갔다. 궁은 주부 착자笮咨·대고帶固 등을 보내 안평安平에서 나아가도록 하였으니, 사굉과 상견하였다. 사굉은 곧 30여

명을 포박해 잡고 인질로 하였다. 궁은 이에 사죄하고, 말 수백 필을 헌상하였다. 사굉은 곧 착자·대고를 보내 궁에게 조서를 받들고 물품을 하사하도록 하였다. 이때 사굉의 선박은 작아서 말 80필을 싣고 귀환하였다.〉[5] (『삼국지』권47, 오서2 오주2 손권)

위 사료는 233·234년 고구려와 손오의 교섭에 관한 것이다. 그 내용은 『삼국지』배송지 주에 인용된 『오서』를 통해 살필 수 있다. 『오서』는 위요韋曜와 화핵華覈이 손량(孫亮, 재위 : 252~258)의 명을 받아 편찬한 사서이다. 비록 지금은 전하지 않지만 배송지(裴松之, 생몰 : 372~451)의 주를 통해 일문을 살필 수 있다. 배송지는 폭넓은 사서를 섭렵해 『삼국지』를 충실히 보완하였다.[6] 위 사료에 인용된 『오서』의 내용도 거의 당대의 사서인 만큼 사료적 가치가 높다.

먼저 233년 손오에서 고구려를 방문한 사실이 주목된다. 이때 손오의 사신단 중에서 진순은 양평구에 도착했다고 하였다. 양평구는 단어의 뜻처럼 양평의 입구이자 황해의 해구海口였다. 황해의 해상교통로를 통해 교섭하였던 것이다. 진순 일행은 안평구에서 고구려의 태도변화를 감지하였다고 한다. 고구려는 조위 유주자사의 풍지風旨를 받고 그

---

5. "是歲 權向合肥新城 遣將軍全琮征六安 皆不克還〈吳書曰 初 張彌·許晏等俱到襄平 官屬從者四百許人 淵欲圖彌·晏 先分其衆 置遼東諸縣 以中使秦旦·張羣·杜德·黃彊等及吏兵六十人 置玄菟郡 (중략) 旦·羣·德·彊等踰城得走 (중략) 旦·彊別數日 得達句驪 因宣詔於句驪王宮及其主簿 詔言有賜爲遼東所奪 宮等大喜 卽受詔 命使人隨旦還迎羣·德 其年 宮遣皂衣二十五人送旦等還 奉表稱臣 貢貂皮千枚·鶡雞皮十具 旦等見權 悲喜不能自勝 權義之 皆拜校尉 閒一年 遣使者謝宏·中書陳恂 拜宮爲單于 加賜衣物珍寶 恂等到安平口 先遣校尉陳奉前見宮 而宮受魏幽州刺史諷旨 令以吳使自效 奉聞之 倒還 宮遣主簿笮咨·帶固等出安平 與宏相見 宏卽縛得三十餘人質之 宮於是謝罪 上馬數百匹 宏乃遣咨·固 奉詔書賜物與宮 是時宏船小 載馬八十匹而還〉"

6. 조익 저, 박한제 역, 2012, 「裴松之三國志註」, 『二十二史箚記』, 소명출판, 76~84쪽.

112 한중관계사상의 교역과 교통로

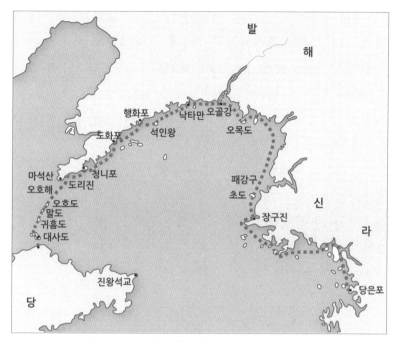

그림 1. 등주-고려·발해도(정진술, 2009a 앞의 책, 245쪽 수정)

의 편으로 선회하고자 했다는 소식을 전해들은 것이다. 이에 진순은 돌아갔다고 하였다.

손오 사신단의 정사正使는 사굉이었다. 그런데 안평구에서 고구려의 태도변화를 감지한 것은 진순이었다. 이로 보아 안평구까지 진입한 손오의 사신단 중에서 최상급자는 진순이었다고 짐작된다. 사굉은 황해 연안에 정박해 있으면서 진순 일행을 선발대로 하여 안평구까지 파견하였던 것이 아닐까 한다. 진순이 돌아간 이후 고구려의 주부 착자·대고는 양평으로부터 출발해 사굉과 상견하였다고 하였다. 고구려의 착자·대고 일행은 안평-안평구를 경유하여 황해연안의 손오 선박까지 이동하였다고 생각된다.

이때의 해상교통로는 가탐의 『도리기』(『신당서』 지리지 所引)에 서술된 「등주-고려·발해도」를 통해 보다 구체적으로 이해할 수 있다.[7] 등주에서 묘도군도(大謝島·龜歆島·末島·烏湖島-烏湖海)-요동반도 남단의 여순(馬石山 都里鎭)-요동반도 동부의 주요 포구(靑泥浦·桃花浦·杏花浦·石人汪·橐駝灣)를 통해 압록강 하구(烏骨江)에 이르는 해상교통로가 그것이다. 이를 「묘도군도 연안항로」라고 부르고자 한다.[8]

고구려의 착자·대고 일행이 이동한 손오 선박은 가탐 『도리기』에 보이는 오골강-탁타만 어귀에 있었다고 추정된다. 그들의 출발지는 왕도인 국내성이었을 것이다. 따라서 「국내성-압록강-양평」 수상교통로, 그리고 「양평구-오골강-탁타만」 해상교통로가 상정된다. 여기서 다음의 사료가 참고된다.

> B-1. 미천왕 원년(300). 예전에 봉상왕은 아우 돌고가 다른 마음을 갖고 있다고 의심하여 그를 죽였다. [돌고의] 아들 을불은 해를 입을까 두려워하여 떠나 도망쳤다. 먼저 수실촌인 음모의 집에 가서 용작하였다. (중략) 1년을 채우고 떠났다. [을불은] 동촌인 재모와 함께 소금을 판매하였다. 배를 타고 압록강에 도착하였다.

---

7. "其後貞元(785~805)宰相賈耽考方域道里之數最詳 從邊州入四夷 通譯于鴻臚者 莫不畢紀 其入四夷之路與關戍·走集最要者七 一曰營州入安東道 二曰登州海行入高麗·渤海道 三曰夏州塞外通大同雲中道 四曰中受降城入回鶻道 五曰安西入西域道 六曰安南通天竺道 七曰廣州通海夷道 其山川聚落 封略遠近 皆槪擧其目 州縣有名而前所不錄者 或夷狄所自名云 (중략) 登州 東北海行 過大謝島·龜歆島·末島·烏湖島三百里 北渡烏湖海 至馬石山東之都里鎭二百里 東傍海壖 過靑泥浦·桃花浦·杏花浦·石人汪·橐駝灣·烏骨江八百里 (하략)"

8. 「묘도군도 연안항로」는 일찍부터 다수의 연구자가 주목하였는데(內藤雋輔, 1927, 앞의 논문, 369~375쪽), 이를 통해 그러한 해상교통로가 신석기시대부터 조선시기까지 널리 활용된 사실이 밝혀졌다(구체적인 연구사와 정리는 정진술, 2009a, 앞의 책, 240~251쪽 참조).

장차 소금을 내리고 [압록]강 동쪽 사수촌인의 집에서 기숙하고자 하였다. 그 집의 노파가 소금을 청하였으므로 1두 가량 주는 것을 허락하였다. 다시 청하므로 주지 않았는데, 그 노파가 원망하며 화를 냈고, 몰래 신발을 소금 안에 두었다. 을불은 알지 못하고 [소금을] 지고 길에 올랐다. 노파가 그를 쫓아와 [신발을] 찾으며 신발을 숨겼다고 비방하고 압록재에게 고발하였다. 압록재는 신발값으로 소금을 가져다가 노파에게 주었고, 태형을 판결하고 그[을불]를 추방하였다. 이에 형색이 파리하고 의복이 남루하여 남이 그를 보아도 그가 왕손임을 알지 못하였다. 이때 국상 창조리가 장차 [봉상]왕을 폐위하고자 하였다. 먼저 북부조불·동부 소우 등을 파견하여 산야에서 을불을 물색해 찾도록 하였다. 비류하변에 도착하여 배 위에 있는 한 장부를 보았는데, 비록 모습은 수척하였지만, 행동거지가 비상하였다.[9] (『삼국사기』 권 17, 고구려본기5)

B-2. 압록강구부터 배를 타고 100여 리를 가고, 곧이어 작은 배로 동북쪽 30리를 거슬러 올라가면 박작구에 도착하고, 발해의 경계에 도착한다. 다시 500리를 거슬러 올라가면 환도현성에 도착하는데, 옛 고구려의 왕도이다.[10] (『신당서』 권43, 志33하 지리7하 하북도)

---

9. "初烽上王疑弟咄固有異心 殺之 子乙弗畏害出遁 始就水室村人陰牟家 傭作 (중략) 周年乃去 與東村人再牟 販鹽 乘舟抵鴨淥 將鹽下 寄江東思收村人家 其家老嫗請鹽 許之斗許 再請不與 其嫗恨恚 潛以屨置之鹽中 乙弗不知 負而上道 嫗追索之 誣以廋屨 告鴨淥宰 宰以屨直 取鹽與嫗 決笞放之 於是 形容枯槁 衣裳藍縷 人見之 不知其爲王孫也 於是 形容枯槁 衣裳藍縷 人見之 不知其爲王孫也 是時 國相倉助利將廢王 先遣北部祖弗·東部蕭友等 物色訪乙弗於山野 至沸流河邊 見一丈夫在舩上 雖形貌憔悴 而動止非常"

10. "自鴨淥江口舟行百餘里 乃小舫泝流東北三十里 至泊汋口 得渤海之境 又泝流五百里 至丸都縣城 故高麗王都"

위 사료는 압록강 수상교통로와 관련한 것이다. 먼저 사료 B-1을 보면 을불(미천왕)은 즉위하기 전에 용작하고 소금을 매매하였다고 하는데, 소금은 압록강 수상교통로를 통해 운송하였다. 그는 압록강 동쪽에서 하역하고 사수촌에서 숙박하였다고 하였다. 이와 같은 사실은 비단 소금 매매만 아니라 각종 물자가 압록강을 통해 운송되었고, 주요 거점에 수참水站이 마련되었을 가능성을 시사한다.

사료 B-1에서 압록재가 주목된다. 압록재는 3세기 후반~4세기 전반 고구려 지방관의 하나였다. 그의 재판을 통해 짐작할 수 있듯이 압록강 수상교통로와 수참은 지방관이 관리하였을 것이다. 실제 압록강 중상류 유역에는 십여 개 이상의 성곽이 보고되었는데, 이 중에서 상당수가 그와 같은 기능을 담당하였다고 이해된다. 이러한 수참을 통해 압록강 중·상류의 수상교통로는 국내성과 연결되었을 것이다.[11]

압록재에게 추방된 을불이 비류수가 배 위에 있었다고 한 사실도 주의된다. 비류수는 지금의 혼강渾江을 의미하는데, 이는 압록강의 지류였다. 을불은 압록재에게 추방되었다고 하였다. 압록강의 수상교통로는 여러 지류와 통하였다. 이로 보아 그는 다시 수상교통로를 통해 압록강에서 비류수(혼강) 방면으로 이동하였을 것이다.[12] 그렇다고 하다면 비류수 방면에서 역시 압록강을 거쳐 해상교통로와 이어졌다고 생각할 수 있다. 사료 B-2가 참고된다.

이 사료에 보이는 것처럼 7세기 후반에도 압록강구 즉 양평구는 해상교통로와 연결되었다. 그리고 환도성 즉 국내성부터 압록강 하류까지

---

11. 윤명철, 2003, 앞의 책, 62~64쪽. 또 余昊奎, 2008, 앞의 논문에서 이에 관한 구체적인 논의가 진행되었다.
12. 余昊奎, 2008, 앞의 논문, 139쪽.

의 수상교통로와 이어졌다. 이때 압록강구 100리 지점부터는 소형 선박으로 간다고 하였는데, 환승을 의미할 것이다. 그리고 보면 양평은 수상교통로와 해상교통로의 교차지점이었다고 생각된다. 수상교통로와 해상교통로가 이어지는 교통의 핵심적인 요지였던 것이다. 그러면 손오의 사신은 어떠한 해상교통로를 통해 양평구에 진입하였을까.

위 사료에 기술된 것처럼 손오의 사신 일행은 본래 공손씨 정권과 교섭하고자 하였다. 232년에도 손오의 사신 주하 일행이 공손씨 정권과 교섭하였다. 이때 주하 일행은 성산成山을 경유해 귀환하고자 하였다고 한다.[13] 그리고 위 사료와 같이 233년 양국의 교섭이 결렬되자 공손씨 정권을 공격하고자 하였는데, 이에 대하여 손오의 육모陸瑁는 공손씨 정권의 군대가 답저沓渚에 상륙한다고 전제하고 공격의 난관을 역설하였다.[14] 이로 미루어 보아 손오와 공손씨 정권은 성산-답저를 잇는 해상교통로를 통해 교섭하였다고 생각된다.[15]

『자치통감』 호삼성의 주에서 성산은 한대의 동래군 불야현不夜縣·당대의 내주 문등현文登縣이라고 하였다. 지금의 산동성 위해시威海市에 위치하였던 것이다. 답저는 답진沓津을 가리킨다. 233년 공손씨 정권에서 손오의 사신 장미 허안을 참수해 조위에 보낸 표문을 보아도,[16] 손오

---

13. 『자치통감』 권72, 위기4 태화 6년(232) 9월. "帝使汝南太守田豫督青州諸軍自海道 幽州刺史王雄自陸道 討之〈海道自東萊浮海 陸道自遼西度遼水〉(중략) 豫等往 皆無功 詔令罷軍 豫以吳使周賀等垂還 歲晚風急 必畏漂浪 東道無岸 當赴成山 成山無藏船之處 遂輒以兵屯據成山 賀等還至成山〈班志 成山在東萊郡不夜縣 後漢省不夜縣 括地志 成山在萊州文登縣西北百九十里〉遇風 豫勒兵擊賀等 斬之"

14. 『삼국지』 권12, "瑁上疏諫曰 (중략) 且沓渚去淵道里尙遠 今到其岸 兵勢三分 使彊者進取 次當守船 又次運糧 行人雖多 難得悉用 (하략)"

15. 성산에 관해서는 이미 內藤雋輔, 1927, 앞의 논문, 420~421쪽에서 주목하였다.

16. 『삼국지』 권8, 위서8 이공손도사장전8 공손탁. "臣前遣校尉宿舒·郎中令孫綜, 甘言厚禮, 以誘吳賊. (중략) 到沓津 僞使者張彌·許晏與中郎將萬泰·校尉裴潛將吏兵四百餘人 齎文書

의 사신 일행이 답진을 통해 상륙하였다고 이해된다. 그에 관한 호삼성의 주를 보면,[17] 답저는 한대 요동군의 답씨현沓氏縣·조위대 동답현東沓縣으로 그 서남쪽은 바닷가에 위치하였다고 하였다. 따라서 답저·답진은 지금의 요령성 대련시大連市에 위치하였다고 파악된다. 그러므로 손오와 공손씨 정권은 「묘도군도 연안항로」를 통해 교섭하였다고 이해된다.[18] 234년 손오에서 고구려에 사신을 보냈을 때에도 이 해상교통로를 이용하여 안평구에 진입하였을 것이다.[19]

233년 고구려의 조의 25명이 진단 일행을 호송하며 손오로 항해하였을 때에도 마찬가지의 해상교통로를 이용하였을 것이다. 물론 이때의 출발 지점은 안평−안평구였을 것이다. 안평은 압록강을 통해 황해로 이어지는 해양활동의 창구와 같았던 것이다. 고구려가 이를 차지한 것은 언제였을까.

『삼국지』동이전에 기술된 것처럼 안평은 소수맥小水貊의 거주지와 인접하였다.[20] 소수맥은 소수小水 즉 애하·포석하 일대에 거주하였는

命服什物 下到臣郡"

17. 『자치통감』 권72, 위기4 청룡 원년(233). "且沓渚去淵道里尙遠〈遼東郡有沓氏縣 西南臨海渚 (하략)〉"

18. 「묘도군도 연안항로」를 통한 인구이동도 상당하였던 것으로 보인다. 『삼국지』 권4, 위서4 삼소제기 경초 3년(239) 여름 6월. "以遼東沓縣吏民渡海居齊郡界 以故縱城爲新沓縣 以居徙民"; 『삼국지』 권4, 위서 정시 원년(240) 2월 병술(6일). "以遼東汶·北豐縣民 流徙渡海 規齊郡之西 安·臨菑·昌國縣界爲新汶南豐縣 以居流民" 봉맹·관령의 사례도 참고된다(『후한서』 권113, 일민열전73 봉맹; 『삼국지』 권11, 위서11 관령).

19. 윤명철, 2003, 앞의 책, 88쪽에서는 성산이 조위에 노출되었으므로 이를 우회한 사단항로가 개척되었을 가능성을 제기하였다. 그런데 주 67에서 전주의 발언 중 "歲晩風急 必畏漂浪 東道無岸 當赴成山" 특히 東道에 沿岸이 없으므로 마땅히 성산으로 온다고 예측한 점을 주목해 보면, 이때까지는 연안항로가 중심이었을 것으로 생각된다.

20. 『삼국지』 권30, 위서30 오환선비동이 고구려. "又有小水貊 句麗作國 依大水而居 西安平縣北有小水 南流入海 句麗別種依小水作國 因名之爲小水貊 出好弓 所謂貊弓是也"

데,[21] 그들은 이른바 요동예맥의 하나였다고 이해된다.[22] 2세기 전반부터 고구려는 요동예맥의 일부와 연합해 현도군과 대립하였고,[23] 또 다른 요동예맥의 일부인 양맥에 정치적·군사적 영향력을 행사하였다.[24] 나아가 2세기 전·중반 서안평을 공격하기도 하였다.[25] 이로써 2세기 후반~3세기 전반 고구려는 압록강 하류 방면으로 세력을 확장할 수 있었고, 비로소 본격적인 해양활동을 전개할 수 있었다.

『삼국지』 동이전을 보면 242년 고구려의 동천왕은 조위의 서안평을 공격하였다고 하였다.[26] 그런데 3세기까지 고구려는 압록강 하류를 온전히 확보하지 못하였다. 『삼국사기』에서는 313년에 서안평을 습격해 취하였다고 하였는데,[27] 이와 같은 모습은 4세기 전반까지 고구려가 압록강 하류-안평구를 두고 여러 세력과 각축하였음을 말해준다. 3세

21. 여호규, 2002, 「高句麗 初期의 梁貊과 小水貊」, 『韓國古代史硏究』25, 100~103쪽.

22. 권오중, 2015, 「고대 중국 正史에서의 예맥-'요동예맥'의 자취에 관한 검토로서-」, 『동북아역사논총』49. 특히 245쪽의 주4 참조.

23. 『후한서』 권5, 효안제기5 [원초 5년(118) 여름 6월] "高句驪與穢貊寇玄菟" 이 사료에 대한 해석은 권오중, 2015, 앞의 논문, 258~261쪽 참조.

24. 『삼국사기』 권16, 고구려본기4 신대왕 2년(166) 봄 정월. "拜答夫爲國相 加爵爲沛者 令知內外兵馬兼領梁貊部落 改左·右輔爲國相 始於此"

25. 『삼국지』 권30, 위서30 동이선비오환 고구려. "宮死 子伯固立 順·桓之間(126~168) 復犯遼東 寇新安·居鄕 又攻西安平 于道上殺帶方令 略得樂浪太守妻子"

26. 『삼국지』 권30, 위서30 동이선비오환 고구려. "正始三年(242) 宮寇西安平" 이와 관련하여 다음의 사료가 주목된다. 『태평환우기』 권20, 하남도20 萊州 萊陽縣. "高麗山 在縣西南九十里 魏司馬懿討遼東 于此置戍 以高麗爲名" 이 사료는 朴現圭가 찾아내 본격적으로 분석하였다(2009, 「膠東半島 高麗戍 위치고증과 설치배경」, 『한국고대사연구』55). 高麗戍가 주목된다. 高麗戍가 설치된 萊州 萊陽縣은 지금의 중국 산동성 萊陽市 烟台市 일대로, 사마의가 공격하고자 한 요동은 공손씨 정권 또는 고구려였고, 戍는 군사시설의 일종이었다고 생각된다. 따라서 高麗戍는 공손씨 정권과 고구려의 세력범위인 요동반도-압록강구-대동강구와 통하는 해상교통로상의 거점이었다고 생각할 수 있다. 이 점에서 동천왕의 서안평 공격은 高麗戍의 설치를 전후한 해양활동 및 국제관계와 밀접하였다고 이해된다.

27. 『삼국사기』 권17, 고구려본기5 미천왕 12년(313) 가을 8월. "遣將襲取遼東西安平"

기 전반 이후 고구려의 서안평 공격은 일시적인 점유 또는 분할 점유로, 황해를 통한 해양활동은 일정한 제한을 받았다고 생각된다. 고구려와 손오의 교섭이 단절된 이유의 하나도 해양활동의 한계에서 찾을 수 있다.[28]

이와 관련하여 230년대 후반 조위가 낙랑·대방을 공략한 사실,[29] 313년 고구려가 낙랑·대방을 공략한 사실[30]이 주목된다. 양자는 각각 242년·313년 고구려의 서안평 공격과 밀접하였기 때문이다.[31] 다만 양자의 결과는 차이가 있었다. 전자로 말미암아 고구려는 조위 관구검의 공격을 받고 안평구를 상실하였다고 보인다. 반면 후자로부터 고구려는 안평을 확보하였다.[32] 고구려-조위 연합은 바로 안평을 바탕으로 하였다. 그러므로 313년 낙랑 병합은 안평을 확보하여 해양활동의 창구를 마련하는 데 기여하였다고 평가된다.[33]

또 낙랑을 통해 해양세력을 흡수하였다고 보인다. 3세기까지 중원지역에서 요서-요동으로 통하는 육상교통로는 요서주랑遼西走廊이 유일

28. 『삼국지』 권3, 위서3 명제기3 청룡 4년(236) 가을 7월. "高句麗王宮斬送孫權使胡衛等首 詣幽州"; 『삼국사기』 권17, 고구려본기5 동천왕 10년(236) 봄2월. "吳王孫權 遣使者胡衛通和 王留其使 至秋七月 斬之 傳首於魏"

29. 『삼국지』 권30, 위서30 오환선비동이30 동이 서문. "初(237~240)中 大興師旅 誅淵 又潛軍浮海 收樂浪·帶方之郡 而後海表謐然 東夷屈服 其後高句麗背叛 又遣偏師致討 窮追極遠 踰烏丸·骨都, 過沃沮 踐肅愼之庭 東臨大海"; 『삼국지』 권30, 魏書30 烏丸鮮卑東夷30 동이 한. "景初中 明帝密遣帶方太守劉昕·樂浪太守鮮于嗣越海定二郡 諸韓國臣智加賜邑君印綬 其次與邑長"

30. 『삼국사기』 권17, 고구려본기5 미천왕 14년(313) 겨울 10월. "侵樂浪郡 虜獲男女二千餘口"

31. 임기환, 2004, 「고구려와 낙랑군의 관계」, 『한국고대사연구』34, 156~157쪽에서는 서안평 공격이 낙랑군에 대한 간접적인 공세였다고 해석하였다.

32. 李丙燾, 1976, 「樂浪郡考」, 『韓國古代史研究』, 博英社, 138~139쪽.

33. 윤명철, 2003, 앞의 책, 109쪽.

하다시피 하였다.[34] 그런데 요서주랑은 여름 겨울의 홍수가 자주 발생하였고, 홍수로 차단되는 사례가 많았다.[35] 후술하겠지만, 7세기 수·당의 고구려 공격에서도 요서-요동의 육상교통로는 제대로 운용되기 어려웠다. 그러므로 한·공손씨 정권·조위·서진의 낙랑 경영에는 육상교통로만 아니라 해상교통로가 중요하였다.

예컨대 왕경王景 가계의 전승에 따르면, 그의 8대조 왕중은 기원전 177년 산동지역에서 낙랑산중으로 이주하였다고 하는데,[36] 실제 산동-낙랑의 인구이동은 적지 않았던 것으로 이해된다.[37] 기원후 44년 후한 광무제가 해상교통로를 통해 이완된 영향력을 복원하고자 한 것이나,[38] 조위의 낙랑 공략에 수군이 동원된 사실도 이러한 점에서 주목된다. 이와 같이 볼 때 중원의 여러 왕조만 아니라 낙랑의 지배세력도 해양활동에 상당한 비중을 두었다고 생각된다.

잘 알려진 것처럼 낙랑, 그리고 3세기 전반 설치된 대방은 해상교통로를 통해 중원왕조와 교통하였고, 또 삼한·왜와 교섭하였다.[39] 현재 낙랑·대방의 주요 유적은 강안을 중심으로 분포하고 있는데, 고대의

---

34. 권오중, 2012, 『요동왕국과 동아시아』, 영남대학교출판부.

35. 207년 조위의 오환 공격에서 길을 안내한 전주는 다음과 같이 발언하였다. 『삼국지』 권11, 위지11 전주. "疇曰 此道 秋夏每常有水 淺不通車馬 深不載舟船 爲難久矣"

36. 『후한서』 권76, 循吏列傳66 왕경. "王景字仲通 樂浪詌邯人也 八世祖仲 本琅邪不其人 好道術 明天文 諸呂作亂 齊哀王襄謀發兵 而數問於仲 及濟北王興居反(기원전 177) 欲委兵師仲 仲懼禍及 乃浮海東奔樂浪山中 因而家焉"

37. 권오중, 2008, 「낙랑 석암리 9호분 小考」, 『한중관계 2000년-동행과 공유의 역사』, 소나무, 32~33쪽.

38. 『삼국사기』 권14, 고구려본기2 대무신왕 27년(44) 가을 9월. "漢光武帝遣兵 渡海伐樂浪 取其地爲郡·縣, 薩水已南屬漢"

39. 『삼국지』 권30, 위서30 오환·선비·동이 한. "建安(196~220)中 公孫康分屯有縣以南荒地爲帶方郡 遣公孫模·張敞等收集遺民 興兵伐韓濊 舊民稍出 是後倭·韓遂屬帶方"; 尹龍九, 1999b, 「三韓의 對中交涉과 그 性格-曹魏의 東方經略과 관련하여-」, 『國史館論叢』85.

해수면은 지금보다 높았다고 한다. 그렇다고 한다면·대방 유적이 인접한 강안은 비단 수상교통로만 아니라 해상교통로와 연결되었을 가능성이 높다.

한편 고대의 황해 연안은 국가권력이 미치기 어려운 변방 중의 변방이었다. 이에 따라 국가권력이 약화되면 이를 중심으로 해적이 활동하기도 하였다. 1세기 전반 산동—요동의 묘도군도에서 활동한 해적 장백로張伯路 세력이 대표적이다.[40] 사정이 이러하였으므로 낙랑 지역과 중원지역의 해상교통로가 항상 원활히 운영되었다고 보기는 어렵다. 다만 4세기 전반까지 낙랑·대방과 중원지역 제세력의 정치적 관계가 지속되었다고 보면, 그의 해양활동은 상당히 부단하였다고 생각할 수 있다.

이상과 같이 생각하고 보면, 고구려의 낙랑 병합과 지배세력의 흡수는 고구려 해양활동의 중요한 기반이 되었다고 이해된다. 물론 313년 낙랑 병합이 곧 이후 해양활동의 직접적인 결과로 이어졌다고 단언할 수는 없다. 주지하다시피 4세기 전반 고구려는 모용선비와 경쟁하였고, 342년 모용선비의 공격을 받고 대패하였다. 4세기 전반까지 고구려는 요동반도의 남단을 차지하지 못하였고, 이에 따라 모용선비로부터 일정한 제약을 받았다. 그럼에도 불구하고 황해를 통한 중원지역과의 교섭·교역·교류는 부단하였다.

---

40. 「후한서」 권68, 열전28 법웅. "海賊張伯路等三千餘人冠赤幘服絳衣 自稱將軍 寇濱海九郡 殺二千石令長 初遣侍御史龐雄督州郡兵擊之 伯路等乞降 尋復屯聚 明年(110) 伯路復與平原劉文河等三百餘人 稱使者 攻厭次城 殺長吏 (중략) 賊若乘船浮海 深入遠島 攻之未易也 及有赦令 可且罷兵 以悅誘其心 勢必解散 然後圖之 可不戰而定也 宗善其言 卽罷兵 賊聞大喜 乃還所略人 而東萊郡兵獨未解甲 賊復驚恐 遁走遼東 止海島上" 이에 관한 구체적인 연구로 王子今·李禹階, 2010, 「漢代的"海賊"」, 「中國史硏究」 1期, 中國社會科學院 歷史硏究所 참조.

가령 338년 후조(後趙, 319~351)는 모용선비를 공격하고자 도요장군渡
遼將軍 조복曹伏을 보내 청주(靑州, 지금의 산동성)의 군대를 이끌고 바다를
건너 답돈성蹋頓城 해도海島로 파견하였고, 배 300척으로 곡식 30만곡
을 고구려에 운송하도록 하였다.[41] 또 341년 후조에서는 횡해장군橫海將
軍 왕화王華로 하여금 수군을 이끌고 모용선비의 서안평을 공격하도록
하였는데,[42] 이는 고구려와 무관치 않았다. 338년 후조의 수군이 모용
선비 지역의 답돈성 해도에 주둔했다고 한 데서 짐작할 수 있듯이 고구
려–후조는 「묘도군도 연안항로」만 아니라 「발해만 연안항로」도 이용하
였다. 적어도 고구려–후조 2개 이상의 연안항로를 통해 교섭하였던 것
이다.

고구려–후조의 교섭·교류와 관련하여 황해도 신천군에서 출토된
건무建武 연호 전명塼銘이 주목된다.[43] 「건무구년삼월삼일建武九年三月三
日 왕씨조王氏造」·「건무육년태세建武十六年太歲ㅁㅁㅁ」 전명으로 각각 343
년·350년에 해당한다. 비록 건무 연호는 15년까지 사용되어 16년 전명
은 개원改元의 사실을 알지 못하였음을 말해주지만, 이와 같은 출토문
자자료는 고구려와 후조의 지속적인 접촉을 시사한다.[44] 따라서 4세기
전반 고구려의 해양활동은 그 이후와 단속성보다는 연속성이 강하다고
생각한다.

이상과 같이 4세기 전반의 해양활동은 고구려의 활동무대를 압록강

---

41. "季龍謀伐昌黎 遣渡遼曹伏將靑州之衆渡海 戍蹋頓城 無水而還 因戍于海島 運穀三百萬
斛以給之 又以船三百艘運穀三十萬斛詣高句麗 使典農中郎將王典率衆萬餘屯田於海濱
又令靑州造船千艘"

42. 『자치통감』 권96, 진기18 함강 7년(341) 겨울 10월. "趙橫海將軍王華帥舟師 自海道襲燕安平
破之〈此遼東郡之西安平也〉"

43. 구체적인 검토는 孔錫龜, 1998, 『고구려 영역확장사 연구』, 서경문화사, 80~86쪽 참조.

44. 李基東, 1996, 「고구려사 발전의 획기로서의 4세기」, 『동국사학』30, 6~7쪽.

에서 황해로 넓혔다. 그리고 황해를 통한 해양활동은 고구려가 동아시아 국제관계와 교역에 참여할 수 있도록 하였다. 물론 4세기 전반 고구려의 해양활동은 여러모로 한계가 있었던 것으로 생각된다. 341년 양평 공격이 후조의 주도 하에 이루어졌다는 점이 이를 단적으로 보여준다. 그럼에도 4세기 전반 고구려의 해양활동은 황해를 통해 동아시아 국제무대에 그 본격적인 모습을 드러내기 시작했다는 점에서 중요한 의미를 갖는다.

3. 황해의 해상교통로와 농목교역農牧交易의 전개

5세기 이후 고구려는 남조의 여러 나라와 교섭하였다.

C-1. 소제(少帝, 재위 : 422~424) 경평景平 2년(424) 연(璉 : 장수왕, 재위 : 413~491)이 장사長史 마루馬婁 등을 보내 궁궐에 와서 방물方物을 바쳤다. [송 소제가] 사신을 보내 그를 위로하며 말하였다. "황제가 조서를 통해 알린다. 사지절使持節·산기상시散騎常侍·도독영평이주제군사都督營平二州諸軍事·정동대장군征東大將軍·고구려왕高句驪王·낙랑공樂浪公은 동방에서 선대의 업적을 이어받아 공적이 선대에 근접하였다. 그 은혜가 이미 선명히 드러났고 정성 또한 분명히 나타났으니, 요수遼水를 넘고 바다를 건너 우리 조정本朝에 조공을 바쳤다. 짐은 부덕하지만 감히 제왕의 지위를 계승하였는데, 오래도록 선왕의 자취를 마음에 품고 선왕의 은덕을 깊이 생각하고자 한다. 지금 알자謁者 주소백朱邵伯·부알자副謁者 왕소자王邵子 등을 보내서 짐의 명령을 널리 펼치고 위로하고자 한다. 장차 어

진 정치를 풍족히 베풀고 오래도록 그 공로를 높여 보내준 명(命: 制)을 밝히고 짐의 뜻에 부합하기를 바란다."[45] (『송서』 권97, 열전 57, 이만 동이 고구려)

C-2. 고조(高祖, 재위 : 471~499) 때에 이르러 연[장수왕]이 공물을 바친 것이 이전보다 갑절이 증가하였다. 그 보답으로 하사한 물품 또한 차츰 증가하였다. 이때 광주인(光州, 治所 : 掖城, 지금의 산동성 萊州市)이 해중海中에서 연이 소도성(蕭道成, 남제의 태조, 재위 : 479~482)에게 보낸 사신 여노餘奴 등을 잡아 궁궐로 압송하였다.[46] (『위서』 권100, 열전88 고구려)

C-3. 장수왕 69년(480) 여름 4월에 왕이 사신 여노 등을 보내 남제南齊에 조빙朝聘하고자 하였다. 위魏의 광주인光州人이 해중海中에서 여노 등을 잡아 궁궐로 압송하였다.[47] (『삼국사기』 권18, 고구려본기6)

C-4. [건원建元] 3년(481)에 사신을 보내 공물을 바쳤다. 배를 타고 바다를 건너왔는데, [고구려와] 사신이 항상 통하였다. 또한 [고구려는] 위로(魏虜, 北魏)에도 사신을 보냈다. 하지만 강성하여 천자의 명을 받지 않았다.[48] (『남제서』 권58, 동남이열전39 동이 고구려)

위 사료는 고구려와 남조의 교섭을 전한다. 먼저 사료 C-1이 주목된다. 사료 C-1은 420년대 전반 고구려에서 송에 사신을 보냈고, 이에

---

45. "少帝 景平二年(424) 璉遣長史馬妻等詣闕獻方物 遣使慰勞之日 皇帝問 使持節·散騎常侍·都督營平二州諸軍事·征東大將軍·高句驪王·樂浪公 纂戎東服 庸績繼軌 厥惠旣彰 款誠亦著 踰遼越海 納貢本朝 朕以不德 忝承鴻緒 永懷先蹤 思覃遺澤 今遣謁者朱邵伯·副謁者王邵子等 宣旨慰勞 其茂康惠政 永隆厥功 式昭往命 稱朕意焉"

46. "至高祖時 璉貢獻倍前 其報賜亦稍加焉 時光州於海中得璉所遣詣蕭道成使餘奴等送闕"

47. "王遣使餘奴等 朝聘南齊 魏光州人 於海中得餘奴等 送闕"

48. "[建元] 三年(481) 遣使貢獻 乘船汎海 使驛常通 亦使魏虜 然彊盛不受制"

대해 송에서 고구려에 사신을 보냈고, 그와 함께 전달한 조서[皇帝問]의 일부를 전하고 있다. 이 사료에서 "요수를 건너고 바다를 넘어"라고 하였듯 고구려와 송의 교섭은 해상교통로를 통해 이루어졌다.

다음으로 사료 C-2와 사료 C-3을 보자. 각각 『위서』와 『삼국사기』의 사료로, 『위서』의 내용이 자세하지만, 『삼국사기』에는 연월이 나온다. 이로 보아 『삼국사기』 또한 나름의 전거자료가 있었을 것으로 생각된다. 두 사료에 공통적으로 나오듯 고구려는 남제에 사신 여노餘奴 등을 보냈다고 하였는데, 사신단은 해상[海中]에서 북위에 나포되었다고 한다. 나포된 곳은 북위의 광주光州였다. 광주는 지금의 산동성 북부 내주萊州이다. 이로 보아 고구려의 사신단은 앞서 살펴본 「묘도군도 연안 항로」를 이용하였을 가능성이 높다. 그러면 고구려는 황해의 연안을 통해서만 남조와 교섭했을까. 다음의 사료가 참고된다.

D. 연흥延興 2년(472)에 그 왕 여경(餘慶 : 백제 개로왕, 재위 : 455~475)이 처음으로 사신을 보내 다음과 같이 표表를 올렸다. "신은 동쪽 끝에서 나라를 세웠는데, 이리와 승냥이가 길을 막고 있습니다. [그래서] 비록 대대로 천자의 교화를 받들었지만, 그로 인해 귀순하여 칭신의 예를 갖추지 못하였습니다. [다만] 멀리서 궁궐을 바라보면서 달려가 뵙고 싶은 마음은 끊임이 없었습니다. (중략) 삼가 사사로이 관직을 내린 관군장군冠軍將軍 부마도위駙馬都尉 비사후弗斯侯·장사長史 여경餘禮·용양장군龍驤將軍 대방태수帶方太守 사마장무司馬張茂 등을 보내어 험한 바다 위의 배에 몸을 싣고 험난한 바다를 건너도록 하였습니다. 자연의 운수에 명운을 맡기어, 만에 하나일지언정 정성을 보내고자 한 것입니다. (중략)" 현조(顯祖 : 461~471, 태상황제, 수렴청정 중)가 그 머너먼 곳에서 위험을 무릅쓰고 조헌朝獻하

였다고 생각하고, 매우 후하게 예우하였다. 사자使者 소안邵安과 그 나라(백제)의 사신을 함께 돌려보내면서 조서를 내렸다. (중략) 다시 조서를 연(璉 : 고구려 장수왕)에게 조서를 내려서 [북위의 사신] 소안邵安 등을 호송하도록 하였다. 소안 등이 고구려에 도착하였는데, 연은 예전에 여경과 더불어 원수가 있다고 일컬으면서 동쪽으로 통과시키지 않았다. 소안 등은 이에 모두 귀환하였다. 이에 조서를 내려서 그를 엄히 책망하였다. [연흥] 5년(475)에 사신 소안 등으로 하여금 동래東萊에서 바다에 배를 띄워 여경에게 새서璽書를 주도록 하여 그 성절誠節을 포상하도록 하였다. 소안 등이 해변에 도착하였는데, 풍랑을 만나서 표류하다가 끝내 도착하지 못하고 귀환하였다.[49]

(『위서』 권100, 열전88 백제)

위 사료는 5세기 후반 백제와 북위의 교섭을 전하고 있다. 개로왕이 표를 통해 진술한 것처럼 백제는 고구려로 인해 북위와의 육상교통로가 차단되었다. 이에 해상교통로를 통해 북위와 교섭하였는데, 백제는 고구려의 연안을 피하고자 하였다고 보인다. 이는 '험난한 바다[苦海]를 건너야 했으며 명운을 걸어야 할'만큼 위험한 일이었다. 개로왕의 진술로 미루어 보아 백제가 북위로 향한 해상교통로는 황해의 횡단항로였다고 생각된다.

북위의 소안邵安 또한 고구려의 육상교통로 차단으로 황해의 횡단항

---

49. "延興二年(472) 其王餘慶始遣使上表曰 臣建國東極 豺狼隔路 雖世承靈化 莫由奉藩 瞻望雲闕 馳情罔極 (中略) 謹遣私署冠軍將軍駙馬都尉弗斯侯·長史餘禮·龍驤將軍帶方太守司馬張茂等 投舫波阻 搜徑玄津 託命自然之運 遣進萬一之誠 (中略) 顯祖以其僻遠 冒險朝獻 禮遇優厚 遣使者邵安與其使俱還 詔曰 (中略) 又詔璉護送安等 安等至高句麗 璉稱昔與餘慶有讎 不令東過 安等於是皆還 乃下詔切責之 五年(475) 使安等從東萊浮海 賜餘慶璽書 褒其誠節 安等至海濱 遇風飄蕩 竟不達而還"

로를 이용할 수밖에 없었다고 보인다. 위 사료에 기술된 것처럼 그는 동래에서 출발하였다. 비록 소안의 항해는 실패하였지만, 당초 그가 목표로 삼았던 해상교통로는 백제가 활용한 해상교통로였을 것이다.

백제-북위의 황해 횡단항로는 고구려 또한 인지하였고, 그러한 항해술을 갖추었다고 생각된다. 특히 북위로 인해 산동 지역의 연안이 통제된 상황 속에서 고구려의 사신은 황해의 횡단항로를 통해 남제에 도달하고자 하였다고 생각된다.

이처럼 고구려는 황해의 「묘도군도 연안항로」를 통해 지금의 산동성 지역으로 향하였고, 여기서 남하하여 남조와 교섭하였다. 또한 황해의 횡단항로를 통해 남조와 교섭할 능력을 갖추었다.

사료 C-4에 서술된 것처럼 고구려와 남제는 사신이 항상 통하였다고 하였다. 황해를 통한 고구려와 남조의 교섭은 장기간 정기적으로 전개되었던 것이다. 여기서 사료 C-2가 눈길을 끈다. 이를 보면 고구려가 북위에 보낸 조공품이 갑절로 증가하자 그에 대한 회사품도 차츰 증가하였다고 하였다. 고구려와 북위의 교섭은 교역을 동반하였던 것이다. 이는 고구려와 남조의 교섭도 마찬가지였을 것이다. 그렇다고 한다면 교역의 내용은 어떠하였을까.[50]

여기서 233년 고구려는 손오에 담비가죽 1,000매·갈계피鶡雞皮 10구具를 보냈다고 한 사실(사료 A)이 상기된다. 또 330년 후조에 호시楛矢를 보낸 사실이 참고된다.[51] 고구려는 손오는 물론 후조 또한 해상교통로를 통해 교섭하였다. 여기서 담비가죽·갈계피·호시가 모두 만주·연해주 지역 수렵사회의 특산물이었다는 점이 주목된다. 그 생산지로 미루어

---

50. 이하 농목교역과 관련한 내용은 이정빈, 2014, 「5~6세기 고구려의 농목교역과 요서정책」, 『역사와 현실』91을 축약·수정했다.

51. 『삼국사기』 권17, 고구려본기5 미천왕 31년(330). "遣使後趙石勒 致其楛矢"

보아 그 물품은 주로 읍루·숙신에서 생산되었다고 보인다. 담비가죽의 경우 읍루초읍루貂가 유명하고 호시는 숙신肅愼을 상징할 만큼 그 특산품으로 잘 알려져 있다.[52] 숙신은 고대의 천하관념 속에서 가장 먼 변방의 하나로, 그의 조공품은 천자의 덕화德化를 상징하였다. 그러므로 역대의 중원왕조에서는 숙신의 조공품을 중시하였다. 이에 고구려는 이를 보냈던 것으로 이해된다. 5세기 중반 고구려에서도 남조의 송에 숙신의 호시와 석노石砮를 공물로 보냈다.[53] 주변 수렵사회의 특산품을 남조에 보냈던 것. 그러면 먼저 고구려와 수렵사회의 교역에 관해 살펴보자.

E-1. ㉠ 그 나라[南室韋]에는 철鐵이 없어 고구려로부터 취득한다. (『수서』 권49, 열전49 북적 남실위)

㉡ 담비가 많다.[54] (『수서』 권84, 열전49 북적 남실위)

E-2. 담비는 구려국[고구려]에서 산출된다. 항상 한 존재[一物]가 (담비와) 함께 구덩이[穴]에 사는데 혹 그를 보면 생김새가 사람과 비슷하고 키는 3척이며 담비를 잘 다루고 도자刀子를 좋아한다. 그 (고구려) 습속에 사람이 담비가죽[貂皮]을 얻고자 하면 도자刀子를 구덩이 입구[穴口]에 던져 놓는다. [그러면] 이 존재가 밤에 구덩이를 나와 담비가죽을 도자 옆에 놓아두며 사람이 [담비] 가죽을 가지고 떠나기를 기다렸다가, [사람이 떠나면] 이에 감히 도자를 취

---

52. 『국어』 魯語下. "有隼集于陳侯之庭而死, 楛矢貫之"

53. 『송서』 권97, 夷蠻列傳57 高句驪. "世祖 孝建二年(455) 璉遣長史董騰奉表慰國哀再周 并獻方物 大明三年(459) 又獻肅愼氏楛矢石砮"

54. "其國無鐵 取給於高麗 多貂"

한다.[55]

사료 E-1은 남실위의 교역 및 생산과 관련한 내용을 담고 있다. 실위는 거란의 한 종족으로,[56] 남실위는 거란의 북방 지역에 자리하였다고 하는데,[57] 대체로 지금의 눈강과 흑룡강 주변에 거주하였고 유목·수렵 생활을 영위했다.[58] 그러므로 남실위의 사례는 고구려와 주변의 유목·수렵사회의 관계를 이해하는 데 도움을 준다.

먼저 사료 E-1-㉠을 보면 남실위에는 철이 없어 고구려로부터 제공받았다고 한다.[59] 이어 E-1-㉡에서는 그 특산물로 담비가 있었다고 한다. 이러한 ㉠과 ㉡의 서술 내용은 얼핏 보아 서로 별개의 사실로 여겨질 수 있다. 그렇지만 사료 D-2를 참고해 보면 D-1의 ㉠과 ㉡은 무관치 않다고 생각된다.

사료 E-2는 『이원異苑』에 수록되어 있는데,[60] 이 책은 5세기 후반 남조 송宋의 유경숙劉敬叔이 진晉·송宋대의 괴이한 이야기를 모아놓은 지

---

55. 『이원(異苑)』 권3, "貂出句麗國 常有一物共居穴 或見之 形貌類人 長三尺 能制貂 愛樂刀子 其俗 人欲得貂皮 以刀投穴口 此物夜出穴 置皮刀邊 須人持皮去 乃敢取刀"

56. 『수서』 권84, 열전49 北狄 室韋, "室韋 契丹之類也"

57. 『수서』 권84, 열전49 北狄 南室韋, "南室韋在契丹北三千里 土地卑濕 至夏則移向西北貸勃·欠對二山"

58. 동북아역사재단 편, 2010, 『譯註 中國 正史 外國傳8 周書·隋書 外國傳 譯註』, 동북아역사재단, 350~351쪽, 주440 참조.

59. 이에 대한 사료적 검토는 李龍範, 1959, 앞의 논문, 48~54쪽에서 자세히 이루어졌다. 李龍範은 室韋에 공급한 고구려의 鐵이 요동 지역의 것이라고 추정하였다(1966, 「高句麗의 成長과 鐵」, 『白山學報』1, 87~88쪽).

60. 이 사료에 주목해 고구려의 교역 체계를 본격적으로 검토한 것은 金昌錫, 2004, 「高句麗 초·중기의 對中 교섭과 교역」, 『新羅文化』24, 3쪽 및 22~25쪽; 2013, 『한국 고대 대외교역의 형성과 전개』, 서울대학교 출판문화원이었다.

괴소설志怪小說의 일종이다.[61] 그러므로 이 사료의 내용을 그대로 믿을 수는 없다. 그럼에도 불구하고 사료 E-2에서 어떤 존재[一物]와 고구려인의 물물교환은 이인異人에 의한 침묵교역(silent trade)의 일면을 담고 있으며, 침묵교역의 사례가 널리 확인된다는 점에서 역사적 사실을 반영하고 있다고 이해된다.[62]

침묵교역은 원시시대부터 이어져 온 초기 교역의 한 형태로, 이질적인 집단 간의 호혜적 교환이었다. 그런데 침묵교역의 전통은 원시시대만 아니라 고대, 심지어 20세기까지 일부의 종족집단에도 남아 있었고, 그 방식과 성격은 시대와 지역마다 차이가 있었다고 한다.[63] 사료 E-2에 보이는 침묵교역 역시 호혜적 교환이었다고 단정하기는 어렵다. 더욱이 교역은 행위자 서로에게 다른 의미가 있었을 수 있다.

어떤 존재는 고구려인과 마주하기를 회피하였고, 교역에도 소극적이었다. 반면 고구려인은 어떤 존재의 거주지를 직접 방문하였고, 보다 적극적으로 교역을 추구했다. 이로 보아 어떤 존재의 입장에서 도자의 획득은 호혜적 교환의 성격이 강하였지만, 고구려인은 상업적인 목적을 가지고 담비가죽의 획득을 추구하였던 것으로 파악된다.

사료 E-2에서 어떤 존재의 생김새는 사람과 비슷하다고 하였다. 온전한 사람이 아니라 마치 동물처럼 서술한 것이다. 이러한 사료 E-2의 서술은 고구려를 통한 전문傳聞으로, 어떤 존재에 대한 고구려의 선입견을 반영한다고 생각된다. 어떤 존재의 실체가 궁금하다. 이와 관련하여 『삼국지』 동이전에 보이는 읍루挹婁가 주목된다.

---

61. 馬衍, 2002, 「談論劉敬叔的志怪小說集『異苑』」, 『徐州敎育學院學報』3, 34~35쪽.
62. 松田壽男, 1962, 「東西交涉とシベリアの森林民」, 『東西文化の交流』, 至文堂, 151~152쪽; 金昌錫, 2004, 앞의 논문, 23~25쪽; 2013, 앞의 책, 14~18쪽.
63. 김창석, 2013, 앞의 책, 17~18쪽.

읍루는 산림에 거처하며 혈거穴居하였는데, 그 특산물 중의 하나가 읍루초挹婁貂였다고 한다.[64] 읍루는 사료 E-2에 보이는 어떤 존재와 주거방식과 특산물이 유사한 것이다. 이로 보아 어떤 존재는 읍루로, 담비가죽은 읍루초를 가리킨다고 생각할 수 있다.[65] 그렇다고 한다면 사료 E-2를 통해 고구려와 읍루의 교역이 떠오른다. 즉 고구려는 읍루에 도자를 공급하고 담비가죽을 제공받았다고 이해되는 것이다.

이처럼 고구려와 읍루의 도자—담비가죽 교역을 보면 고구려는 남실위에 대해서도 철을 제공하고, 대신 담비가죽을 공급받았을 가능성이 높다.[66] 고구려와 남실위의 철기—담비가죽 교역이 생각되는 것이다. 그러면 고구려는 남실위로부터 공급받은 담비가죽을 어떻게 활용하였을까. 먼저 지배층 내부에서 사치품으로 소비되었다고 생각할 수 있다. 그리고 다음의 사료가 참고된다.

F-1. 나라(고구려)에 은산銀山이 있어 채굴해 화폐貨幣로 삼는다. 또한 인삼人參과 초피貂皮가 있다. 중국의 비단을 귀중히 여겨서 장부 丈夫는 이로써 옷을 해 입는다. 또한 호피虎皮를 귀중히 여긴다.[67] (『건강실록』 권16, 동남이 고려)

F-2. 도은거陶隱居가 다음과 같이 말했다. "상당군上黨郡은 기주冀州의 서남쪽에 있는데, 지금 위국魏國이 공헌한 것이 이것이다. 형태가 길고

---

64. 「삼국지」 권30, 동이30 읍루, "處山林之間 常穴居 大家深九梯 以多爲好 (中略) 出赤玉·好貂 今所謂挹婁貂是也"

65. 松田壽男, 1962, 앞의 논문, 152쪽.

66. 16세기 조선에서도 여진에 우마와 철을 제공하고, 담비가죽을 공급받았다고 한다(김순남, 2011, 「16세기 조선과 野人 사이의 모피 교역의 전개」, 『韓國史研究』152, 94~97쪽).

67. "國有銀山 採爲貨 並人參·貂皮 重中國綵纈 丈夫衣之 亦重虎皮"

황색으로 형상이 방풍防風과 같다. 윤기가 많고 실하며 달다. 습속에
사용할 때 복용하지 않고, 백제의 것을 귀중히 여긴다. [백제의 인
삼은] 형태가 가늘고 단단하고 흰색인데, 맛은 상당[의 인삼]보다 떨
어진다. 다음으로 고[구]려의 [인삼을] 쓴다. 고[구]려는 곧 요동遼東
이다. [고구려의 인삼은] 형태가 큰데 속이 비고 연해서 백제의 [인
삼]보다 못하다. 백제는 지금 고[구]려에 신속臣屬되어 있으므로, 고
[구]려에서 두 종류를 함께 바치니, 단지 취사선택할 뿐이지만, 실제
사용하기에는 모두 상당의 것보다 못하다.[68] (『重修政和經史證類備
用本草』 卷16, 草部 上品之上 人蔘)

위 사료는 5~6세기 고구려의 특산물에 대한 것이다. 먼저 사료 F-1
즉 『건강실록健康實錄』은 당唐의 허숭許嵩이 편찬한 육조시기六朝時期의
사료집으로, 『남제서』 고려전의 일문逸文으로 파악되고 있는데, 이를 보
면 고구려의 특산물로 인삼과 담비가죽이 나온다.

다음으로 사료 F-2는 북종대北宋代 당신미(唐愼微, 1056~1093)의 저술
로, 남조대南朝代 도홍경(陶弘景, 452~536)의 『명의별록名醫別錄』을 인용한
대목이다.[69] 위 사료에서는 고구려·백제 인삼의 형태와 효능을 소개하

---

68. "陶隱居云 上黨郡在冀州西南 今魏國所獻卽是 形長而黃 狀如防風 多潤實而甘 俗用不入
服 乃重百濟者 形細而堅白 氣味薄於上黨 次用高麗 高麗卽是遼東 刑大而虛軟 不及百濟
百濟今臣屬高麗 高麗所獻兼有兩種 止應擇取之爾 實用並不及上黨者

69. 이 사료에 대해서는 洪思俊, 1972, 「文獻에 나타난 百濟産業—黃漆·人蔘·苧에 對하여—」,
『百濟研究』3, 忠南大學校 百濟研究所, 2쪽; 양정필·여인석, 2004, 「삼국—신라통일기 인삼
생산과 대외교역」, 『醫史學』 13-2, 179~180쪽; 尹龍九, 2005, 「고대중국의 東夷觀과 고구
려—東夷校尉를 중심으로—」, 『역사와 현실』55, 90쪽; 李道學, 2005, 「漢城 陷落 以後 高句
麗와 百濟의 關係—耽羅와의 관계를 중심으로—」, 『한국전통문화연구』3, 124쪽; 金溶珠 外,
2010, 「『本草經集注』에 대한 書誌學的 연구」, 『大韓韓醫學原典學會誌』 23-2; 박남수, 2011,
『한국 고대의 동아시아 교역사』, 주류성, 6~7쪽; 이현숙, 2013, 「고구려의 의약 교류」, 『한국
고대사연구』69, 67~68쪽 참조.

고 있는데, 이는 고구려가 남조에 보낸 조공품목에 속하였다. 이로 보아 사료 F-1에서 남조에 알려진 고구려의 특산물, 인삼과 담비가죽은 조공품목의 일부였다고 볼 수 있다.

주지하다시피 남북조시기의 조공은 교역의 한 방식이었다.[70] 그렇다고 한다면 고구려는 읍루·실위 등지로부터 제공받은 담비가죽을 지배층 내부에서 소비하는 한편, 다시 외부와 교역하였다고 생각할 수 있다. 이와 관련하여 다음의 사료가 참고된다.

> G. [건무] 25년(49)에 사신을 보내 선비鮮卑를 불러 재리財利를 보이니 그 대도호大都護 편하偏何가 사신을 보내 공물을 바치고 귀화歸化하기를 원하였다. 채융祭肜이 위로하며 받아들이고 상사賞賜하니 차츰 다시 친근히 귀부歸附하였다. 그 이종異種 만리滿離와 고구려高句驪의 무리도 마침내 끊이지 않고 귀부하며 담비가죽과 호마好馬를 바쳤으니, 황제가 번번이 그 상사賞賜를 배로 하였다. 그 후에 편하偏何 읍락邑落의 제호諸豪가 모두 귀의歸義하며 정성을 다하기를 원하였다.[71] (『후한서』 권20, 열전10 채융)

위 사료는 한漢의 요동태수 채융祭肜 열전의 일부로 그의 대對선비 정책을 전하고 있다. 채융은 선비를 회유하고자 조공교역을 하였는데, 이때 고구려도 선비의 이종異種인 만리滿離와 함께 조공교역에 참

---

70. 前田正明, 1955, 「北魏官營貿易に關する考察 ―西域貿易の展開そ中心として―」, 『東洋史研究』 13-6, 47쪽.

71. "[建武] 二十五年(49) 乃使招呼鮮卑 示以財利 其大都護偏何 遣使奉獻 願得歸化 肜慰納賞賜 稍復親附 其異種滿離·高句驪之屬 遂駱驛款塞 上貂表好馬 帝輒倍其賞賜 其後偏何邑落諸豪並歸義 願自効"

여하였다고 한다. 이때 고구려와 만리의 조공품목 중 하나가 담비가죽이었다. 고조선에서도 모피는 주요 교역품목의 하나였거니와,[72] 고구려 역시 일찍부터 중원왕조와의 교역품목에 담비가죽을 포함하였던 것이다.

담비가죽은 모피의 대표적인 물품으로, 유목·수렵사회에서 수집되었고, 가공 내지 유통 단계를 거쳐서 농경사회의 사치품으로 소비되었다.[73] 이로 보아 고구려와 중원왕조의 교역에 사용된 담비가죽도 유목·수렵사회로부터 획득된 다음, 가공 내지 유통의 단계를 거쳤을 가능성이 높다. 즉 단순히 중계만 한 것이 아니라 그 상품가치를 높여 자기물품화하였다고 여겨지는 것이다.[74] 그러므로 앞서 살펴본 것처럼 담비가죽의 경우 읍루에서 생산되었다고 하지만, 고구려의 특산물로 소개하였다고 해석된다.[75]

이처럼 고구려는 유목·수렵사회의 물품을 중원왕조와 같은 농경사회에 중계하였다. 그러면 그 반대의 경우도 떠올려 볼 수 있을 것이다. 이와 관련하여 사료 F-1에 보이는 비단이 관심을 끈다. 고구려는 중국

---

72. 崔夢龍, 1985, 「古代國家成長과 貿易 —衛滿朝鮮의 例—」, 『韓國古代의 國家와 社會』, 一潮閣, 65~77쪽. 고조선의 교역에 대한 보다 자세한 논의는 李鍾旭, 1993, 『古朝鮮研究』, 一潮閣, 132~137쪽; 박준형, 2006, 「古朝鮮의 海上交易路와 萊夷」, 『북방사논총』10; 姜仁旭, 2011, 「古朝鮮의 毛皮貿易과 明刀錢」, 『韓國古代史研究』64 참조.

73. 姜仁旭, 2011, 앞의 논문.

74. 尹龍九, 1999, 「三韓의 朝貢貿易에 대한 —考察—漢代 樂浪郡의 교역형태와 관련하여—」, 『歷史學報』162, 13~16쪽.

75. 이에 대해 松田壽男, 1962, 앞의 논문, 152쪽에서는 貂皮의 原産地가 명확치 않다고 지적하고, 이는 고구려가 中繼品의 상업적 이익을 지키기 위해서 그리하였다고 보았다. 또한 金昌錫, 2007, 앞의 논문, 3쪽에서는 南朝 측에서 挹婁·靺鞨에 대한 지식이 부족하였기 때문이었다고 하였다. 이 두 가지 설명 모두 타당하다고 생각한다. 다만 고구려에서 貂皮를 가공하였다면 그 原産地가 읍루였다고 해도, 고구려의 생산물로 파악하였을 수 있는데, 본 연구에서는 이러한 가능성에 무게를 두고 있다.

의 비단을 중히 여겼고 장부丈夫는 이로써 옷을 해 입었다고 한 것이다. 이로 미루어 보아 고구려의 지배층은 남북조와의 교역에서 비단을 공급받았다고 생각할 수 있다.

『삼국지』 동이전에 보이는 것처럼 고구려의 지배층은 공회公會에서 비단으로 제작한 의복을 착용하였고,[76] 이후 비단은 관복의 주요 소재였다.[77] 이로 보아 적어도 3세기 중반 이후 고구려에서 비단은 지배층의 권위를 나타내주는 물품으로 기능하였다고 생각된다. 그러므로 고구려는 비단을 스스로 생산하기도 하였지만,[78] 상위의 지배층은 권위를 과시하기 위해 한층 고급스러운 비단을 얻고자 하였고, 그 결과 중국의 비단이 중시되었다고 풀이된다.[79]

그런데 비단을 중시한 것이 고구려만은 아니었다. 유목·수렵사회의 지배층 역시 일찍부터 비단을 중시했고,[80] 또한 이를 가지고 서역과 교역하였다.[81] 비단에 대한 수요가 높았던 것이다. 그렇다고 한다면 고구려는 남북조를 통해 제공받은 비단을 지배층 내부에서 소비하는 한편, 유목·수렵사회와 교역에 활용하였을 가능성이 높다.

---

76. 『삼국지』 권30, 위서30 동이30 고구려. "其公會 衣服皆錦繡金銀以自飾"

77. 『삼국사기』 권33, 잡지3 색복 고구려 참조.

78. 다음의 사료를 통해 고구려의 자체적인 비단 생산을 확인할 수 있다. 『한원』 권30, 번이부 고려. "高驪記云 其人亦造錦 紫地纈文者爲上 次有五色錦 次有雲布錦 又造白疊布·靑布而尤佳"; 『삼국사기』 권19, 고구려본기7 평원왕 25년(583) 2월. "下令減不急之事 發使郡邑勸農桑"

79. 7세기 중반의 사실이지만 다음의 사료에서 볼 수 있는 것처럼 중국의 비단은 고구려의 관료에게 뇌물로 주어졌고(『자치통감』 권196, 당기12 태종 정관 15년(641) 8월 기해(10일). "自高麗還 大德初入其境 欲知山川風俗 所至城邑 以綾綺遺其守者"), 고구려─당 전쟁에서도 비단은 고구려인을 회유·포섭하기 위한 물품으로 활용되었다. 중국의 비단이 그만큼 가치가 높은 물품으로 여겨졌던 것이다.

80. 예컨대 다음의 사료가 참고된다. 『사기』 권100, 흉노열전. "初匈奴好漢繒·絮·食物"

81. 정수일, 2001, 「씰크로드를 통한 물질문명의 교류」, 『씰크로드학』, 창작과 비평사, 250쪽.

그림 2. 고구려의 농목교역

주지하다시피 고구려의 기본적인 산업은 농업이었다. 그런데 이상을 통해 살펴본 것처럼 고구려는 농업생산에 그치지 않고 주변의 유목·수렵사회와 교역하였다. 또한 유목·수렵사회와 농경사회의 교역을 중계하였다. 본고에서는 농경사회와 유목·수렵사회의 상호 교역을 농목교역農牧交易이라고 부르고자 한다. 고구려는 농목교역을 수행하는 한편, 농경사회와 유목·수렵사회를 중계하였던 것이다.

한편 이상의 논의에서 고구려 농목교역의 대표적인 물품으로 담비가죽과 비단을 제시하였는데, 교역의 물품이 그에 한정되지는 않았을 것이다. 사료 F-2에서 고구려가 백제의 인삼도 조공품목에 포함하였다고 하듯, 고구려는 영역 내의 물품만 아니라 자국의 세력범위에 속한 주변국 및 제종족의 특산물을 교역에 활용하였다.[82] 특히 일찍부터 다수의 연구자가 지적하였듯 고구려의 말, 특히 군마軍馬 중 적지 않은 수는 유목·수렵사회의 융마戎馬에 의존하였는데,[83] 그 또한 중요한 교역품목의 하나였을 것이다. 사료 F에서 고구려는 한과의 교역품목에 호마好馬를 포함하였다고 하는데, 이는 농목교역의 결과로 중계교역의 일면을 보

---

82. 예컨대 5세기 후반 北魏에 부여의 황금과 涉羅의 珂를 상시적인 조공품목에 포함시키고 있었다. 『위서』 권100, 열전88 고구려, "至高祖時 璉貢獻倍前 其報賜亦稍加焉 (中略) 正始中 世宗於東堂引見其使芮悉弗 悉弗進曰 高麗係誠天極 累葉純誠 地産土毛 無愆王貢 但黃金出自夫餘 珂則涉羅所産 今夫餘爲勿吉所逐 涉羅爲百濟所幷 國王臣雲惟繼絕之義 悉遷于境內 二品所以不登王府 實兩賊是爲"

83. 서영교, 2007, 「고구려의 國馬」, 『군사』61, 70~85쪽.

여준다고 해석된다.

이처럼 고구려는 유목·수렵 사회와 농목교역을 수행하는 한편, 그와 농경사회의 교역을 중계하였다. 이와 같은 교역의 물자는 국내성에 집결되었을 것이다. 그리고 복수의 통로를 통해 교역이 이루어졌다고 보인다. 육상의 경우 요서 지역이 주목된다. 5세기 이후 고구려는 요서의 동부에 세력범위를 두고 있었는데, 이로써 내륙아시아 초원지대 및 중원지역의 농경지대와 통할 수 있었다. 그러고 보면 해상은 압록강-황해가 주목된다. 앞서 살펴본 것처럼 고구려는 압록강의 수상교통로와 황해의 해상교통로를 통해 남북조와 교섭·교역하였다고 이해된다. 황해는 고구려 농목교역의 주요 통로 중 하나였던 것이다.

4. 농목교역을 통한 국제정치와 제해권制海權

고구려의 농목교역은 중계교역의 일종이었다. 농목교역에서 농경사회와 유목·수렵사회의 입장에는 차이가 있었다고 생각된다. 이와 관련하여 다음의 사료가 주목된다.

> H. 사신史臣이 말한다. "토욕혼吐谷渾은 풀을 따라다니고 샘에 의지해 사는데, 변방 바깥[塞表]에서 전횡하며 포악하다. 털옷을 입고 육식하며 농작물과 축산물을 빼앗아 가진다. 그러나 금錦·조組·증繒·환紈과 같은 비단은 다른 나라에 보배로 여겨져서 단지 상역商譯으로써 왕래하였다. (중략) [그들의] 금金·융단·모직물·우모의 장식은 긴요하지 않은데, [사신을] 보내고 마주하는 일은 번거롭고 소란스러우니, [그들의 공물은] 얻어도 없는 것만 못하다. 만약 [북방의] 숙신이

하여금 해마다 조공하고, [남방의] 월상越裳이 해마다 공물을 바친다고 해도, 진실로 특이한 일로써 나타내 쓸 만한 일이 되지 못하니, 이전의 사서에서도 높이 평가하지 않았다. 성인聖人이 그를 황복荒服이라고 부르는데, 이 말은 대개 이와 같은 까닭이다."[84] (『송서』 권96, 열전56 선비토욕혼)

『송사』 선비토욕혼전 찬자는 토욕혼을 비롯한 유목·수렵사회의 조공을 평가 절하했다. 남조의 지배층이 유목·수렵사회의 물품을 소비하기는 하였지만, 유목·수렵사회에서 보내온 금과 융단·모직물·우모의 장식 등의 물품이 긴요하지는 않다는 것이다. 반면 토욕혼의 경우 남조의 비단이 높이 평가되었고, 여타 지역과의 교역에 활용하였다. 양자 간의 교역에 보다 적극적으로 나선 것은 남조와 같은 농경사회가 아니라 유목·수렵사회였다.

주지하다시피 유목·수렵사회의 경우 그 경제체제가 자립적이지 못하였으므로, 농경사회와의 교역이 필수적이었다.[85] 그러므로 양자 간의 교역은 경제적인 측면에서 비대칭적일 수밖에 없었다. 고구려와 주변의 유목·수렵사회의 제종족, 고구려와 유연·돌궐의 교역도 마찬가지였다고 생각된다. 다음의 사료가 참고된다.

I—1. 태화太和 3년(479)에 고구려가 몰래 연연蠕蠕과 모의하여 지두우地豆于를 취하여 이를 분할하고자 하였다. 거란契丹은 그 침범을 두

---

84. "史臣曰 吐谷渾逐草依泉 擅强塞表 毛衣肉食 取資佃畜 而錦組繪紈 見珍殊俗 徒以商譯往來 (中略) 金罽氈旄 非用斯急 送迂煩擾 獲不如亡 若令肅慎年朝 越裳歲饗 固不容以異見 書 取高前策 聖人謂之荒服 此言蓋有以也"

85. 하자노프 지음, 김호동 옮김, 2002, 『유목사회의 구조』, 지식산업사.

려워하여 그 막불하(莫弗賀, 莫賀弗) 물우勿于는 그의 부락·수레 3
천 승·무리 만여 구를 이끌고 잡축을 몰아서 [관내로] 들어와 내
부를 요구하니, 백랑수의 동쪽에서 머물도록 하였다. 이 해(479)부
터 매년 조공하였다. 후에 기근이 들었다고 고하자 고조(高祖, 재
위 : 471~499)가 이를 불쌍히 여겨 그들이 입관하여 시적하는 것
을 허락하였다.[86] (『위서』 권100, 열전88 거란)

I—2. 후위(後魏, 北魏 : 386~534)시대에 고구려에 의해 침략을 받아 [가
란의] 부락 만여 구가 내부를 요구하니, 백비하白貔河에서 머물도
록 하였다. ⓛ 그 후에 돌궐의 핍박을 받아 다시 [거란의] 만가가
고구려에 거처하였다.[87] (『수서』 권84, 열전49 북적 거란)

I—3. 태화 3년(479)에 고구려가 몰래 연연과 모의하여 지두우를 취하여
이를 분할하고자 하였다. 거란은 그 침범을 오랜 원한으로 여겼는
데 그 막하불 물우는 그의 부락·수레 3천 승·무리 만여 구를 이끌
고 잡축을 몰아서 [관내로] 들어와 내부內附를 요구하니, 백랑수의
동쪽에서 머물도록 하였다.[88] (『북사』 권94, 열전82 북전 거란)

위 사료는 5세기 후반~6세기 중반 고구려와 유목·수렵사회−북위의
관계를 전하고 있다. 사료 I−1·3에 보이듯 5세기 후반 거란의 물우집단
은 잡축雜畜을 보유하고 북위의 세력범위 안으로 이동했다. 가축을 보

---

86. "太和三年(479) 高句麗竊與蠕蠕謀 欲取地豆于以分之 契丹懼其侵軼 其莫弗賀勿于率其
部落·車三千乘·衆萬餘口 驅徙雜畜 求入內附 止於白狼水東 自此歲常朝貢 後告饑 高祖
矜之 聽其入關市糴"
87. "當後魏時 爲高麗所侵 部落萬餘口求內附 止于白貔河 其後爲突厥所逼 又以萬家寄於
高麗"
88. "太和三年(479) 高句麗竊與蠕蠕謀 欲取地豆于以分之 契丹舊怨其侵軼 其莫賀弗勿于率
其部落·車三千乘·衆萬餘口 驅徙雜畜 求內附 止於白狼水東"

유하고 이동했다는 점에서 물우집단은 유목생활을 영위하였다고 파악
된다. 그들이 북위의 세력범위 안으로 이동해 북위에 요구한 것은 내부
였다. 북위와 정치적 신속관계를 수립하고자 한 것이다. 그들은 왜 북
위와 신속관계를 수립하고자 했을까.

내부의 실상은 사료 I-1을 통해 살필 수 있다. 물우집단은 기근이 들
자 북위에 원조를 요청했고, 북위의 고조(재위 : 471~499)는 그들이 입관入
關하여 시적市糴하는 것을 허락하였다고 하였다. 물우집단은 내부를 북
위와 신속관계를 수립함으로써 경제적 지원을 얻을 수 있었던 것이다.
물론 입관을 허락받았다고 한 데서 알 수 있듯이 물우집단은 평소 관
외關外에 거주했고, 관외關內로 진입이 금지되어 있었다고 생각된다. 다
만 신속관계를 수립함으로써 관關에서의 교역은 허락받았을 것으로 보
인다. 물우집단의 입장에서 내부는 이른바 관시關市를 통한 교역을 가
능케 한 조건이었던 것이다.

사료 I-2에 보이듯 차후 거란 집단의 중 일부萬家는 고구려에 기거寄
居하였다고 전한다. 고구려의 세력범위 안으로 들어왔던 것이다. 이때
거란 집단은 고구려와 신속관계를 수립했다고 짐작된다. 그리고 물우
집단과 북위의 관계에서처럼 교역하였고, 간혹 식량을 비롯한 물자를
지원받고자 했다고 생각된다. 이 점에서 고구려와 유목·수렵사회의 경
제적인 교역에서 보다 적극적인 입장을 취한 것은 유목·수렵사회였다
고 이해된다. 물론 고구려와 북위와 같은 농경사회가 경제적인 손실을
입은 것만은 아니었다. 신속관계를 수립함으로써 변경지대의 안정을
도모할 수 있었기 때문이다. 고구려의 경우 농목교역이 가능했다는 점
에서 경제적인 이득의 취득도 가능했다. 그러면 고구려와 남조의 교역
은 어떠하였을까.

고구려와 남조의 교역에서 보다 적극적인 입장을 취한 것은 고구려

였다고 생각된다. 비록 남조 측에서 인삼·담비가죽에 대한 수요가 높았다고 하지만, 이는 고구려가 아닌 다른 지역에서 대체할 수 있었다. 이와 비교해 남조 측의 각종 사치품에 대한 고구려 귀족사회의 수요는 상당했고, 이는 다른 지역에서 대체할 수 없었다. 그렇기 때문에 고구려가 교역에 더 적극적이었다고 생각되는 것이다. 다만 고구려와 남조, 그리고 유목·수렵사회의 교섭·교역은 5~6세기 중반 동아시아의 국제정치를 감안해 보아야 한다고 생각한다.

5~6세기 중반 동아시아에서 최고의 강국은 북위였다. 하지만 북위가 주변의 여러 세력을 압도하지는 못하였다. 고구려와 남조의 제국諸國, 내륙아시아의 유연과 토욕혼 또한 상당한 강국이었다. 그러므로 동아시아의 주요 강국은 역학관계의 연동성에 의해 세력균형을 유지하고 있었다.[89] 이와 같은 동아시아 국제정세 속에서 고구려와 남조의 교섭은 북위와 유연을 압박하는 데 활용되었다. 남조와 유연의 교섭 또한 북위를 압박하는 데 일조하였다.

남조와 유연의 교섭은 고구려를 매개로 하였다. 그러므로 고구려와 남조의 교섭은 주요 강국의 세력균형에 지렛대 역할을 하였다고 볼 수 있다.[90] 국제정치의 중간자 역할을 맡았던 것이다. 중간자 역할은 고구려의 농목교역에서도 마찬가지였다고 여겨진다. 이와 관련하여 다음의 사료가 주목된다.

J. 연(璉 : 장수왕)이 해마다 사신을 보냈다. [원가元嘉] 16년(437)에 태조

---

89. 노태돈, 1999, 「5~6세기 동아시아 국제정세와 고구려의 대외관계」, 『고구려사 연구』, 사계절, 342~345쪽.

90. 李成制, 2003, 「高句麗 長壽王代의 對宋外交와 그 意義」, 『白山學報』67; 2005, 『고구려 서방정책 연구』, 국학자료원, 96~100쪽.

太祖가 북조를 토벌하고자 하였다. 연에게 조서를 내려 말을 보내도록 하였다. 연이 말 800필을 바쳤다.[91] (『송서』 권97, 열전57 이만 동이 고구려)

위 사료는 고구려와 송의 교섭에 관한 것이다. 고구려는 송의 요청에 따라 말 800필을 보냈다고 하였다. 비록 위 사료에 적시되어 있지는 않지만, 고구려는 송에 말을 보낸 대신 비단을 비롯한 물품을 받았을 것이다. 이때 고구려 보낸 말은 사료 F를 통해 살펴본 것처럼 주변 유목사회로부터 얻었을 가능성이 높다. 농목 중계교역이 행하졌다고 여겨지는 것이다. 그렇다고 한다면 앞서 살펴본 것처럼 농목교역은 고구려에 경제적인 이득을 가져다주었을 것이다. 그런데 위 사료를 통해 확인할 수 있듯이 농목교역이 경제적인 목적만 갖고 있었던 것은 아니다. 군사적인 의미도 갖고 있었다. 국제정치의 한 행위이기도 하였다. 이 점에서 고구려의 농목교역은 동아시아 국제정치 참여의 한 수단이었다고 생각된다.

이처럼 고구려는 중계교역의 차익을 얻었을 뿐만 아니라, 양측의 정치적 이해관계를 조정하면서 나름의 국제적 위상을 확보할 수 있었다. 이를 위해서는 황해의 제해권이 확보되어야 했을 것이다.

K-1. 문주왕 2년(476) 3월에 사신을 보내 송宋에 조공하고자 하였는데, 고구려가 길을 막아 도착하지 못하고 귀환하였다.[92] (『삼국사기』 권26, 백제본기4)

K-2. 동성왕 6년(484) 가을 7월에 내법좌평內法佐平 사약사沙若思를 보내

---

91. "璉每歲遣使 十六年(439) 太祖欲北討 詔璉送馬 璉獻馬八百匹"
92. "三月 遣使朝宋 高句麗塞路 不達而還"

남제南齊에 가서 조공하도록 하였다. 사약사가 서해西海 중에서 고구려 군사와 조우하여 나아가지 못하였다.[93] (『삼국사기』권26, 백제본기4)

K-3. 진덕왕 2년(648) 겨울. 이찬伊湌 김춘추金春秋와 그 아들 문왕文王을 보내 당에 조공하였다. (중략) 김춘추가 귀환하면서 해상海上에 이르러 고구려의 라병邏兵과 조우하였다. 김춘추의 종자從者 온군해溫君解가 고관대의高冠大衣를 입고 배 위에 앉았다. [고구려의] 라병이 [온군해를] 보고 김춘추라고 생각하여 그를 체포해 죽였다. 김춘추는 작은 배[小船]를 타고 나라에 도착하였다. 왕이 그 소식을 듣고 탄식하며 애통해 하였다. 온군해를 추증追贈하여 대아찬大阿湌으로 삼고 그 자손에게 후히 상을 내렸다.[94] (『삼국사기』권5, 신라본기5)

위 사료는 백제·신라와 중원지역 몇몇 왕조의 교섭을 전하고 있다. 먼저 사료 K-1과 2는 백제와 송·남제의 교섭을 전하고 있다. K-1에서는 고구려가 길을 막아 조공하지 못하였다고 하였다. 사료 K-2를 보면 보다 구체적으로 서해西海 즉 황해에서 고구려의 군사와 조우하였다고 하였다. 황해 연안에 고구려의 수군水軍이 배치되어 해상교통로를 통제하였던 것이다.

이와 관련하여 사료 K-3이 참고된다. 비록 7세기의 사료이지만, 고구려 수군의 해양활동이 보다 구체적으로 나온다. 고구려의 군사를 라

---

93. "秋七月 遣內法佐平沙若思 如南齊朝貢 若思至西海中遇高句麗兵 不進"

94. "遣伊湌金春秋及其子文王朝唐 (中略) 春秋還至海上 遇高句麗邏兵 春秋從者溫君解 高冠大衣 坐於船上 邏兵見以爲春秋 捉殺之 春秋乘小船至國 王聞之嗟痛 追贈君解爲大阿湌 優賞其子孫"

병라兵으로 표현하였다. 6~7세기 신라의 지방에는 봉봉烽·수수燧·라羅란 군사시설이 있었고, 그마다 둔영과 군사조직이 배치되었다고 하였다.[95] 이로 보아 고구려의 라병 또한 단순히 순라巡邏의 병사를 의미할 수 있지만, 해상의 변경지대 분포한 라의 병력이었을 수 있다.

고구려의 무려라武厲邏가 주목된다. 이에 대한 호삼성胡三省 주註를 보면, 고구려는 요하 서안에 라邏를 설치하고 도하를 감찰하였다고 한다.[96] 여기서 호삼성의 설명은 무려라가 요하서안의 여러 라 중의 하나였음을 시사한다.[97] 다시 말해 요하의 서쪽에 다수의 라가 존재하였고, 무려라는 그 중의 하나였다고 생각한다.[98] 이와 같은 관점에서 사료 K-3의 라병은 라의 병력이었을 가능성이 높다고 생각한다.

이러한 사정은 5~6세기 중반에도 다르지 않았을 것이다. 고구려는 황해 연안에 다수의 라를 설치운용하였고, 이와 같은 군사시설을 기반으로 수군水軍이 활동하였고, 해상교통로를 통제하였던 것이다. 즉 5세기 중반 이후 고구려는 황해 연안에 군사시설을 설치하여 제해권을 어느 정도 확보하였던 것으로 생각된다.

이상과 같이 5세기 중반 이후 고구려는 황해 연안의 제해권 일정히 확보하고, 이를 바탕으로 남조와 교섭할 수 있었다. 이에 농목교역도 전개하였는데, 이와 같은 교섭과 교역은 동아시아 국제정치 참여의 일

---

95. 『수서』 권81, 열전46 고려. "其文字·甲兵同於中國 選人壯健者 悉入軍 烽·戍·邏 俱有屯管部伍" 이 사료의 해석은 이정빈, 2015, 「신라 중고기의 부방(赴防)과 군역」, 『역사와 현실』97 참조.

96. 『자치통감』 권181, 수기5 煬皇帝 大業 8년(612) 7월 初. "是行也 唯於遼水西拔高麗武厲邏〈高麗置邏於遼水之西 以警察度遼者〉置遼東郡及通定鎭而已"

97. 邏의 성격과 구조는 김현숙, 2005, 「6~7세기의 영역 지배 방식」, 『고구려의 영역 지배 방식 연구』, 모시는 사람들, 348~351쪽 참조.

98. 이정빈, 2011, 「6세기 후반~7세기 초반 고구려의 서방 변경지대와 그 변화-요서지역 고구려의 邏와 수의 鎭·戍를 중심으로-」, 『역사와 현실』82 및 본서 6장 참조.

환이었다. 황해를 통한 농목교역을 전개함으로써 유연과 같은 유목국가와 남조를 중개하였고, 이와 같은 중개역은 고구려의 국제적 위상 확보에 기여하였던 것이다.

5. 맺음말

4세기 전반의 해양활동은 고구려의 활동무대를 압록강에서 황해로 넓혔다. 그리고 황해를 통한 해양활동은 고구려가 동아시아 국제관계와 교역에 참여할 수 있도록 하였다. 물론 4세기 전반 고구려의 해양활동은 여러모로 한계가 있었다. 그럼에도 4세기 전반 고구려의 해양활동은 황해를 통한 동아시아 국제무대에 그 본격적인 모습을 드러내기 시작했다는 점에서 중요한 의미가 있다.

고구려의 해양활동은 군사활동 및 정치적인 교섭만 아니라 경제적인 교역으로도 이어졌다. 고구려는 읍루·숙신을 비롯한 유목·수렵 제종족의 물품을 교역·수취해 국내성에 집결시키고, 다시 압록강–황해를 통해 남조에 증여·교역하였다. 유목·수렵사회와 농경사회의 교역 내지 중계교역을 농목교역이라고 부를 수 있는데, 황해를 통한 해상교통로는 농목교역의 주요 통로 중 하나였다.

5세기 중반 이후 고구려는 황해 연안의 라와 같은 군사시설을 설치하고 제해권 일정히 확보했다. 남조와의 교섭·교역은 이러한 제해권을 바탕으로 하였다. 남조와의 농목교역은 유연과 같은 유목국가와 중개역을 맡는다는 점에서 동아시아 국제정치 참여의 일환이었다. 황해를 통한 해양활동은 경제적인 측면에서만 아니라 국제정치의 측면에서도 의미를 갖고 있었던 것이다.

제2부

고대 중국의 변경인식과 교통로

사해四海와 해역海域 : 한위시기漢魏時期

방향숙

1. 머리말

우리가 읽고 있는 한자 '해海'는 상형문자다. 이 글자는 갑골에는 보이지 않고 금문에서 처음 나타나는데 금문을 ▒의 모양을 보면 '종수從水'라고 한 『설문해자說文解字』의 설명을 이해할 수 있다. 『설문해자說文解字』수부水部에서는 象形字이고 "해는 하늘의 못이다. 많은 하천을 다 받아들인다(海, 天池也, 以納百川者)"라고 하였다. 百川을 받아들인다거나 "河海不擇細流(하해는 작은 물줄기를 가리지 않는다)"는 말에서 알 수 있듯이 예로부터 중국인들에게 바다, '해海'는 넓고 큰 관용의 이미지를 가지고 있다.

문자의 성립 연원과 달리 공간적 지리적 개념으로 海를 사용할 때는 물과 뭍이라는 구분에 의해서, 사람이 살고 있는 육지에 대한 상대적 개념으로 사용하였다. 그래서 사람이 사는 곳은 육지, 사람이 살지 않는 곳은 바다라는 양분법이 나왔고, 사고가 더 발전하여 중화의 문명인이 사는 곳은 육지이고, 비문명의 야만인이 사는 곳은 사해四海라고 생각할 수 있었다. 여기에서 '중화中華'와 '사해四海'라는 이분법적인 세계관이 출발한다.

중국인들은 오래전부터 중국과 중국 밖을 나누는 용어로 '중화'와 '사해'라는 개념을 사용해 왔다. 중화를 세계의 중심이라고 하고 그 사방四方의 밖을 사해라고 한 것이다. 자신들이 거주하였던 중국은 주변이 바다로 둘러싸여 있는 육지라고 보았고, 이러한 인식 속에서 중국은 물로 둘러싸여 있고, 중국 밖의 사방은 바다 즉 '사해'가 되었던 것이다. 그런데 중국인들은 자신들의 거주지인 중국이 실제로는 바다로 둘러싸여 있지 않다는 사실을 인식한 이후에도 여전히 중국 밖을 '사해'라고 부르며, 중화의 세계[1]와 사해를 구분하여 왔다. 이 때 사해라는 개념은 반드시 지리·공간적 개념인 네 개의 바다를 말하는 것은 아니었다.[2]

---

1. 趙玉庭은 『容齋隨筆』을 들어 이미 송나라 사람 洪邁가 쓴 이 문제에 관심을 두었고, 그가 詩書禮經에 비록 '사해'라는 기록은 있지만 '서해'라는 기록을 찾을 수 없다고 했음을 지적했다. 또한 고염무의 『日知錄』에서도 오경에는 서해나 북해라는 글자는 없는데 소위 '사해'라고 한 것은 역시 만국을 말하는 것이라고 지적했음을 인용한다. 그러나 최고의 지리 저작인 〈禹貢〉에서는 '남해' '동해', '사해'의 개념은 있다(趙玉庭, 「"西海"探微」, 『社科縱橫』, 총제 17권 제4기, 2002년 8월, 51쪽).

2. 이미 〈禹貢〉편의 예에서도 알 수 있듯이 실질적인 지리 개념으로서의 서해나 북해는 사용되지 않았다. 그럼에도 불구하고 서해라는 용어는 고대의 사료에서 흔히 보인다. 그 이유는 중국인들의 역외접촉이 대부분 남해지역과 서역지역에서 시작되었기 때문이다. 서해와 남해에 대한 인식은 고정되었던 것이 아니라 시간의 흐름에 따라서 변화되어 왔음을 왕원림도 지적하고 있다(王元林, 「古代早期的中國南海與西海的地理概念」, 『西域研究』 2006년 제1기).

중국인들이 생각해 온 세계영역은 5개의 강역으로 나뉜다. 세계는 '천하天下'이고, 천하는 다시 다섯 개의 영역으로 구분되는데, 중앙과 사방이 그것이다. 광의의 천하는 보천지하普天之下의 천하이고 협의의 천하는 중화제국이다. 사해 즉 사방은 사이를 포괄할 때도 있고, 포괄하지 않을 때도 있다. 중국이라는 개념 역시 변화를 거듭해서 각 왕조의 중국 범위는 같지 않았지만, 세계의 중심에 중국이 있고, 주변의 사방을 사해가 둘러싸고 있다는 생각은 변함없이 이어져 왔다.[3]

당초 중화 세계에 대한 상대적 개념에서 출현하였던 사해는 다분히 관념적 개념이었다.[4] 동서남북해로 나누어지는 사해의 개념이 있었다면 북해나 서해가 있어야 함은 자명한 일이다. 그런데 동해나 남해는 실제의 해역을 가리키지만 북해나 서해는 관념적 공간일 뿐이다. 결국 이러한 용어들은 실제의 해역을 가리키기도 했지만 관념의 공간을 가리키기도 했다.[5] 그렇기 때문에 실제 바다가 아니었던 북해나 서해라는 공간도 관념적 공간으로 남겨 둘 수 있었던 것이다.

이 관념적인 공간인 북해와 서해에 대한 중국인들의 인식과 실제 해역으로서의 동해, 남해에 대한 인식은 어떤 차이가 있었을까. 또 그 차이는 시대에 따라 어떻게 변화되어 왔을까. 시대에 따라 관심의 방향은 달라졌을까. 또 그에 따라서 외부세계에 대한 접근 방식은 차이가 있었을까. 궁극적으로 중국이 가지고 있던 외부세계에 대한 관심은 중국의 확장과 대외접촉의 방향을 결정해 주었을 것이다. 동서남북 사방의 해

---

3. 畢奧南,「歷史語境中的王朝中國疆域槪念辨析」,「中國邊疆史地硏究」 2006년 제16권 제2기. 통상 강역, 판도라는 것은 일국의 통치범위, 혹은 행정지역을 말한다.

4. 相土烈烈, 海外有截.「詩經」 商頌 長發.

5. 「爾雅」釋地 중에 "九夷八狄七戎六蠻, 謂之四海"라고 한 것으로 사해라는 것은 당시인들의 인식 중에 동서남북의 명확한 해역 개념이 아니라 주변지구의 소수민족 거주지를 말하는 것임을 알 수 있다(조옥정, 51쪽).

역에 대한 관심은 중국 밖의 외부로 향한 중국 밖의 세계에 대한 인식, 즉 해양인식을 반영하고 있는 것이다.

지금까지 중국의 사해관이나 세계관을 다루었던 기존의 연구들에서는 중국이라는 공간과 상대되는 광범위한 사방의 공간을 사해로 양분하고 중국 對 사해라는 구도 속에서 중국의 공간인식을 밝히고자 했다. 이 글에서는 사해 전체에 대한 인식을 넘어서, 동해, 서해, 남해, 북해라는 사방의 방향성을 염두에 두고 각각의 해역에 대한 인식의 발생과 그 변화의 궤적을 추적하고자 한다. 동해, 남해와 같이 실제의 해역에 대한 인식을 통해서 중국의 해외진출의 대상으로서 이 해역들이 어떻게 인식되었는지, 그 인식의 변화에 따른 해외진출의 변화는 어떻게 이해할 수 있을지 등등을 살피려는 것이다.

북해와 서해처럼 실제의 해역이 아닌 지역에 대한 인식도 중요하다. 실제 그러한 공간이 없었지만 중국인들 스스로가 그런 공간을 설정하고 대상화하였다는 것 자체가 중요하다. 사해가 반드시 사방의 바다가 아니었듯이 북해나 서해가 북쪽 바다나 서쪽 바다를 가리키는 것은 아니었다. 때로는 사막을 때로는 하천이나 호수를 가리키기도 했다. 이러한 관념적 해역의 설정과 인식은 시대에 따라 어떻게 변화되어 왔을까. 이 또한 분석의 대상이다. 이러한 분석을 통해서 중국 밖의 세계에 대한 중국인들의 관심과 확장의 방향성을 보여줄 수 있다.

이 문제와 관련한 기존의 연구는 적지 않은 편이다. 특히 최근 들어 동아시아의 각국들은 해양이나 해역에 대한 관심이 높아졌고, 이로 인해 영해 상에서의 분쟁도 심심치 않게 진행되고 있는 실정이다. 그런 의미에서 현재 중국에서 진행되고 있는 강역 관련 연구들은 현 중국의 영토적 확대에 대한 근거를 제시하려는 의도가 있어 보인다. 특히 2000년대 들어 꾸준히 발표되고 있는 해양 관련 논문들이 과거 전통시대, 혹은 그보다 더 상고시대 해역의 개념이나 해역이라는 공간을 어떻게 설정하였는지를 밝히려고 하거나,[6] 관념적 공간이었을 북해나 서해에 대한 탐구에 치중하고 있는 점은 이러한 의구심을 더욱 부추긴다.[7] 과거 이 문제에 대한 역사학계의 관심은 중화세계를 이해하기 위해 중화와 상대되는 사해의 개념을 추적하는 것이었다.[8] 하지만 동해, 서해, 남해, 북해 각각의 해역에 대한 상대적 관심의 척도에 대해서는 주의를 기울이지 않았다. 이 글에서는 이러한 점에 착안하여 '동해, 서해, 남해, 북해'에 대한 인식의 변화를 추적해 보려는 것이다. 직접적으로 사해를 연구한 논문은 아니지만 중국의 대외정책이나 중화사상, 천하사상 등을 연구한 논문들이 이 연구의 진행 중에 도움을 줄것이다.

먼저 시대적 흐름에 따라 '사해'에 대한 인식이 어떻게 변화되어 왔는지 살펴보아야 할 것이다. 중국인들의 세계 인식이 확대됨에 따라 사해에 대한 이해도 변화하였을 것이므로 이 문제에 대한 검토가 먼저 이루

6.　王元林, 「古代早期的中國南海與西海的地理槪念」, 『西域研究』 2006년 제1기.
　　畢奧南, 「歷史語境中的王朝中國疆域槪念辨析」, 『中國邊疆史地研究』 2006년 제16권 제2기.

7.　王子今, 「秦漢人世界意識中的"北海"和"西海"」, 『史學月刊』 2015년 제3기.

8.　梁海萍, 「漢魏史籍中條支國所臨"西海"釋證」, 『西安電子科技大學學報(社會科學版)』, 2007年02期.
　　王元林, 「古代早期的中國南海與西海的地理槪念」, 『西域研究』, 2006(01).
　　餘太山, 「裴矩『西域圖記』所見敦煌至西海的"三道"」, 『西域研究』, 2005(04).
　　趙玉庭, 「"西海"探微」, 『社科縱橫』, 2002(04).
　　孫家煌, 「"西海"—"地中海"說質疑」, 『湖南師範大學社會科學學報』, 1993(03).
　　王元林, 「兩漢合浦·徐聞與南海絲路的關系」, 『廣西民族研究』, 2004(04).
　　李珍, 藍日勇, 「秦漢時期桂東北地區的交通開發與城市建設」, 『廣西民族研究』, 2001(04).
　　餘天熾, 「秦漢時期嶺南和嶺北的交通擧要」, 『歷史教學問題』, 1984(03).
　　王元林, 李娟, 「歷史上湖南湘江流域水神信仰初探」, 『求索』, 2009(01).
　　王元林, 陳玉霜, 「論嶺南龍母信仰的地域擴展」, 『中國歷史地理論叢』, 2009(04).
　　王元林, 「淺議地理環境對北方,南方陸上絲路及海上絲路的影響」, 『新疆大學學報(哲學社會科學版)』, 2006(06).

어져야 한다.

다음으로는 사해 전체에 대한 사전적 검토를 간단히 진행 한후에 해양에 대한 진출을 살펴보기 위해 사해와 해역이라는 두 부분으로 나누어 살펴보고자 한다. 사해에 비해 해역이라는 것은 관념적 공간이 아니라 실질적인 지리공간을 말한다. 비록 서해와 북해가 실제 바다와 접하지 않았지만, 그들은 바다를 대체할 수역水域을 서해나 북해로 설정하여 여전히 사해의 중심부에 중국을 위치시켜 놓았다. 해역은 다시 역내의 해역에 대한 인식과 역외의 해역에 대한 인식으로 나누어 분석하고자 한다. 역내의 해역이라 함은 그들이 인식하고 있던 사해, 즉 동해, 서해, 북해, 남해에 대한 인식이다. 역외의 해역이라 함은 사해의 외연 즉 해동, 해남을 말한다. 이들이 인식하고 있던 동쪽 해역 너머의 세계를 해동이라고 할 수 있고, 남쪽 해역 너머의 세계를 해남이라고 할 수 있다. 이러한 구분을 통해 이미 인식하고 있던 실질적 공간으로서의 해양과 미지의 공간으로서의 해동, 해남에 대한 인식이 어떤 차이가 있었으며, 그 인식이 시대에 따라 어떻게 변화하였는지, 그 변화된 인식이 중국의 해양 진출에 어떠한 방향성을 제시할 수 있었는지 등의 문제를 살펴 볼 것이다.

2. '사해四海'에 대한 인식의 변화

우선 역사서에 나타나는 관념적 용어로 사용되었던 '사해'의 개념과 실제 지리적 공간으로서의 '해역'이 어떻게 설정되었는지를 살펴보고자 한다. 이를 통해서 관념적 사해의 범주와 실제 인식하였던 사해의 영역이 얼마나 차이가 있는지 확인할 수 있을 것이다.

고대 중국인들이 인식한 바다는 여러 개의 하천의 물을 받아들이는 천지였다. 『설문해자』에 '해'에 대한 기록을 보면 "하늘의 못이다. 모든 하천을 받아들인다(天池也, 以納百川者)"라고 했다. 또 『시경詩經』소아小雅 · 면수沔水에서는 "넘실넘실 흐르는 물, 바다로 흘러가네(沔彼流水, 朝宗於海)"라고 하였고 『회남자淮南子』 범론훈氾論訓에서는 "모든 하천이 근원은 다르지만 모두 바다로 돌아간다(百川異源, 皆歸於海)."라고 하였다. 고대 전적에서 말하는 해는 이와 같이 모든 하천을 받아들이는 커다란 못이었다.

또한 고대 중국인들에게 사해四海란 이적夷狄들의 거주지로 중국과 구별되는 영역이었다. 중화사상의 입장에서 사해는 이족들의 거주지로 불가근의 지역이었지만 현실 정치에서는 중국이 관리하지 않을 수 없는 변경이었다. '사해'에 대한 관념적 공간으로서의 인식이 '해역海域'이라는 지리적 공간에 대한 인식으로 바뀌어야만 실질적인 관리가 가능해진다.

1) 관념 공간으로서의 '사해四海'

중국인들에게 '사해'는 일찍이 중국 밖의 세계라는 의미로 사용된 개념이었다. 우공禹公이 "구천九川를 터 놓아 사해에 도달하였다"[9]는 말에서 알 수 있듯이 중국의 내부를 경영하고 도달할 수 있는 사방의 경계 너머가 바로 사해였다.

「우공구주도」에서 확인할 수 있듯이 우공이 파악한 九州 너머의 사방 공간을 모두 물결이 일렁이는 바다로 표현하고 있다. 실제 세상의 경계

---

9.   予決九川, 距四海. 『尙書』 益稷.

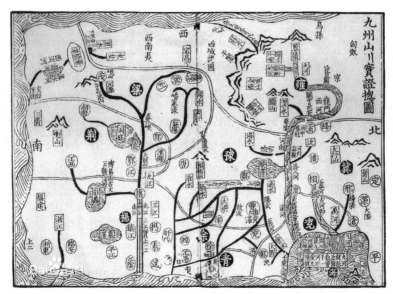

우공구주실증총도

를 일일이 확인할 수 없었던 고대사회에서는 상상의 변경을 사해라고 생각할 수도 있을 것이다. 하지만 중국 밖인 사방의 사정을 자세히 목격한 이후에도 사해에 대한 관념적 인식은 없어지지 않았다. 오히려 자기중심적인 사고를 더욱 고착시켜서 중국을 세계의 중심이며 문명지역으로, 사해를 변두리지역이며, 비문명지역으로 양분하여 인식하였다. 그리고 이 비문명지역인 사해를 중국인들이 적극적으로 교화해야 하는 대상으로 등장시켰다.

"문명을 사해에 펴시고 공경히 帝舜을 받드셨다."[10]

10.　日若稽古大禹, 文命敷於四海, 祗承於帝.「尙書」大禹謨.

"구이, 팔적, 칠융, 육만을 일컬어 사해라고 한다."[11]

『상서尚書』대우모大禹謨에서 사해는 문명, 즉 성인의 교화가 베풀어지는 곳이었다. 이곳은 『이아爾雅』석지釋地에서 말한 사해의 범주로서 구이와 팔적, 칠융과 육만이 사는 지역이었다. 『상서尚書』와 『이아爾雅』가 엮여지던 시기에 만들어진 다분히 관념화된 세계인식을 보여주는 대목으로, 사해가 이족들이 사는 비 문명지역으로 구분되어 있다. 구이, 팔적, 칠융, 육만이라는 명칭 자체가 이미 형식화된 인식의 단면을 보여준다. 이러한 인식은 한대漢代에 들어와 보다 구체적인 민족명을 띠며 나타난다. 『사기史記』에서는

"남으로 교지, 북발을 위무하고, 서로는 융, 석지, 거수, 저, 강을 위무하고, 북으로 산융, 발, 식신을 위무하고, 동으로 장, 오이를 위무하니, 사해의 안이 모두 제순의 공을 받든 것이다."[12]

"천자는 이미 대완과 대하, 안식과 같은 무리들이 대국이라는 사실을 들었다. …중략… 또한 진심을 다해서 의로움으로 그들을 귀속케 한다면 영토를 만 리나 넓힐 수 있을 것이며, 거듭 통역하여 풍속이 다른 자들을 오게 한다면 큰 덕이 사해에 두루 미칠 것이다."[13]

---

11. 九夷·八狄·七戎·六蠻, 謂之四海.『爾雅』釋地.
12. 南撫交阯·北發; 西, 戎·析枝·渠廋·氐·羌; 北, 山戎·發·息愼; 東, 長·鳥夷. 四海之內, 咸戴帝舜之功.『史記』권1, 五帝本紀.
13. 天子既聞大宛及大夏·安息之屬皆大國 …중략… 且誠得而以義屬之, 則廣地萬里, 重九譯, 致殊俗, 威德偏於四海.『史記』권123, 大宛列傳.

이처럼 『사기史記』에서 말하는 사해는 다양한 이민족들이 사는 곳이다. 반면 사해의 안은 예가 행해지는 문명의 공간이며, 천자가 통치하는 곳으로 구분된다. 천자의 통치는 중국 내에 그치지 않고 그 너머의 공간 사해까지 미치게 되는데, 그것은 천자의 권리이며, 의무로 여겨졌다. 그래서 천자의 교화가 이루어지면 사해도 중국처럼 예를 알고 이를 지키는 문명의 지역으로 발전하게 된다는 것이다.

> 부자간이 친해지고 장유의 순서가 분명하게 되어 사해의 안에서 공경하
> 게 된다. 천자가 이와 같으니 즉 예가 행해진다.[14]

> 이 세상에는 예악이 있고, 저 세상에는 귀신이 있으니 이와 같은 일로
> 사해의 안이 서로 공경하며 서로 사랑한다.[15]

위의 기사처럼 예가 적용되는 범주는 천자가 통치하는 사해 안에 머물게 된다. 그러나 그것에 그치는 것이 아니라 사해 안의 예교는 곧 사해에까지 미치는 것을 목표로 하고 있다. 천자의 덕교는 사해에서만 행해지는 것이 아니라 혹은 사해 밖의 절역까지 그 대상으로 하고 있다.

> 秦이 三晉과, 燕, 代의 지역을 병탄하자 황하와 화산의 남쪽이 중국이
> 되었다. 중국은 사해의 안쪽 동남에 있느니 陽氣의 지역이다.[16]

14.　合父子之親, 明長幼之序, 以敬四海之內. 天子如此, 則禮行矣. 『史記』 권24, 樂書.

15.　明則有禮樂, 幽則有鬼神, 如此則四海之內合敬同愛矣. 『史記』 권24, 樂書.

16.　及秦并吞三晉·燕·代, 自河山以南者中國. 中國於 四海 內則在東南. 『史記』 권27, 天官書.

위의 기사에서는 진秦의 통일로 삼진三晉지역과 연燕, 대代지역을 병
탄 한 후 황하黃河와 화산華山의 남쪽부터 중국이 되었으므로 중국은 세
계의 동남쪽을 차지하게 되었다고 한다. 고대 중국인들은 자신들이 거
주하는 지역이 세계의 중심이라는 중화의 개념을 만들어냈지만 실질적
인 공간에 대한 인식에 의해서 중국은 반드시 세계의 중심이 아닐 수도
있다는 것을 이미 인식하고 있었다고 생각된다. 하지만 중국인들은 의
식적으로 중국 천자의 통치지역을 확대하여 설정하였고, 내내 그 천하
에 대한 통치 욕망을 '교화'나 '덕치'를 핑계로 꾸며댔다. 아래의 『한서』
의 기록은 중국인들이 현실의 세계에서는 불가능한 천하의 지배를 어
떻게 그럴듯하게 꾸며댔는지 잘 보여준다.

> 신이 들으니 천자의 군사는 정벌하여도 싸우지 않으니 감히 견줄 것이
> 없다는 말이 있습니다. 만일 월인들이 죽음 앞에서 요행을 바라며 전투
> 하는 전열을 거꾸로 돌리고, 천한 노역을 하는 병졸들은 방비하지 않고
> 귀부하는 경우라면, 비록 월왕의 머리를 얻었다 한들 신은 오히려 대 漢
> 나라의 수치라고 생각합니다. 폐하는 사해를 경계로 삼고 구주를 집으
> 로 삼으며 팔소 동산으로 삼고, 강해를 연못으로 삼았으니 살아 있는 민
> 들은 모두 신첩이 되는 것입니다.[17]

천하의 지배는 당연한 것이니 정벌에 의한 지배는 수치스러운 것이
고, 오직 천자의 덕에 의한 교화가 마땅하다는 것이다. 이렇듯 중국은
중국과 사방, 사해에 대한 지배를 꿈꾸어왔다.

---

17. 臣聞天子之兵有征而無戰, 言莫敢(挍)[校]也. 如使越人蒙(死)徼幸以逆執事之顏行, 廝輿之
     卒有一不備而歸者, 雖得越王之首, 臣猶竊為大漢羞之. 陛下以四海 為境, 九州為家, 八(蔬)
     [藪]為囿, 江(海)[漢]為池, 生民之屬皆為臣妾. 『漢書』 권70, 嚴助傳.

중국인들의 지리공간에 대한 체험이 쌓이면서 관념적 공간으로서의 중국, 사해라는 개념도 실질적 공간 개념으로 전환되었다. 『산해경』[18] 이 쓰여진 시기에 이르면 사해에 대한 인식도 보다 구체적으로 자리잡는다. 사해를 뭉뚱그려 인식하는 차원이 아니라 동서남북의 해를 따로따로 인식하며 구체적인 지리 공간적 개념으로 설명한다. 『산해경』에서 동해라는 말은 7차례, 남해, 서해, 북해의 경우는 5차례에 걸쳐서 나온다.[19] 그런데 중국의 지리 위치상 동쪽과 남쪽 두 해역은 있지만, 서쪽과 북쪽은 내륙이다. 『산해경』에서 말하는 동해는 지금의 동부 해역 즉 발해, 황해, 동해를 아울러 말하는 것이고, 남해는 지금의 남해를 말한다. 서쪽과 북쪽의 경우는 크고 작은 내륙의 호湖를 기원으로 삼았을 것으로 보인다. 그리하여 해역이 없더라도 중국이 사해를 둘러싸고 있다는 생각을 버리지 않았다.

이후 사해는 이족의 거주지라고 생각했던 상고시대보다 더욱 더 관념적인 공간 즉 세계나 세상이라는 말의 다른 표현으로 줄곧 사용되어 왔다. 후한보다 더 후기에 저술된 『위서』의 기록에서 사해는

> 짐이 이미 사해로써 일가를 삼았으니 혹은 남쪽으로 혹은 북쪽으로 느리고 빠르게 움직여 일정하지 않았다. 남쪽으로 이주한 민들은 짐이 스스로 창고에 쌓아 두었으니 궁핍하게 하지 말라.[20]

---

18. 『山海經』은 전국시대 중 후기에서 한대 초 중기 사이에 저술된 책으로 전설이나 설화 등을 담고 있다.
19. 조옥정, 앞글, 51쪽.
20. 朕旣以四海爲家, 或南或北, 遲速無常. 南移之民, 朕自多積倉儲, 不令窘乏. 『魏書』 권92, 神元平文諸帝子孫列傳.

라고 하여 이미 사해가 중국의 영역 안으로 편입되어 있던 것으로 상상
하였다. 그 밖에도 수많은 사서에서 사해는 그저 세상을 일컫는 상투어
로도 사용되었다. 〈표 1〉에서 그 사실을 확인할 수 있다.

사해라는 개념이 점차 상징적인 공간을 말하는 것으로 사용되었던
것처럼, 동해, 서해, 북해, 남해도 각기 다른 경로를 거쳐 오늘날의 개
념으로 사용되었다. 고유 지역을 가리키는 명사로서의 각 해역의 칭호
는 여전히 관념적 공간을 지칭하는 용어로 사용되기도 하고 실제 해역
을 가리키는 용어로 사용된다.

사방 해역 중에서도 북해, 서해라는 공간은 실제 해역이 아니다. 사
실상 바다와 접하지 않은 북해와 서해는 관념적 공간에 해당한다. 중국
인들이 해역을 말할 때 반드시 바다를 상정한 것은 아니었다. 그들은
중국으로부터 멀어 절역絶遠의 지역이라면 그곳을 사방의 경계 즉 海에
도달하는 곳으로 보았던 것이다.[21] 맹자는 백이와 숙제가 주왕을 피해
머물던 곳을 '북해의 물가'라고 하였다. 사람들이 찾을 수 없는 고립된
절역을 적절히 표현한 것이다.

> 또 맹자가 말하였다. "백이와 숙제는 주왕을 피하여 북해의 물가에 거처
> 하였다."[22]

한대漢代에 들어오면 반드시 바다는 아니더라도 물을 만나는 곳 그곳
을 해역이라고 인식하였다. 『사기史記』 대완열전大宛列傳에는 엄채의 지
역에 대해서 다음과 같이 기록하고 있다.

---

21. 北海則有走馬吠犬焉, 然而中國得而畜使之. 楊倞注 : "海謂荒晦絶遠之地, 不必至海水也."
     『荀子』王制.
22. 又孟子云 : 夷·齊避紂, 居北海之濱. 『孟子』離婁上.

"엄채... 큰 못에 임해 있고 기슭이 없으니 대개 이곳을 北海라고 말한다."[23]

즉 큰 물가를 비로소 북해의 경계로 인식하고 있는 것이다. 또 이 대목에서는 엄채의 지역이 당시 북해의 경계지역이었음도 알 수 있다. 관념상의 공간이거나 구체적인 구역을 지칭하지 않던 북해라는 명칭은 점차 구체적인 지역명, 행정구역의 명칭으로 사용되었다. 전한 무제시기에 북해태수라는 존재가 있었던 것으로 보아 이미 이때에 북해군이 설치되었음을 알 수 있다.[24] 후한대에 들어와서 북해는 하나의 제후국의 명칭을 얻게 된다.

서경의 13(9)국을 줄이고 병합하였다. 광평은 거록에 속하게 하였고, 진정은 상산에 속하게 하였으며, 성양은 낭야에 속하게 하였으며, 사수는 광릉에 속하게 하였고 치천은 고밀에 속하게 하였고, 교동은 북해에 속하게 하였으며 육안은 노강에 속하게 하였고, 광양은 상곡에 속하게 하였다.[25]

북해는 북해왕北海王이 세워져 제후국이 되었다. 주석에 의하면 북해국은 본래 군郡이었으며, 지금의 청주현青州縣이라고 하였다. 이 지역에

---

23. 奄蔡在康居西北可二千里, 行國, 與康居大同俗. 控弦者十餘萬. 臨大澤, 無崖, 蓋乃北海云. 『史記』권123 大宛列傳.

24. 武帝時, 徵北海太守詣行在所. 有文學卒史王先生者, 自請與太守俱, 「吾有益於君」, 君許之. 『史記』권126 滑稽列傳.

25. 省幷西京十三國 : 廣平屬鉅鹿, 眞定屬常山, 河閒屬信都, 城陽屬琅邪, 泗水屬廣陵, 淄川屬高密, 膠東屬 北海, 六安屬廬江, 廣陽屬上谷. 『後漢書』권1 光武帝本紀.

제후왕을 임명하는 것은 진대晋代에도 계속되었다. 이제부터 북해는 하나의 구체적인 공간의 지명으로 기록되기 시작한다.

중국이 남북으로 분열되었던 남제南齊시기에도 북해는 군으로 여전히 기록되어 있다.[26] 북해를 군으로 혹은 제후왕의 왕국으로 설치하던 관행은 남조의 梁에서도 계속되었다.

북해는 막연한 북쪽의 가장자리가 아니라 명확한 구역을 가지는 구체적인 지역으로 자리잡게 되었던 것이다. 그곳이 海가 아니어도 문제되지 않는 것은 본래 북해라는 개념이 북쪽의 끝이라는 인식에서 출발하였기 때문일 것이다.

西海의 경우는 더욱 전설상의 관념적 공간으로 인식되어 왔다.

"갈 길이 부주산을 지나 왼쪽으로 돌아드니, 서해를 가리키며 만날 날을 기약하리라."[27]

전국시대의 서해는 강족의 거주지로 인식되고 있던 지역이다. 본래 비익조가 이르는 곳이라는 상상의 공간이었던 서해가 구체적인 공간으로 등장한 것은 전한시대다.

일국을 뿌리 뽑았으나 천하가 이를 난폭하게 여기지 않았고 서해에 이로움이 많다고 여겼다.[28]

---

26. 北海郡(都昌宋鬱縣, 建元改用漢名也. 「南齊書」 권14 州郡志上 青州 北海郡.

27. 路不周以左轉兮, 指西海以爲期. 「楚辭」 離騷.

28. 拔一國而天下不以爲暴, 利盡西海. [索隱]西海謂蜀川也. 海者珍藏所聚生, 猶謂秦中爲「陸海」然也. 其實西亦有海也. [正義]海之言晦也, 西夷晦昧無知, 故言海也. 言利盡西方羌戎.

당의 사마정이 주석한 색은索隱에 의하면 이때의 서해는 촉의 하천이다. 더욱이 해에서는 진귀한 물건이 생겨 자란다고 하였으니 서해에 대한 신비한 생각이 많아진 까닭이다. 그러다 전한 말기에 이르러 서해군이라는 명칭이 처음으로 행정구역 명칭으로 사용되었다.

서해군을 설치하고 천하에 법을 어긴 자들을 그곳에 옮겨 거주하게 하였다.[29]

처음으로 서해군을 설치하고 천하의 범법자를 이주시켰다는 내용이다. '서해'는 이전부터 적지 않은 사람들이 살며 왕래하였던 곳이었다. 초사楚辭의 노래 속에 서해는 아득한 먼 곳이었지만, 한대 장건張騫이 서역을 개척한 이후 이곳은 실제의 공간이었다. 하지만 반드시 바다의 경계를 염두에 두었던 것은 아니다. 장건은 사막을 건너 서해에 도달하였다는 것이며 서쪽 먼 이역 땅에 도달하였다는 것이다.[30] 한대 이후로도 중국인들에게 서해는 서역의 땅, 혹은 청해青海를 가리키는 말이었다. 그들에게는 '海'의 속성이 중요한 것이 아니라 '서방西方'의 경계라는 개념이 중시되었던 것이다.

서해의 경우는 전한대에 이미 하나의 군의 명칭으로 등장하고 있다. 서해는 대체로 청해호를 일컫는 것으로 보이는데 한무제가 호강교위를 설치하였을 때 "강족은 이에 우묵한 땅 가운데로 가서 서해를 의지

『史記』卷70 張儀列傳.

29. 置西海郡, 徙天下犯禁者處之. 『漢書』卷12 平帝本紀 元始四年.

30. 賴天之靈, 從沂河山, 涉流沙, 通西海, 山雪不積, 士大夫徑度, 獲王首虜, 珍怪之物畢陳於闕. 『漢書·張騫傳』.

하였으니 좌우에 염지가 있었다"[31]라고 하고 이곳에서 발전하였다고
한다.

옛 서해군을 정비하여 금성서부도위로 하여금 이를 지키게 하였다.[32]

서해군을 정비하여 금성서부도위에게 지키게 하였다는 기사인데, 이
서해군은 이미 전한 평제시기에 새외의 강羌이 헌상하였던 땅이었다는
주석이 달려 있다. 후한 말 헌제 건안 말기에는 거연해 근방의 거연현
에 이르렀고, 여기에 서해군을 세워 이 거연해를 서해로 삼았다. 『진서
晋書』 지리지에서는 서해군이 본래 장액군에 속해 있다가 한 헌제 흥평
2년(195) 서해군으로 변경되었으며, 그 위치가 거연택의 동남에 있으며,
이곳이 『상서尙書』에서 말하는 流沙라고 하였다.[33] 이 군은 북위시대에
폐지되었다.

수나라 대업 5년(609)에는 지금의 청해호 동남의 복모성에 서해군을
설치하여 청해호 부근 서쪽의 청해성 이외의 땅을 할애하였다가 수말
에 폐지하였다. 그러니까 서해는 진의 통일 시기부터 꾸준히 여러 왕조
들에 의해서 서쪽의 변경이었고, 그 지역에 설치되는 행정구역의 명칭
이 되어 왔던 것이다. 그곳에 해역이 있든 없든 상관없이 중국인들은
사방의 가장자리에 바다를 상상하였던 그 때의 관념을 그대로 계승하
여 서쪽의 경계에 서해를 자리잡아 놓은 것이다. '서해'는 이후에도 꾸
준히 사서에 등장한다.

---

31.   羌乃去湟中, 依西海, 鹽地左右. 『後漢書』 권87 西羌傳.

32.   繕修故西海郡, 從金城西部都尉以戌之. 『後漢書』 卷10 孝和孝殤帝紀.

33.   西海郡, 故屬張掖, 漢獻帝興平二年, 武威太守張雅請置. 統縣一, 戶二千五百. 居延澤在東
       南, 尚書所謂流沙也. 『晉書』 卷14 地理上 涼州 西海郡(434쪽).

사해와 더불어 북해나 서해는 관념적 공간으로서의 의미가 큰 것이 사실이었지만, 사해의 개념이 시간이 지나도 더욱 관념적 공간으로 자리잡거나 세계, 혹은 세상이라는 말로 전환되었던 것과 달리 북해나 서해는 구체적인 지역을 차지하는 지명으로 자리잡는다. 세계의 중심으로서 위치하고자 하였던 중국의 입장에서는 동서남북의 사방을 확정하고 그 중앙에 위치하는 중국의 위상이 무엇보다 중요하였고 이 때문에 실질적인 해역의 존재여부와 상관없이 북해나 서해지역을 구상하였던 것으로 생각되는 것이다.

2) 실제 공간으로서의 '사해四海'

사해에 대한 인식이 관념적 공간만으로 인식되었던 것은 아니다. 구체적인 경계를 가진 공간으로 설명되기도 했다. 『상서』와 『산해경』에서는 해내와 해외를 구주九州와 오복五服으로 나누어 설명하고 있다. 구주는 기주冀州, 연주兗州, 청주靑州, 서주徐州, 양주揚州, 형주荊州, 예주豫州, 양주梁州, 옹주雍州를 말하는 것이고 오복은 전복甸服, 후복侯服, 수복綏服, 요복要服, 황복荒服을 말한다. 그리고 구주를 언급하던 당시, 이상적 행정구역의 외연을 사해라고 보았던 것이다.

제나라의 추연은 대구주라는 개념을 만들어 냈다. 중국은 전현신주赤縣神州라 하고 적현신주 내에 9개의 주가 있는데 그것이 우공 때의 구주라는 것이다.

『순자荀子』 왕제王制에서는

북해에는 달리는 말과 짖는 개가 있으니 중국이 이를 얻어 길러서 부리었다. 남해에는 깃털과 상아와 소가죽, 파란돌과 붉은 뿌리가 있으니 중

국은 이를 얻어 재물로 삼았다. 동해에는 자색 소금이 있으니 중국은 이
를 얻어 의식으로 삼았다. 서해에는 가죽과 무늬 있는 깃털이 있으니 중
국은 이를 얻어 재용으로 삼았다.[34]

라고 하여 동서남북의 지역에서 필요한 물자를 공급한다고 인식하였
고, 이로써 중국의 풍요로운 생활은 보장될 수 있었다. 이러한 인식이
야말로 중국이 사방으로 세력을 유지해야 하는 실질적이고 근본적인
원인이 될 것이다. 사방에서 나오는 여러 물자는 중국의 문명 탄생과
발전에 큰 이로움을 주는 것이었으며, 이때문이라도 중국은 사방으로
의 진출을 꾀하지 않을 수 없었던 것이다. 그것이 구체적인 역사의 과
정에서는 사해로의 진출로 나타난다.

먼저, 각 시대별 사서에 나타나는 해역 관련 용어들의 출현 횟수를
확인해 보자. 빈도를 확인할 용어는 '사해', '동해', '서해', '남해', '북해',
'해동', '해외' 등이다. 우선 '사해'의 경우는 중국을 제외한 외부세계에
대한 인식을 보여주는 용어로써 시기에 따라 어떤 의미로 어떤 경우에
주로 사용되었는지 살펴볼 수 있다. '동해', '서해', '남해', '북해'의 각 시
기별 해역의 언급 빈도를 확인할 수 있게 되면 이를 통해서 각 시기에
가장 관심을 두었던 해역을 확인할 수 있고, 이것은 곧 당시의 중국이
밖의 세계를 향한 방향성을 보여주는 것이 될 것이다.

---

34. 北海則有走馬吠犬焉 然而中國得而畜使之, 南海則有羽翮·齒革·曾青·丹幹焉 然而中國
得而財之, 東海則有紫魚鹽焉 然而中國得而衣食之, 西海則有皮革·文旄焉, 然而中國得而
用之.「荀子」王制.

	東海	西海	南海	北海	四海	합계
史記	44	8	15	24	29	120
漢書	64	7	15	28	42	156
後漢書	76	13	23	55	51	218
三國志	22	4	15	25	63	129
晋書	40	8	20	14	146	228
宋書	55	3	17	18	84	177
南齊書	32	1	4	3	22	62
梁書	15	2	3	3	22	45
陳書	8		7		15	30
魏書	26	4	4	26	74	134
隋書	18	9	14	12	71	124
舊唐書	15	10	34	15	125	199
新唐書	22	16	24	27	66	155
北史	18	9	10	32	55	124
南史	50	3	18	8	27	106
北齊書	3		3	2	7	15
周書	4	1		2	16	23
합계	512	98	226	294	915	2045

여전히 관념적 공간으로 남아 있게 되는 서해, 북해에 비해 동해, 남해는 실지적인 공간으로서 인식되었고, 이에 따른 적극적인 진출이나 관리 등등의 정책도 추진되어 왔으며 당대 후반 이후 중국의 주된 해외 무역로로 활용되어 왔다.

동해의 경우 그 범주는 시대에 따라 조금씩 차이가 있었다. 선진시

---

35. 중국정사(중화서국 표점본) 중에서 검색하여 얻은 수치로 작성하였다.

대에는 주로 황해를 가리켰고, 진한 이후에는 황해와 동해를 동시에 가리키는 것이었으며, 명대 이후에야 비로소 지금의 동해 전체를 말하는 것으로 지금의 동해해역은 북으로 장강구의 북안에서부터 광동성 남쪽 섬들에서 대만까지 이어지는 경계 일대를 말할 뿐 아니라 동으로 류큐 군도까지를 아우르는 광범위한 영역을 말한다. 여기에 동해가 황해와 동해를 동시에 가리키는 것으로 본다면 압록강 하구부터 동으로 제주도 인근까지를 포함하는 황해의 범주가 더해져 동해는 그야말로 중국 대륙이 동쪽으로 면해 있는 전 해역을 포괄한다.

남해 역시 현재는 실지의 공간이지만 『상서』 우공편에서의 남해는 지금의 남해가 아닌 관념의 공간, 만이蠻夷의 공간이었다.

흑수를 따라 三危에 이르러 남해로 들어간다.[36]

고 하였으니 '삼위'는 남쪽의 산으로 산을 넘어 절원의 지역 남해로 들어간다고 인식하였던 것이다. 전국 말 진시황의 시기에는 남해를 실질적으로 인식하였다.

회계에 올라 우임금에게 제사하고 남해를 바라보았으며 석각을 세워 진의 덕을 찬송하였다.[37]

진시황의 사례에서 알 수 있듯이 실질적인 남쪽의 경계를 확인한 시기는 대체로 秦이 영역확대를 통해 남쪽에 도달하였던 때였다. 동해나 남해는

---

36.   導黑水至於三危, 入於南海. 孔傳 : "黑水自北而南, 經三危, 過梁州入南海." 『尙書』 禹貢.

37.   上會稽, 祭大禹, 望於南海, 而立石刻頌秦德. 『史記』 秦始皇本紀.

중국인들이 실제로 확인할 수 있는 해역의 경계였으므로 과거 관념의 공간이었던 사해가 실제의 지리 공간으로 인식될 수 있었던 것이다.

〈표 1〉에서 확인할 수 있듯이 『산해경』 중의 동해와 북해에 대해서는 "東海之內, 北海之隅, 有國名朝鮮"이라는 대목이 있다. 이에 대해 『산해경교주』에 있는 곽박郭璞의 주에서는 "朝鮮今樂浪郡"이라고 했으니 이것으로 조옥정은 동해는 지금의 황해를, 북해는 지금의 발해를 가리킨다고 보았다.[38] 조옥정은 여기서 '동해지내'라고 하고 이것은 동해의 북면을 말하는 것이니, '서해지내'의 경우도 서해의 북면을 가리키는 것으로 보아야 하며, 이렇게 볼 때 서해는 지금 청해성 내의 청해호를 가리키는 것으로 보아야 한다고 지적하였다. 청해호는 중국의 고대 전적에서 일찍이 서해를 가리키는 것으로 서술되었음을 밝히고 있다.

그런데 사마천의 『사기』에서는 서해가 반드시 청해호를 가리키는 것이 아니다. 사마천은

진무공 즉위 9년에 제환공이 이미 패자가 되어 규구에서 제후들을 모아 봉선하고자 하였다. 관중이 말하기를 "옛날에는 태산에서 봉제사하고 양보에서 선제사한 자가 72가였는데 …중략… 동해에는 비목어가 이르고 서해에는 비익조가 이른 후에는 사물이 부르지 않아도 스스로 이른 것이 십에 다섯이 되었습니다. 지금은 봉황도 기린도 이르지 않았고 곡식도 자라지 않았고 쑥과 강아지풀만 무성하고 올빼미만 자꾸 오는데도 봉선을 하고자 하니 불가하지 않겠습니까?"라고 하였다. 이에 환공이

---

38. 趙玉庭, 앞글, 51쪽.

그만두었다.[39]

　제 환공이 패자가 된 후 자만하여 봉선을 하고자 하여 관중에게 넌지시 봉선에 대해 물어 보았을 때 관중은 환공을 만류하며 "동해에는 비목어가, 서해에는 비익조가 이른 연후에 스스로 이르는 자가 열 중의 다섯은 된다"고 하였다. 이때 동해나 서해는 상상의 절역처럼 묘사되었다. 태평성대가 되기 위해서는 이러한 곳에서 상징적인 징조들이 나타난다는 것이다.

　또 『사기』의 다른 곳에서 서해는 이족들이 사는 곳이었다. 대원이 있는 곳의 물은 모두 서쪽으로 흘러 서해로 들어간다고 하였다.

　　대원은 흉노의 서남쪽으로 한의 정 서쪽에 있으며 한으로부터의 거리는 만 리나 된다. 그 풍속은 토착하여 살며 밭을 가는데 쌀이나 보리를 심는다. 포도주가 있다. 좋은 말이 많은데 혈한마로 그 선조는 천마의 후손이다. 성곽과 옥실이 있으며 그 속읍은 크고 작은 것이 70여 개의 성이며 무리는 수십만을 헤아린다. …중략… 우전의 서쪽 물은 서쪽으로 흘러 서해로 들어간다. 동쪽 물은 동으로 흘러 염택으로 들어간다.[40]

39.　秦繆公卽位九年, 齊桓公旣霸, 會諸侯於葵丘, 而欲封禪. 管仲曰: 「古者封泰山禪梁父者七十二家, 而夷吾所記者十有二焉. …중략…. 東海致比目之魚, 西海致比翼之鳥, 然后物有不召而自至者十有五焉. 今鳳皇麒麟不來, 嘉穀不生, 而蓬蒿藜莠茂, 鴟梟數至, 而欲封禪, 毋乃不可乎?」 於是桓公乃止. 是歲, 秦繆公內晉君夷吾. 其後三置晉國之君, 平其亂. 繆公立三十九年而卒. 『史記』 권28 封禪書.

40.　大宛在匈奴西南, 在漢正西, 去漢可萬里. 其俗土著, 耕田, 田稻麥. 有蒲陶酒. 多善馬, 馬汗血, 其先天馬子也. 有城郭屋室. 其屬邑大小七十餘城, 衆可數十萬. …중략… 于窴之西, 則水皆西流, 注西海; 其東水東流, 注鹽澤. 『史記』 권123 大宛列傳.

조지條枝라는 곳도 안식의 서쪽으로 수 천리에 있어 서해와 닿아 있다고 했다.[41] 또 이곳에 서왕모가 있다고 하였으니 역시 이때의 서해 는 상상의 공간에 가깝다고 하겠다. 과거 지리상의 공간 개념이 명확하 지 않았고, 지리공간을 다 알지 못했을 때 막연히 서쪽의 가장자리를 상상하고 이러한 상징의 공간으로 상정하였을 가능성은 충분하다. 하 지만 문제가 되는 것은 이때의 상상의 공간이 현재의 특정 지역을 지칭 하였던 것으로 믿어지고 있는 현상이다. 이미 고대인들이 현재와 같은 지리공간을 인식하고 있었으며, 정확한 지리인식을 통해 서해를 파악 하고 있었다고 보는 사람들도 있다.

최근 들어서는 심심치 않게 서해를 지중해로 보는 견해들이 나오 고 있는데 이러한 경우가 바로 여기에 해당한다. 풍승균馮承鈞의 『서역 지명西域地名』이나, 『사해辭海』에서도 서해를 지중해 혹은 이란 서남부 로 보고 있거나, 魏嵩山 편 『中國歷史地名大辭典』에서는 지금의 페르시 아만(波斯灣), 홍해紅海, 아라비아해(阿拉伯海) 및 인도양 서북부로 보기도 한다.[42] 이러한 견해들은 현재 중국이 추진하고 있는 영역의 확대와 해 양진출 의도와 무관하지 않아 보인다.

『북사』돌궐전에서는 돌궐이 서해의 우측에 있다고 기록하였다.[43] 『수 서』돌궐전 역시 그 선조들의 나라가 서해의 위에 있다고 기록하였다.[44] 수왕조 시기의 裵矩는 『서역도기』3권을 저술하였다고 전하는데 그 책

---

41. 條枝在安息西數千里, 臨西海, 暑溼. 耕田, 田稻. 有大鳥, 卵如甕. 人衆甚多, 往往有小君 長, 而安息役屬之, 以為外國. 國善眩. 安息長老傳聞條枝有弱水·西王母, 而未嘗見. 『史記』 권123 大宛列傳.

42. 趙玉庭, 앞글, 52쪽.

43. 突厥者, 其先居西海 之右, 獨為部落, 蓋匈奴之別種也. 『北史』 卷99 突厥傳.

44. 或云, 其先國於西海之上, 為鄰國所滅, 男女無少長盡殺之. 『隋書』 卷84 北狄 突厥.

은 지금 전해지지 않지만 배구가 쓴 글의 서문은 그의 열전에 남아 있다. 이 글에서 배구는 실크로드의 세가지 길에 대해서 서술하였는데 이 세가지 길이 모두 서해와 관련되어 있다. 세 길 중 북도는 지중해로, 중도는 페르시아만으로 남도는 인도양으로 간다.[45]

이처럼 중국이 관심을 기울였던 해역은 시대에 따라 달랐다. 시대에 따른 변화의 추이는 역사서 상 나타난 사해에 대한 기록을 통해서 계량적으로 확인해 볼 수 있다. 사료의 빈도라는 것은 집필자의 의도에 따라 달라질 수 있는 것이긴 해도, 기본적으로 자주 언급되었다는 것은 그만큼 밀접한 관계에 있었다는 것을 방증하는 것이기도 하다.

남해의 경우는 실제 해역이 있어 실제적인 인식이라고 할 수 있으나 어느 해역을 남해로 볼 것인가는 시기마다 지역마다 차이가 있었다. 남해는 남방의 해를 가리키기도 했지만, 동해를 가리키기도 했고, 지금의 남해를 가리키기도 했다. 비교적 이른 시기인 서주시대만 해도 남해는 지금의 동해를 말하는 것이었다. 『시경詩經』 대아大雅 강한江漢조에서 회이의 거주지를 남해라고 하였으니[46] 그때 남해라고 인식한 것은 서주인들의 입장에서 남해를 말하는 것이고 그곳은 지금의 회수 중하류 지역인 동해가 되는 것이다.

그런데 이미 진시황이 중국을 통일하였던 시기에 남해는 광동 중남부였다. 진시황이 여기에 남해현을 설치하였던 것이다. 漢代에도 이곳에 남해군이 설치되었다. 위진남북조에서 수왕조 시기까지는 폐지되었다가 당대에 들어와서 번주番州와 광주廣州를 나누어 남해군을 두었고, 남해현이나 남해군이라는 명칭을 얻게 된 것은 그 지역이 남쪽 해

---

45.   趙玉庭, 53쪽. 3개 도로의 경유지 등을 정리한 자세한 표를 제공하고 있다.
46.   于疆于理, 至于南海.『詩經』大雅 江漢.

안에 있던 것에서 연유한 것이다. 한대 이후 남해의 칭호는 '장해漲海'라고 불리기도 했다. 『초학기初學記』, 『후한서後漢書』, 『외국잡전外國雜傳』 등에서 또는 삼국시대 오나라의 만진萬震가 쓴 『남주이물지南州異物志』에서도 창해라는 명칭이 사용되고 있다.[47]

이후 남해는 동남아 일대의 해역은 물론 심지어는 인도양의 해역이나 지중해역까지도 이른다고 보고 있다. 당 함통년간(860~873년)에 남조南詔가 남해만과 결탁하여 촉군을 노략질했다고 했는데 이 때 남해만은 운남 남부 및 동남아의 미얀마와 라오스 북부, 월남 서북부 일대의 민족을 가리킨다.

동서남해의 지역을 어디로 볼 것인가는 당시인들의 지역인식, 세계인식과 관계되어 있는데, 지금 중국에서 이 문제에 관심을 두는 이유는 동해나 남해에서 벌어지고 있는 영해분쟁과 무관하지 않다. 그들은 끊임없이 과거로부터 남해를 지금의 남지나해까지로 상정하고 있었다는 것을 밝히려고 한다.

3. 역내域內의 해역海域과 역외域外의 해역海域

시대에 따라 해역에 대한 인식이 어떻게 변화되어 왔는지를 확인하기 위하여 역사서에 기록되어 있는 각각의 해역에 대한 기록을 찾아보았다. '사해, 동해, 서해, 남해, 북해' 뿐만 아니라 해동, 해외 등의 기록이 어떻게 나타나는지 확인해 보고자 한다.

사해, 동해 서해 남해 북해뿐만 아니라, 해내 혹은 해외의 개념, 혹

47.　王元林, 「古代早期的中國南海與西海的地理槪念」, 『西域硏究』 2006년 제1기, 76쪽.

은 동해 너머의 구역, 남해 너머의 구역에 대한 관념은 어떻게 변해 왔는지 살펴보려는 것이다. 일단 대략적인 추이를 〈표 2〉를 통해서 확인할 수 있다.

〈표 2〉 중국 정사 중 '海域' 개념의 사용 빈도[48]

	海內	海外	海東	海南	합계
史記	40	8	4	4	56
漢書	85	10	3	1	99
後漢書	96	7	7	1	111
三國志	69	6	6	2	83
晋書	68	6	6	3	83
宋書	10	15	2	3	30
南齊書	4	4	2	3	13
梁書	11	4	2	2	19
陳書	7	1		1	9
魏書	25	4	2	3	34
隋書	27	9	4	2	42
舊唐書	82	7	8	5	102
新唐書	53	2	4	7	66
北史	37	4	4	7	52
南史	11	3		3	17
北齊書	5	1		2	8
周書	21				21
합계	614	91	54	49	845

〈표 2〉에서 알 수 있듯이 중국의 사방 경계를 지칭하는 동해, 서해,

---

48.   25사(중화서점 표점본)

남해, 북해라는 지명도 있지만, '동해'와 더불어 '해동'이라는 공간, 또 '남해'와 더불어 '해남'이라는 지명도 나타난다. 흥미로운 것은 동해, 남해라는 명은 동해군, 동해왕 혹은 남해군, 남해왕 등의 이름으로 쓰였지만, 해동군이나 해동왕, 해남군이나 해남왕이라는 이름으로는 쓰이지 않았다. 동쪽 해와, 해의 동쪽 그리고 남쪽 해와 해의 남쪽은 다른 의미로 쓰이고 있었다는 것을 알 수 있다. 이러한 명칭은 각각 어떤 의미를 어떤 영역을 말하는 것이었을까. 각각의 지명들이 다르게 사용되었던 것은 중국이 영외 밖으로 확장하여 갈 때 어떻게 작용하였을까. 다음에서 '동해'와 '해동', '남해'와 '해남'의 용례와 의미를 분석해 볼 수 있다.

1) '동해東海'와 '남해南海'

북해, 서해와 달리 '동해'와 '남해'는 실제 공간으로서의 바다를 말한다. 중국의 확대로 대륙뿐만 아니라 연해지방까지 진출하게 된 중국인들은 자신들 영토의 가장자리에 있는 동쪽바다와 남쪽바다를 눈으로 볼 수 있었다. 중국에 최초의 통일국가 진제국이 건설되자 진의 황제는 중국뿐만 아니라 천하의 지배자로 등장하였다. 당시인들이 인식한 세계란 문명지역이며 사람이 살고 있는 중원과 사방의 비 문명지역, 즉 오랑캐들의 거주지역으로 구성되어 있으며, 이 모든 지역에 대한 유일한 지배권을 중국의 천자가 소유하였다고 인식하였다.

> 육합의 내는 황제의 영토이다. 서쪽으로 사막에 달하고 남으로는 북호
> 에 끝까지 도달하였다. 동으로는 동해가 있고 북으로는 대하를 지난다.
> 사람들의 발길이 이르는 곳이라면 신하가 아닌 자가 없으며, 공덕은 오

제를 덮고 은택은 소나 말에게까지 이르렀으니 덕을 받지 않음이 없어서 각자 집을 편안히 여겼다.[49]

진시황제의 등장으로 황제의 영역은 사해에까지 미루어졌고, 35년에는 동해에 돌을 세워 진의 동문으로 삼았다.[50] 또 진 말에는 동해군이 설치되어 있었던 것을 확인할 수 있다.[51] 관념적이고 추상적인 사해에 대한 지배를 하나하나 실질적인 지배로 바꾸어 나가고 있었음을 알 수 있다.

북해에 대해서는 앞서『순자』왕제편 기록에서도 확인하였지만,『좌전左傳』희공僖公 4년에도

그대는 북해에 거처하고 과인은 남해에 거처하니 오직 바람과 말, 소도 서로 미치지 않습니다.[52]

라고 하여 북해, 남해라는 기록이 나온다. 물론 이 경우 북해나 남해는 북쪽의 끝쪽의 끝이라는 그래서 서로 영향을 주고받을 수 없는 곳에 있다는 표현이었다.『순자』왕제에서의 기록 역시 바다를 말한 것이 아니라 먼 극지를 말하는 것이었다. 북해는 한 경제 중원 2년에 北海郡의

---

49. 六合之內, 皇帝之土. 西涉流沙, 南盡北戶. 東有 東海, 北過大夏. 人迹所至, 無不臣者. 功蓋五帝, 澤及牛馬. 莫不受德, 各安其宇.『史記』권6 秦始皇本紀, 246쪽.

50. 三十五年, 除道, 道九原抵雲陽, 塹山堙谷, 直通之. … 關中計宮三百, 關外四百餘. 於是立石東海上朐界中, 以為秦東門. 因徙三萬家麗邑, 五萬家雲陽, 皆復不事十歲.『史記』권12本紀.

51. 籍已死, 因東定楚地泗(川)[水]·東海郡, 凡得二十二縣. 還守雒陽·櫟陽, 賜與潁(陽)[陰]侯共食鍾.『史記』권57 絳侯周勃世家.

52. 君處北海, 寡人處南海, 唯是風馬牛不相及也.『左傳』僖公4년.

설치로 행정구역 상의 명칭으로 등장한다.[53]

남해는『상서』우공편의 기록과 함께 진시황제 37년 황제가 순행하는 길에 회계에 올라 우임금에게 제사하고 남해를 바라보았다는 기록이 있어 눈에 띤다.[54]

전반적으로 사해라는 기록은 전 사서를 통해 골고루 나왔다. 특히『수서隋書』나『구당서舊唐書』의 경우 압도적으로 사해라는 기록이 많다. 대개의 다른 사서들이 동해, 그리고 그 다음으로 북해에 대한 기록을 많이 보였던 것에 비해『수서』와『구당서』는 달랐다고 볼 수 있다.

동서남북의 해역 중 가장 많은 빈도로 기록된 해역은 당연 동해였다. 그 다음이 북해였으며, 그 다음이 남해, 서해의 순서였다. 동해라는 기록 역시 모든 사서에서 골고루 많이 언급되고 있었다. 특히 동해는『사기』,『한서』,『후한서』등에서 사해보다 많이 언급되었으며, 같은 시기 서해에 대한 언급과 비교해 보면 실제 진출이 가능했던 동해에 대한 관심은 끊임없이 증가하고 있었음도 확인할 수 있다.

또 현실적으로 북해에 대한 관심을 가질 필요가 없었던 남조의 시대에는 북해에 대한 기록이 현저히 줄어든다는 사실도 확인할 수 있다.『진서陳書』에서는 아예 북해에 대한 기록이 없으며『남제서南齊書』,『양서梁書』,『주서周書』등에서는 기록이 미미하다. 보다 자세한 사정에 대해서는 사서의 기록을 꼼꼼히 분석해 볼 필요가 있다. 실제 동해나 남해로 언급된 기록 중에는 군의 이름이거나 제후왕의 이름으로 기록된 경

---

53. 北海郡, 景帝中二年置. 屬青州. 戶十二萬七千, 口五十九萬三千一百五十九.『漢書』권28 상, 地理志.

54. 三十七年十月癸丑, 始皇出游. 左丞相斯從, 右丞相去疾守. 少子胡亥愛慕請從, 上許之. 十一月, 行至雲夢, 望祀虞舜於九疑山. 浮江下, 觀籍柯, 渡海渚, 過丹陽, 至錢唐. 臨浙江, 水波惡, 乃西百二十里從狹中渡. 上會稽, 祭大禹, 望于南海, 而立石刻頌秦德.『史記』권6 秦始皇本紀.

우가 많다. 이러한 기록들을 제외하고 현실이 해역을 지칭하는 경우를 가려 읽어 본다면 당시인들이 인식하고 있었던 해역의 범주나 진출의 경향 등을 파악할 수 있을 것으로 생각된다.

2) '해동海東'과 '해남海南'

동해나 서해, 북해, 남해와 달리 해동이나 해남은 조금 다른 의미를 담고 있다. 동해나 서해는 대륙에서 연결되는 연안이라는 의미로 사용되지만 해동이나 해남은 동해 너머 동쪽, 남해 너머 남쪽이라는, 그래서 바다를 너머 더 원거리의 특정 지역을 가리킨다. 이러한 영역에 대해서는 어떻게 생각하였으며, 그 지역에 대한 역대 기록은 어떤 것들이 있을지 먼저 생각해 보았다.

해동이 사서에 등장한 것은 『후한서』부터인데

> 왕경의 자는 중통이며 낙랑 誦邯사람이다. 8대 조 仲은 본래 낭야 불기 사람이다. 도술을 좋아하였고 천문에 밝았다. 여씨들이 난을 일으키고 제의 애왕양이 병사를 일으키고자 하여 여러 번 중에게 물어보았다. 마침내 제북왕 흥이 반역하여 병사를 중에게 맡기고자 하였는데 왕중은 화가 미칠 것을 두려워하여 마침내 해동으로 배를 띄워 낙랑의 산중으로 도망했으며, 이로 인해서 일가가 되었다.[55]

왕경이 난을 피하여 '해동'의 낙랑으로 달아났다는 기사다. 해동이

---

55. 王景字仲通, 樂浪誦邯人也. 八世祖仲, 本琅邪不其人. 好道術, 明天文. 諸呂作亂, 齊哀王襄謀發兵, 而數問於仲. 及濟北王興居反, 欲委兵師仲, 仲懼禍及, 乃浮海東奔樂浪山中, 因而家焉. 『後漢書』 권76 循吏列傳第 王景.

바다 너머 동쪽으로 중국인들의 영역 밖이었다는 생각은 후대에도 계속 이어졌다. 역도들이 숨어드는 곳이고 그래서 도달하기 어려운 곳이라는 것이다.

부여는 본래 현도에 속했다. 한나라 말기에 공손탁이 해동에 웅거하여 위협으로 외이를 복종하게 하니 부여왕 위구태가 다시 요동에 속하고자 하였다.[56]

후한 말 공손탁이 중국에서 도망하여 자리를 잡은 곳도 해동이다. 역시 중국의 추격을 피할 수 있는 충분히 먼 거리를 말하는 것이었다. 동해 너머 지역에 대한 막연한 거리감은 동으로 바다를 지나서 도달하는 먼 지역을 의미하는 해동이라는 말로 표현되었던 것이다. 그리하여 지우摯虞는 진무제晉武帝의 덕을 기리는 '태강송'에도 해동을 절역으로 표현하였다.[57] 상우桑虞는 석륵[58]의 통치를 못 견뎌 해동으로 피신하고자 하였으나 모친의 만류로 그만두었다고 한다.

상주의 여러 형들은 석륵의 치세에 모두 높은 지위에 올랐으나 상우는 수치스러운 신하가 되는 것이고 옳지 않은 일이라 여겨 은밀히 해동으로 피신하고자 하였으나 마침 모친의 걱정을 보고는 그만두었다.[59]

---

56. 夫餘本屬玄菟. 漢末, 公孫度雄張海東, 威服外夷, 夫餘王尉仇台更屬遼東.『三國志』권30 烏丸鮮卑東夷傳 東夷 夫餘.

57. 於休上古, 人之資始. 四隩咸宅, 萬國同軌. 有漢不競, 喪亂靡紀. 畿服外叛, 侯衛內圯. 天難旣降, 時惟鞠凶. 龍戰獸爭, 分裂遐邦. 備偣岷蜀, 度逆海東.『晉書』권82 摯虞列傳.

58. 石勒(274~333年), 羯族출신으로 後趙의 明帝.

59. 虞諸兄仕于石勒之世, 咸登顯位, 惟虞恥臣非類, 陰欲避地海東, 會丁母憂, 遂止.『晉書』권 88 孝友 桑虞列傳.

해동은 동해를 너머 더 동쪽이라는 의미로, 실제적으로 중국인들의 관리에서 벗어나 있는 곳이라는 인식이 강하다. 아래의 해동의 기록들은 이 지역이 모두 중국 밖의 영역임을 분명하게 보여준다.

이해(太元 8年)에 익주의 서남이와 해동제국이 모두 사신을 보내 방물을 바쳤다.[60]

『양서』에서는 동이東夷가 살고 있는 지역을 해의 동쪽 즉 해동이라고 기록하였다. 역시 동해와는 조금 다른 영역으로 사용되었음을 알 수 있다.[61] 동해는 중국의 역내라는 개념이 강했다면 해동은 중국의 역외의 동쪽을 의미하는 것으로 생각된다. 이러한 개념은 해남의 경우에서도 나타난다. 해남의 경우도 『사기』에서 기록을 볼 수 있다.

2세 원년 동으로 갈석에 순행하여 해남으로 아울러 태산을 지나고, 회계에 이르러 모든 예에 따른 제사를 지내고 시황제가 세운 돌에 글씨를 새겨 시황의 공덕을 드러냈다. 그해 가을에 제후들이 진을 배신하고 3년에 이세 황제는 시해되었다.[62]

진제국 2세 황제가 동해를 순행할 때 해남까지 이르렀다는 것인데 이

---

60. 是年, 益州西南夷·海東諸國皆遣使貢其方物.『晉書』권114 載記 符堅下.

61. 東夷之國, 朝鮮爲大, 得箕子之化, 其器物猶有禮樂云. 魏時, 朝鮮以東馬韓·辰韓之屬, 世通中國. 自晉過江, 泛海東使, 有高句驪·百濟, 而宋·齊間常通職貢, 梁興, 又有加焉. 扶桑國, 在昔未聞也. 普通中, 有道人稱自彼而至, 其言元本尤悉, 故幷錄焉.『梁書』권54 諸夷列傳 東夷.

62. 二世元年, 東巡碣石, 並海南, 歷泰山, 至會稽, 皆禮祠之, 而刻勒始皇所立石書旁, 以章始皇之功德. 其秋, 諸侯畔秦. 三年而二世弑死.『史記』권28 封禪書.

때의 해남은 회계지역 정도로 아직 오늘날의 남해까지 이르지는 못하였다. 본래 있는 곳에서 보다 남쪽이라는 의미로 본다면 남해는 시대에 따라 꾸준히 변경되는 영역을 가리켜 왔다. 특히 중국인들이 남해를 중국의 국가 영토로 완전히 인식하거나 관리하였던 시기는 다른 동서북의 해에 비해 그리 이른 시기가 아니었다. 그래서 그런지 남해 또한 종종 중국의 역사상 반역자들이 바다를 건너 도달하기 어려운 절역으로 인식되고 있었다. 여기에 남해의 바다를 너머 더 먼 거리의 지역을 말하고 있는 '해남'의 경우는 대개 남해에서 배를 띄어 도달할 수밖에 없는 지역이었다. 해동이 그랬던 것처럼 해남 역시 이러한 용법으로 사용되었던 것이다.

후에 손책이 회계를 공격하였을 때 원충은 남해를 건너 교지로 들어가고자 하였다. 헌제가 허에 도읍하고 그를 불러 衛尉로 삼았으나 도달하지 못하고 죽었다.[63]

손은이 분패한 후에 군대의 무리들이 점차 흩어지며 생포될까 두려워 바다에 이르러 물에 투신하여 죽었다. …중략… 2년 정월 환현이 고조를 보내 동양에서 노순을 격파하였다. 노순이 영가로 도망하자 다시 그를 추격하여 그 장수 장사도의 목을 베고 진안까지 추격하자 노순이 바다를 건너 그 남쪽으로 도주하였다.[64]

---

63. 後孫策破會稽, 忠等浮海南投交阯. 獻帝都許, 徵為衛尉, 未到, 卒. 『後漢書』 권45 袁張韓周列傳 袁安.

64. 孫恩自奔敗之後, 徒旅漸散, 懼生見獲, 乃於臨海投水死. …중략…. 二年正月, 玄復遣高祖破循於東陽. 循奔永嘉, 復追破之, 斬其大帥張士道, 追討至于晉安, 循浮海南走. 『宋書』 권1 武帝本紀 劉裕上.

후경의 난이 일어나자 백양은 바다를 건너 남으로 광주에 이르러 소발에게 의지하였고, 소발이 난을 평정하고 조정으로 돌아가자 가속을 데리고 오군으로 갔다.[65]

해남은 이처럼 전쟁통에 피신하는 곳이거나 숨어들어 목숨을 부지하기 위한 도주자들이 모이는 곳이었다. 해동의 경우와 마찬가지로 해남의 경우도 중국과는 조공과 책봉의 관계를 맺는 곳이었을 터이다. 이 해남의 지역에는 중국과 관련을 맺었거나 혹은 그렇지 않은 여러 나라들이 있었다. 『남사南史』에서는 해남 제국이라는 조목에 해남국에 대한 기록이 남겨져 있다.[66]

『남사』와 마찬가지로 『양서』에서도 해남의 여러 국가를 소개하고 있다.[67] 중국의 해양에 대한 이해가 확대되어 가고 있음을 발견할 수 있는 대목이다. 중국은 위진남북조의 분열시대를 맞이하여 남북으로의 지리적인 팽창과 동서로의 교역의 확대를 꾀하였다. 더욱이 많은 이민족이 중국의 내지로 들어와 활동하였다. 이 때 자연히 중국의 사방에 대한 정보와 지식을 얻었을 수 있었다. 북해나 서해처럼 막혀 있는 공

---

65. 侯景之亂, 伯陽浮海南至廣州, 依於蕭勃. 勃平還朝, 仍將家屬之吳郡. 『陳書』 권34 文學列傳 徐伯陽.

66. 海南 諸國, 大抵在交州南及西南大海洲上, 相去或四五千里, 遠者二三萬里. 其西與西域諸國接. 漢元鼎中, 遣伏波將軍路博德開百越, 置日南郡. 其徼外諸國, 自武帝以來皆朝貢. 後漢桓帝世, 大秦·天竺皆由此道遣使貢獻. 及吳孫權時, 遣宣化從事朱應·中郎康泰通焉. 其所經過及傳聞則有百數十國, 因立記傳. 晉代通中國者蓋鮮, 故不載史官. 及宋·齊至梁, 其奉正朔·修貢職, 航海往往至矣. 今采其風俗粗著者列為 海南云. 『南史』 권78 夷貊上 列傳 海南諸國.

67. 史臣曰 : 海南東夷西北戎諸國, 地窮邊裔, 各有彊域. 若山奇海異, 怪類殊種, 前古未聞, 往牒不記, 故知九州之外, 八荒之表, 辯方物土, 莫究其極. 高祖以德懷之, 故朝貢歲至, 美矣. 『梁書』 권54 諸夷 西北諸戎 芮芮國.

간이 아닌 동해와 남해지역으로의 진출은 자연스러운 관심사였다. 해양세계에 대한 인식이 증가함으로써 해양으로의 진출 또한 진척될 수 있었다. 이제 사해에 대한 막연한 인식이 아니라 지리적 실질 공간으로서의 동해, 남해로의 진출이 해동과 해남지역을 향하여 시작되고 있었다.

4. 맺음말

고대 중국에서 사해, 사방에 대한 인식은 중화주의에 기반을 둔 자기인식에서 출발하였다. 세계의 중심에 자신, 즉 중국을 놓고, 그 주변을 사방, 혹은 사해로 표현하여 왔다. 사해는 때로 실질적인 물리적 공간을 의미하기도 했지만, 상상속의 공간을 의미하거나 막연히 방향성을 제시하는 차원에서 그치는 경우도 있었다.

중국, 혹은 중국의 영역, 판도, 경계를 기록한 중국의 오래된 전적들을 살펴보면 '사해'의 개념 외에도 '동해, 남해, 북해, 서해'라는 구체적인 해역 개념이 빈번히 사용되기도 한다. 심지어 이 용어들은 郡이나 제후국의 명칭으로 사용되기도 하였다. 중국의 지리적 위치로 보았을 때, 동으로나 남으로는 바다와 접하고 있어 동해나 남해는 실제의 해역이었지만, 북해나 서해의 경우는 북쪽바다나 서쪽바다라는 대상이 없다. 그럼에도 불구하고 서해니 북해니 하는 해역을 설정하고 있는 것이다. 海의 사전적 의미는 백천百川이 모이는 곳이니, 그곳이 반드시 오늘날 육지의 가장자리에서 시작되는 바다일 필요는 없다. 수백의 강물이 모여들어 큰물을 이루고 있으면 海가 될 수 있는 것이다. 그러니 큰 호수나 큰 연못 등도 海가 될 수 있다.

그런데 중국인들의 사고는 그들이 오늘날의 바다를 '海'로 인식한 이후에도 그대로 남아 있었다. 그들은 대양을 접하고 그 곳이야말로 바다, 海라고 인식한 이후에도 육지에 남아 있는 호수나 연못을 海로 인식하였다. 그러한 인식이 남아 있어야 하는 이유는 중국이 사해로 둘러싸인 공간이라는 그들의 오랜 공간인식 때문이다. 그들은 동해와 남해를 접하면서 서해나 북해가 이것들과 다르다는 것을 알게 되었음에도, 또 그들의 서쪽과 북쪽에는 바다가 없음을 인지하고도 여전히 서해와 북해를 상정하고 특정지역을 서해 혹은 북해로 인식하였다. 그러한 인식의 기초에는 중국이 세계의 중심에 있다는 그들의 고정된 중화인식이 영향을 미치고 있었다.

　　실질적으로 중국 사서에 등장하는 四海, 내지 동서남북 海의 개념은 중원왕조의 통일시기, 중국의 분열시기에 차이가 나타나고 있다. 또한 위진남북조시대魏晉南北朝時代와 같은 분열시기에는 북조국가들의 四海의 개념과 남조국가들의 四海의 개념에는 차이가 있다. 이러한 차이는 대개 교류의 범주나 방향과 관련이 있을 것으로 생각된다.

제5장

유주자사幽州刺史의 동이東夷 관리와 교통로 문제

권오중

1. 유주자사란?

전한의 무제는 제국 전역에 있는 군郡과 국國을 13개의 주州로 묶고 각 주별로 소속된 지방관(太守)들을 감찰하기 위해 자사를 파견하였다. 한대의 유주幽州라고 하면 현재의 북경을 포함하는 하북성과 요녕성 일대를 망라한 지역으로서, 이 지역 감찰관인 유주자사는 현재의 북경지방을 중심삼아 그 동쪽으로 한반도 북부에 이르는 광범한 지역에 걸쳐 지방관에 대한 감찰업무를 수행하였다. 본래 자사는 주민에 대한 통치권이나 지역 방어를 위한 군사 통수권 없이 감사 권한만 행사하였기 때문에 그 지위는 비교적 낮았다. 녹봉이 이천석二千石인 군 태수와 비교할 수 없음은 물론 일천석一千石의 지위를 지녔던 현령보다 낮은 육백석

六百石의 품계였다.

　관등의 품계만 낮았을 뿐 주州의 자사가 수행한 업무나 관리로서의 역할은 중요하였다. 유주의 예를 빌어보자면, 유주에 소속된 10개 군 지방장관(태수)[1]의 근무실태를 감사함과 아울러 자신의 업무와 관련하여 황제와 직접 소통할 수 있는 권한까지 갖고 있었다. 6백석이라고 하여 관품만 낮았을 뿐 실제 자사가 지니고 있던 위상은 태수의 부하가 아니었음은 물론 하급 관원이라고 보기도 어려울 정도였다. 이러한 이유 등으로 해서 주 자사의 지위와 권한은 후대로 갈수록 점점 상승해갔다. 후한 시대에 이르면 자사 직의 상승 현상이 뚜렷하였는데, 유주자사의 경우 역시 이러한 상승 기류에서 예외가 아니었다.

　유주는 무제가 개설한 전국 13주 가운데 동북 변방에 위치해 있어 한반도와도 근접한 지역이었다. 동북의 변경 지역이었던 만큼 자사가 관할해야 할 공간도 넓었고, 상대해야 할 이민족異民族의 종류도 다양하였다. 기원후 2~3세기의 역사를 전하는 『삼국지』 열전에서는 중국왕조(曹魏)가 상대한 이민족으로서 오환烏桓 선비鮮卑 동이東夷 세 종족만을 소개하고 있는데, 공교롭게도 이들 세 종족 모두는 유주자사가 담당해야 할 대상이었다. 후한 시대 중기인 2세기로 접어들면서 중국 북방에 거주하던 새외塞外민족들은 중국 변경을 압박하며 자신의 존재를 드러내기 시작하였다. 유주일대의 대표적 존재로선 오환과 선비를 꼽아야 하겠지만 그 이웃이라고 할 고구려와 '예맥'[2] 역시 동이 가운데 주목해

1.　주에 소속된 군의 숫자는 시대에 따라 일정하지 않다. '10개 군'이란 『한서』 지리지의 표현이고, 『후한서』에선 11개로 표기하였다.

2.　고대 '예맥'에 대한 통설은 '동예(東濊)'로 간주하는 경향이 있으나 필자는 한반도로부터 만주 중남부 일대에 거주한 원주민을 일컫는 의미로 이해한다. 이를 구체적으로 적시하자면 북의 부여로부터 고구려, 옥저, 동예 그리고 요동군과 현도군 지역의 원주민인 '요동예맥' 및 낙랑군의 원주민 등을 열거할 수 있다.

야 할 대상이었다.

후한 중기의 상황은 주州의 자사들로 하여금 지방행정관인 목민관牧民官과 장군의 역할을 동시에 하도록 만들었다. 주 자사의 성격이 변화한 것은 잦아진 지역(州) 내부의 반란이나 격화된 이민족의 침입에 대응하기 위해서였다. 동서 8백여km에 달하는 유주의 공간 면적과 수시로 출몰하던 이민족의 형세 등을 감안한다면 유주자사의 관내 활동이 순탄치 않았을 것임을 짐작할 수 있다. 유주자사의 대응이 어떠하였을지, 이를 검토하는 방안의 하나로서 교통로 문제를 고려할 수 있을 것이다. 유주자사의 업무와 관련된 교통로 문제를 다루면서 이 글에서는 동이와 관련 있는 내용에 국한하려고 한다. 자료의 부족으로 교통로에 관한 유주자사의 동선 문제를 전반적으로 다루는 일이 어렵기도 하려니와 한중관계에 주안점을 두고 있는 본 공동연구의 취지로 보더라도 그렇다. 유주자사와 동이의 관계에 대한 검토가 비록 작은 주제이기는 하더라도 이러한 작업을 통해 고대 한중관계사에서 그 동안 소홀히 다뤄졌던 내용들이 조금이나마 보충될 수 있기를 기대한다.

2. 선비의 유주 공격

5세기 초 북중국을 통일하여 위(北魏)[3] 제국을 수립한 선비족은 한참 앞선 시기부터 중국 동북일대에서 제국을 향해 나아가는 시동을 걸었다. 선비가 중국 정사에 모습을 드러낸 것은 후한이 건국된 1세기 초

---

3.   3세기 초 조조의 아들 조비가 건립한 위(曹魏) 나라와 구분하기 위해 북위 또는 원위(元魏)라
      고 부른다.

였고 그 위치는 유주지역이었다. 초기의 선비는 흉노에 인솔되는 형태로 중국을 침입하였지만, 남부의 흉노가 한 제국에 복종한 이후엔 독자의 세력을 형성하기 시작하였다.[4] 1세기 말 안정을 찾은 후한 제국은 전한 말기 이래로 중국에 적대적이었던 북흉노를 공격하여 현재의 몽고 이북 지역으로 내몰았다. 남흉노가 한 제국에 귀순하고 그리고 북흉노가 한에 의해 내몰린 결과 흉노 부락인의 상당수는 생활의 구심점과 독자성을 상실하였다. 이후 이들이 선택한 생존방식은 선비족에 동화하여 마치 선비부락 주민인 것처럼 생활하는 것이었다. 이러한 이유로 선비의 규모와 세력은 크게 성장할 수 있었다.

1세기 동북에 위치한 선비는 중국에 조공하거나 왕과 제후侯로 책봉을 받는 등 비교적 우호의 관계를 유지하였으나 선비 부족(部衆)의 규모가 커지고 생활공간이 광역화되면서 남쪽의 한인漢人 구역을 공략하기 시작하였다. 한인을 괴롭힌 선비 부족 가운데 명성이 자자했던 대상은 요동군 인근에서 생활하던 '요동선비遼東鮮卑'였다. 요동선비는 요동지역 뿐만 아니라 요서·우북평·어양군 등 유주의 여러 군을 침공하였다. 선비의 활동이 왕성해지자 한 조정은 이들에 대응하기 위해 요동지역의 행정구역을 개편하기도 하였다. 우선 눈에 띠는 것은 요동일대의 선비를 효율적으로 관리하기 위해 요동서부도위遼東西部都尉를 재건한 일이었다.[5] 그 시기는 화제和帝의 영원永元 16년(104)으로서 후한 광무제光武帝가 AD30년 부도위를 폐지한 지 7십여 년만의 일이었다. 서부도위에

---

4. 당시의 흉노는 남과 북 두 개의 흉노로 분열돼 있었는데, 남흉노는 한 나라와 우호적이었던 반면 북흉노는 적대적이었다.

5. 요동군에 설치한 서부도위는 군에 거주하는 이민족을 특별 관리하기 위한 행정과 군사 기구로서 首縣인 無慮縣을 비롯해 3개의 현이 속해 있었던 것으로 추정된다. 그 주민의 대개는 오환과 선비이었을 것이나 후한 중기이후론 선비의 비중이 높아졌을 것으로 보인다.

는 세 현이 소속되었으며 그 중심은 전한시대와 같은 무려현이었다.[6]

부도위의 재건에 이어 2년 뒤에는 요동군과 현도군을 개편하였다. 그 내용은 요동군 소속 세 현을 현도군으로 이관하는 것이었다. 군현의 편제를 개편한 원인은 요동선비의 소요에 있을 터이지만, 개편한 현의 주민들 대개가 예맥이었다는 사실을 주목할 필요가 있다. 예맥에 관한 검토는 다음 장에서 다루도록 한다. 요동에 부도위를 개설하고 요동·현도군의 편제를 개편한 일은 선비의 활동이 그만큼 왕성하였음을 보여주는 사례일 것이다. 요동선비의 움직임이 하나의 군에 대한 공격으로 그치지 않고 유주의 여러 군에 대한 파상 공격의 모습을 보이자 이에 맞선 한제국의 방어 형태도 종전과 다른 모습을 보이게 되었다.

선비의 소요에 대응하는 종전의 형태란 대략 해당 군이 전담하는 추세였다. 후한 왕조 수립 이후 선비의 공격은 동쪽 끝에 해당하는 요동군에서 시작하여 점차 서편의 군현으로 옮아가는 양상이었다. 동북 새외민의 소요에까지 적극적으로 대응할 형편이 못되었던 광무제(光武帝. 재위 AD.25~57)는 현령으로서 지방 토호들을 진압하는 데 능력을 발휘하던 제동(祭肜. 출생미상~73년)을 요동태수로 승진 발령하였다. 제동은 지방관뿐만이 아니라 무장武將으로도 탁월한 능력을 발휘하였는데, 그는 선비를 자신의 협력세력으로 만듦으로써 새외민의 소요를 일시나마 잠재울 수 있었다. 제동이 선비를 비롯하여 흉노 오환 등 이민족의 소란을 제압한 일은 요동일대는 물론 북방지역에까지 미치었다. 이러한 공로 때문에 제동은 약 3십년 동안 요동태수로 재직할 수 있었다. 황제의 발령을 받는 변방의 지방관이 제동처럼 한 장소에서 장기간 근속한 일은

---

6.   한대의 無慮縣은 현재의 遼寧省 錦州市 北鎭에 해당한다. 요동서부도위의 소속현은 이 기구의 후신으로 등장하는 遼東屬國都尉의 속현을 통해 짐작할 수 있다.

전무후무한 현상이었을 것이다. 그의 공적에 관해 『후한서』에서는 다음과 같은 내용으로 기록하였다.

제동의 위세와 명성은 북방에 널리 퍼져서 서쪽 무위군부터 동쪽의 현도와·낙랑군에 이르기까지 오랑캐(胡夷)들이 모두 복종하여 평온해졌다.[7]

제동의 역량이 멀리 떨어진 서쪽 무위군(현재의 감숙성) 지역에까지 미쳤다는 기록 내용을 그대로 믿긴 어렵다고 하더라도 태수로 재직한 요동 인근지역에 영향을 주었을 것임은 틀림없다. 제동의 경우처럼 태수직에 장기간 재임한다거나 태수의 역할이 주변 군을 비롯하여 광범한 지역에까지 영향을 미친 사례는 분명 일반적 현상은 아니다. 후한 조정의 통치체제가 변경지역에까지 구축되기 이전 시기인 1세기 중엽에 발생하였던 임시적이며 과도기적인 현상으로 보아야 할 것이다. 요동태수 제동이 수행한 역할이 요동군에 한정되지 않고 유주를 망라하였다는 사실은 후한 중엽 이후 유주자사의 역할을 연상케 한다.

전한시대는 물론 후한 초기까지 이렇다고 할 만한 역할을 보이지 않던 유주자사는 2세기 초에 이르면 새로운 모습을 보이기 시작하는데, 그것은 선비와의 충돌 현장에서였다.

원초元初2년(115년) 가을에 요동선비가 무려현을 포위하였다. 州와 郡은 병력을 연합하여 견벽청야[8]의 전술을 쓰니 선비로서는 소득이 없었다.

7.　『후한서』 권20 祭彤列傳, 745쪽(여기서 정사는 中華書局 인쇄본에 의함).

8.　원문에는 '固保淸野'라고 하였으나 필자는 보다 일반화된 숙어인 '堅壁淸野'로 표기하였다. 두 단어 모두 그 뜻은 '침입한 적에게 식량을 제공하지 않도록 하기 위해 들판을 비우고 보루

(선비는) 다시 부려현 군영을 공격하여 관리들을 살해하였다.[9]

위의 내용은 동북지역에서 이민족의 출몰이 잦았던 후한 안제安帝 때의 기록이다. 사태의 발단은 앞에서 주목한 요동선비에 의해 발생하였고 그 장소는 무려현이었다. 무려는 요동군 영내에 거주하는 선비족을 특별히 관리하기 위해 재건한 요동서부도위의 중심 현(首縣)이었다. 선비의 공격에 맞서 주와 군은 군대를 연합했다고 하였는데, 무려현 방어에 나선 주란 당연히 유주幽州로 보아야 할 것이다. 그런 만큼 유주의 군대를 인솔하여 요동선비의 공격에 대응한 주인공은 유주자사이었을 것임이 분명하다. 유주자사의 원래 근무지는 계현(薊縣, 현재의 북경)이었는데 동으로 약 5백km 정도의 거리에 있는 무려현 지역까지 출동하였던 것이다. 유주자사가 출동하였다는 사실이나 자사의 출동거리가 자그마치 5백 여km에 이른다는 사실은 선비의 공격으로 인한 피해가 심각한 수준이었음을 실감케 하여준다.

유주자사의 군대와 연합한 군郡의 정체가 분명진 않지만 그 대상으로 우선 요동군을 꼽을 수 있겠다. 공격을 받은 지역이 요동군 역내였던 만큼 유주자사의 출동에 부응하여 요동군 태수가 회동한다는 것은 당연한 순리였던 때문이다. 또한 무려현 위치는 요동과 요서 두 군의 접경 지역으로 요서군에 근접한 위치였던 만큼 요서군도 연합하였을 가능성이 높다. 그리고 현도군 또한 자주 요동군과 회동하여 출동한 예가 잦았음을 보면 주군州郡의 연합에 가세하였을 가능성이 있는 것으로 보인다. 주州와 군郡의 장병이 연합하였다고 하지만 선비를 향한 전

(성벽)를 단단하게 지킨다'는 의미이다.

9.   『후한서』 권90 鮮卑列傳, 2987쪽.

술이 '견벽청야'였음을 보면, 연합군은 수동적이고 소극적 자세로 대응했음을 알 수 있다. 반면 이러한 모습은 선비의 공격이 그만큼 격렬했음을 반증하는 것으로 이해된다.

위에서 인용한 사료를 보면 요동선비가 무려현을 포위한 것에 이어 인접한 요서군 부려현의 병영(扶黎營)을 공격해서 관리들을 살해한 것으로 되어 있다. 부려[10]는 전한시대 요서군 동부도위의 치소였고, 위 기록보다 5년 뒤인 120년엔 요동속국遼東屬國이 설치되면서 그 치소가 되었던 지역이다. 요동속국은 군현의 범위에 포함된 이민족을 특별히 관리하기 위한 기구라는 점에서 요동서부도위와 궤도를 같이 한다. 그렇지만 부도위는 군에 소속된 하급기구임에 반해 속국도위는 군과 동등한 위상을 지닌 행정·군사기구라는 점에서 차이를 보인다. 두 기구의 출발은 역내의 다수 주민인 이민족 원주민(內夷)을 관리하는 데 있었지만 속국의 경우는 부도위에 추가된 기능이 있었다. 그것은 새로이 귀순해온 이민족집단을 수용 관리하는 업무와 다른 이민족(外夷)의 침입에 맞서 속국 주민을 동원하여 방어하는 업무였다.

이렇게 보자면 속국도위는 "오랑캐로써 오랑캐를 제압한다"는 이이제이以夷制夷 정책을 증명하는 전형적 기구로 볼 수 있다. 부도위에 이어 보다 강력하고 확대된 기구로서 속국도위를 요동지역에 개설하였던 것이다. 후한 중기에 개설된 두 기구 모두는 선비 그 중에서도 특히 요동선비의 위협을 차단하기 위한 목적을 제일로 삼고 있었다. 앞의 기사 내용을 보자면, 무려를 중심지로 삼는 요동서부도위나 그 후신인 요동속국 모두 만족할만한 성과를 거두지는 못하였던 것 같다. 115년 요

---

10. 부려는 『한서』 지리지에선 '交黎', 『후한서』 군국지에선 '昌遼'로 표기하였고, 『진서』 지리지에선 현(縣)이 아닌 군(郡)으로서 '昌黎'로 표기하였다.

동서부도위의 중심지로서 선비를 방어하는데 주요한 거점으로 활용되었던 무려현, 그리고 5년 뒤엔 속국의 수도이지만 115년 당시엔 특별한 병영兵營[11]이 개설돼 있던 부려(창려)현 모두 요동선비의 공격에 무력함을 들어내었던 때문이다.

선비와의 전투에서 비록 좋은 성과를 거두지는 못했다고 하더라도 무려와 창려 두 지역은 선비를 방어하는 데 주요한 거점이었음이 분명하다. 상대적으로 두 지점은 선비의 입장에서도 결코 소홀히 여길 수 없는 주요한 거점이었을 것이다. 유주자사가 선비의 공격에 맞서 주변 군郡의 태수들과 무려현에서 회합하여 주군州郡 연합군을 결성한 것이라든가, 후한 정부가 요동지역의 방어와 안전을 위해 부려(창려)에 상비군의 성격을 띤 병영을 개설한 것은 거점상으로나 교통상으로 두 지점이 지닌 중요성을 시사한다.

3. '요동예맥'의 등장

『삼국지』동이전이나 『후한서』동이전 기록의 주인공은 단연 예맥이라고 할 수 있다. 동이전에서 소개한 세력들 가운데 남부의 한韓과 왜倭 북의 읍루挹婁만을 제외하곤 저들의 종족계통이 모두 예맥이라고 볼 수 있기 때문이다. 그렇다고 동이전 기록이 예맥 계열의 부족이나 국가들을 모두 망라하여 제시했다고 보기는 어렵다. 위 동이전의 기록들은 요동이나 현도 낙랑처럼 중국 군현으로 편입된 지역의 종족이나 부족

---

11. 앞서 인용한 사료 중의 '扶黎營'이란 표현은 이곳에 조정이 개설한 병영이 존재하고 있었음을 나타낸다. 이 병영은 군현의 지방군과는 달리 중앙 정부가 조직한 상비군으로서의 의미를 갖는다.

에 관해선 직접 기록의 대상으로 삼지 않은 때문이다. 동이전에서 기록한 대상은 군현의 범위 밖에서 존재하던 세력들에 관한 기록이었던 것이다. 그렇지만 본기나 열전의 예맥에 관한 기사를 검토하노라면 한漢군현이나 그 인근에 거주하고 있던 예맥의 존재를 확인할 수 있다. 특히 요동군과 현도군 일원에 거주하던 예맥의 경우에는 기록을 통하여 그 자취를 뚜렷이 확인할 수 있다. 후한시대의 현도군은 거리상으로나 관계에서도 요동군의 일부 현과 큰 차이가 없었던 만큼 요동군과 현도군 그리고 그 인근에 거주하던 예맥에 대해서는 '요동예맥'이라고 이름하여도 별 무리는 없을 것이다.

중국 군현의 주민으로 편입된 '요동예맥'이 특기할 만큼의 정체성을 지닐 수 있었던 이유는 무엇일까. 이 현상을 이해하기 위해선 현대 중국정부가 소수민족들에 대해 취하고 있는 차별 통치 정책을 참고할 필요가 있겠다. 소수민족 차별 정책은 저들에 대한 배려의 측면도 있겠지만 그보다는 이민족을 향한 구분과 차등의 원리가 강하였을 것으로 이해된다. 이에 해당하는 제도로서 한나라 시대에 실시된 것이 앞 장에서 소개한 부도위 제도이다. 전한 말기만 하더라도 요동군엔 동부 중부 서부 등 세 지역에 부도위가 개설돼 있었는데, 이들 가운데 동부와 중부의 두 부도위가 예맥을 대상으로 삼은 기구였다.[12] 부도위의 존재는 곧 원주민의 분포 형태를 반영한다고 할 수 있는데, 그 정도로 예맥은 요동 일대의 원주민 가운데 단연 다수를 점하고 있었다.

후한 광무제 때(AD.30) 전국적으로 도위都尉란 관직을 폐지하면서 부도위도 중단되었지만 원주민에게 허용하던 저들의 고유한 정체성은 이후로도 보장되었던 것 같다. 1세기 말 2세기 초에 이르러 부도위가 다

---

12.   이에 반해 요동서부도위는 오환(烏桓)과 선비를 대상으로 개설되었다.

시 부활되는 현상을 보면 군현체제 안에서도 원주민사회가 지녀온 정체성을 짐작할 수 있겠다. 원주민의 정체성이라 하면 저들 종족이 전통적으로 지녀온 생활습관이나 문화를 유지하는 것이다. 자체의 언어를 구사함은 물론 원주민 자체의 기율(俗律)과 대표(首長, 渠帥)를 갖는 형태이다. 요동·현도군에 편입된 예맥부족도 자체의 수장에 의해 영도되었으며, 군현의 주민이면서도 예맥의 토속적 기율에 의한 영향과 구속을 받았다. 말하자면 '요동예맥'은 군민郡民의 신분이면서도 한편으론 예맥이라는 집단에 의해 이끌려지는 존재였던 것이다.

집단으로서 요동예맥이란 실체를 확인하게 되는 시기는 바야흐로 2세기가 시작한 시점이었다. 이 시기는 요동일대에서 선비 특히 '요동선비'가 활약하던 시기에 해당한다. 요동예맥이 선비의 움직임에 편승한 면이 있다곤 하더라도 요동예맥의 등장이 전적으로 선비의 선동에 부화한 것으로 보긴 어렵다. 요동예맥이 변경에 위치한 군현의 주민으로서 겪었을 고초로서 다음과 같은 두 가지 기록이 보인다.

① 和帝 永元13年(101년)11月... 幽州와 幷州 그리고 涼州의 인구 비율은 적지만 변경에서의 노역은 번잡하고 고통스럽다.[13]
② 安帝 永初2年(108년)10月... 濟陰과 山陽 그리고 玄菟의 빈민들에게 (창고의 곡식을) 배급하였다.[14]

위 ①의 내용은 101년 말에 내린 화제和帝의 교서로서 동북에서 서북에 이르는 변경지역의 주민들이 겪고 있던 특별한 고초를 언급한 것

---

13. 『후한서』 권4 和帝本紀, 189쪽.
14. 앞의 책, 권5 安帝本紀, 211쪽.

이다. 유주에 자리한 요동예맥은 변경에서 생활하는 주민으로서 겪어야 했던 고생에 추가하여 당시 전란을 일으키고 있던 선비 때문에도 많은 고통을 치렀을 것이다. 방어를 위한 노역은 물론 때론 병사로서의 징발도 피할 수 없었을 것이다. 기록 ②는 기근으로 고통 받는 세 지역(郡) 주민들을 구휼하였다는 내용이다.[15] 현도군의 빈민 가운데 하층민이었을 요동예맥의 고통이 컸을 것이라는 점은 쉽게 짐작이 간다. 위 ①과 ②에 보이는 변민邊民으로의 노역과 기근으로 인한 고통 내용은 비록 단편적인 기사이긴 하더라도 2세기 초 요동예맥이 궐기하는 데 대한 중요한 단서를 제공한다고 볼 수 있다.

요동예맥이 요동이나 현도 등 漢 군현에 반목하는 과정에는 협력세력도 작용하였던 것으로 보인다. 예맥을 반란으로 이끈 세력으로 우선 꼽을 수 있는 대상은 고구려이다. 다음 『후한서』 고구려전의 내용을 보도록 하자.

(고구려가) 화제和帝 元興元年(105년) 봄 다시 요동군에 들어가 여섯 縣에서 노략질하였다. 태수 耿夔가 저들을 격파하고 그 渠帥를 목 베었다.[16]

위의 열전 내용은 『후한서』 본기 기사에선 약간 다른 모습으로 기록되어 있다. 고구려가 요동을 침입한 것은 105년 봄이었고 요동태수 경기가 이들을 응징한 것은 가을 9월로서 열전에서처럼 연속해서 일어난 사건이 아니었다. 또한 군 태수가 공격한 대상은 고구려가 아닌 '貊

---

15. 『후한서』 권5 安帝本紀에 의하면 安帝 永初元年에서 3년에 이르는 기간(107~109년)은 饑饉이 심했던 시기임을 알 수 있다.

16. 권85 고구려전, 2814쪽.

人'으로 기록되었다.[17] '맥인'에 대해선 고구려인으로 해석할 수도 있겠으나, '濊'와 '貊'은 '예맥濊貊'의 약칭으로 쓰인 예도 있는 만큼 예맥으로 이해하는 편이 옳을 것이다. 이렇게 보는 편이 "그 거수를 목 베었다(斬其渠帥)"는 내용을 이해하는 데에도 무리가 없을 줄로 안다. '거수'란 표현은 부락이나 부족 단위의 생활을 하던 예맥에게나 해당하는 것이지 국왕의 체제 아래 군사조직을 보유하고 있던 고구려에겐 적합하지 않은 표현인 때문이다.

이렇게 본다면 105년 고구려의 요동 공격은 고구려 군대의 독자 행동이 아니라 '예맥'을 동반한 군사행동으로 이해할 수 있다. 그럴 경우 여기서의 예맥은 '요동예맥'이지 고구려의 동남방에 거주하던 동예일 리는 없다. 고구려는 요동지역을 공격하면서 현지 주민인 예맥의 협력을 받음으로써 보다 수월하게 작전을 진행할 수 있었을 것이다. 약 6개월 뒤 요동태수 경기의 반격이 고구려가 아닌 예맥을 향하고 있다는 사실 역시 이들이 요동예맥이었을 가능성을 높여준다고 볼 수 있다. 요동태수의 공격은 고구려의 협력자에 대한 응징이었지만, 저들의 주거 위치나 거리를 고려하자면 주모자 격인 고구려를 공격하는 것에 비해 한결 수월하였을 것이다. 고구려가 주동하였던 요동 침입 사건이 요동 일원에 거주하는 요동예맥에 대한 공격으로 일단락되고 있음은 이러한 차원에서 이해된다.

이어서 106년 요동군과 현도군의 소속 현(屬縣)을 개편한 일도 전년에 있었던 고구려와 예맥의 군사행동과 관련이 있을 것으로 짐작한다. 안제安帝가 즉위한 106년 조정은 요동군 소속이었던 후성候城과 고현高

---

17. 본기의 원문을 보면 "(元興元年) 秋九月 遼東太守耿夔擊貊人 破之(권4 和帝本紀 194쪽)"라고 하였다.

顯 요양遼陽 세 현을 요동군에서 분할하여 현도로 이관하고 현도군 속현으로 삼았다. 이로써 전한시대에 세 현을 거느리고 있던 현도군 속현은 여섯으로 확대되었다. 주목할 점은 이관된 세 현이 전한시대엔 요동군 중부도위의 관할구역이었다는 점이다. 필자가 검토한 바에 의하면 중부도위는 원주민인 예맥을 집단적으로 관리하기 위해 개설한 기구였다.[18] 105년에 있었던 고구려와 요동예맥의 군사행동과 관련하여 과거 중부도위의 관할구역이었던 세 현을 현도군으로 이관시켰음을 보면, 세 지역은 부도위가 폐지된 후한 광무제6년(AD.30) 이후에도 계속하여 '요동예맥'이 집단의 형태로 거주하던 지역임을 알 수 있다.

안제(安帝, 106~125) 시기에 접어들면 '요동예맥'의 활동이 보다 뚜렷해지며 또한 고구려 이외의 협력세력도 확인할 수 있다. 이에 관한 기록을 정리하면 다음과 같다

① (安帝元初5年 118년) 여름 6월, 고구려가 穢貊과 더불어 현도군을 침략하였다.[19]

② 建光元年(121년) 봄 정월, 幽州刺史 馮煥은 두 郡의 태수를 이끌고 고구려와 穢貊을 토벌하였으나 이기지 못하였다.[20]

③ (같은 해) 여름 4월, 穢貊이 다시 선비와 더불어 요동을 침입하였다. 요동태수 蔡諷이 추격하였으나 전사하였다.[21]

④ (같은 해) 겨울 12월, 고구려와 마한 그리고 穢貊이 현도성을 포위하

---

18. 권오중, 2006, 「遼東郡 中部都尉와 高句麗의 新城」, 『연구총서』5(고구려의 국제관계) 고구려연구재단.

19. 『후한서』권5 安帝紀, 228쪽.

20. 앞의 책, 232쪽.

21. 같은 책.

니 부여왕은 아들을 보내 州郡과 힘을 합쳐 그들을 쳐서 무찔렀다.[22]

⑤ 延光元年(122년) 봄 2월, 부여왕은 아들을 보내어 병사를 거느리고 현도를 구원하고, 고구려와 마한 그리고 穢貊을 물리치니 (저들은) 마침내 사신을 보내 조공하기에 이르렀다.[23]

위의 기록 가운데 ①과 ②, 그리고 ④와 ⑤는 서로 짝하는 기사이다. 穢貊[24]을 비롯한 원주민의 공격에 맞서 군현세력이 어떻게 대응하였는지를 각각 보여주고 있다. 위 두 번의 침입기사는 현도군에 대한 침입기사임에 반해 ③의 기록은 요동군을 공격하였다는 내용이다. 요동을 공격하는 데는 선비가 협력세력으로 동반하고 있다. 여기서의 선비는 아마도 '요동선비'였을 것이다. 요동이 아닌 현도를 공격할 때에는 고구려 그리고 마한까지 합세하였다. 마한의 실체에 대해선 마한설이나 백제설 등 다양한 의견이 있지만 초기 국가의 성장 단계에서 백제가 가장 선진적이었던 만큼 백제로 보는 편이 무난할 것이다. 또한 '요동예맥'의 일부 부족은 선비 동부東部와 인접한 상태에서 생활하였던 만큼 이러한 관계는 한 군현과의 대립 구도에서 상호 동반 협력하는 관계로 발전하였을 것으로 볼 수 있다.

위에서 살핀 105년 요동군 침입 기사에서도 고구려와 예맥의 연합 가능성을 볼 수 있지만 그러한 현상은 안제시기에 이르면 더욱 분명하고 또한 많은 예를 확인할 수 있다. 연합의 형태는 고구려와 예맥이 협력

---

22. 앞의 책, 234쪽.
23. 앞의 책, 234~235쪽.
24. 위의 본기 기록에선 예맥의 표기를 濊貊으로 하지 않고 본문과 같이 '穢貊'으로 하였다. 이것은 『삼국지』 동이전의 기록을 베낀 『후한서』 동이전이 濊貊으로 기재한 것과는 차이를 보여 준다. '穢貊'의 표기는 본기의 기록이 『후한서』 동이전과는 달리 후한시대의 기록을 바탕으로 작성되었음을 암시한다고 할 수 있다.

하는 수준을 넘어 선비와 마한까지 가세하고 있었다. 원주민이 연합하는 형세로 보더라도 전쟁의 규모가 종전에 비해 확대되었음을 감지할 수 있다. 방어의 입장이라고 할 군현 측도 원주민들의 연합 전술에 맞추어 대응하였다. 위에서 제시한 기록 가운데 ②와 ④의 내용이 그러하다. ②에 보이는 121년 정월의 군사행동은 118년 여름 고구려와 예맥이 연합해서 현도군을 공격한 데 대한 보복으로 이루어졌다.

침입에 맞선 군사행동이 이루어지기까지 3년의 시간이 소요되었다는 것은 그만큼 이 작전이 치밀하게 기획되었음을 의미한다. 요동군과 현도군이 연합하는 정도로 그치지 않고 유주자사인 풍환馮煥까지 전투에 가세하였다는 점이 그렇다. 당시 고구려와 예맥에게 피격당한 지역이 현도였던 만큼 유주자사와 두 군의 태수가 회동한 지점은 아마도 현도군이었을 것이다. 이 회동을 위해 유주자사 풍환과 유주幽州 직할의 병사들은 약 7백km에 달하는 멀고 먼 거리의 장정長征을 해야만 하였다. 동북을 지원하기 위해 장거리를 달려온 병사들은 유주의 군대에 한정하지 않는다. 『후한서』 동이전의 내용을 보면 전투의 양상은 그렇게 단순치가 않다. 위 ②에 해당되는 내용에 관해 동이전에서는 다음과 같이 적고 있다.

建光元年 봄, 유주자사 풍환과 현도태수 요광姚光 요동태수 채풍蔡諷 등은 병사를 거느리고 장새障塞를 나와 공격하였다. 예맥의 거수渠帥를 붙잡아 목을 베고 병마와 재물을 노획하였다. 궁宮은 이에 아들 수성遂成을 보내 2천여 명을 거느리고 (현도태수) 요광 등을 맞아 싸우도록 하고, (궁 자신은) 사신을 파견해서 거짓으로 항복하였다. 요광 등이 이를 믿으니 수성은 험준한 곳에 의지하여 대군을 차단하고, 은밀히 3천여 명을 보내 현도·요동군을 공격해서 성곽을 불사르니 사상자가 2천여 명

이었다. 이에 광양廣陽·어양漁陽·우북평右北平·탁군涿郡과 요동속국遼東屬國에서 3천여 기병을 징발하여 함께 구원케 하였으나 맥인貊人들은 이미 도주한 뒤였다.[25]

동이전의 내용에 의하면 121년 봄 유주자사의 출격은 앞 ②의 내용과는 달리 복잡한 양상을 보이고 있다. 이를 차례로 정리해보면, 첫째는 유주자사의 연합군이 장새를 나와 반격을 하면서 예맥의 거수를 붙잡아 처형했다는 내용이다. 여기서 새외는 현도군의 장새 밖을 의미하며, 거수라고 하면 '요동예맥'의 한 거수였을 것이다. 둘째는 고구려왕 궁(태조왕)이 취한 양동작전이다. 그는 항복을 위장하여 유주 연합군을 안심시키면서 한편으론 왕자인 수성遂成을 시켜 대군의 고구려 진입을 차단하는 한편 몰래 군대를 보내 재차 공격하였다고 한다. 공격한 지점에 대해『후한서』동이전 기록은 현도와 요동을 동시에 공격하였다고 하였으나,『삼국지』동이전에선 현도군을 공격하여 후성(候城, 瀋陽 東陵區 上柏官屯)을 불태웠다고 하였다.[26] 셋째는 요동과 현도 외에 유주에 속한 5개의 군국(4군+1속국)에서도 기병을 모집하여 두 군의 구원에 나섰다는 점이다. 유주의 군국이 요동·현도지역에 기병을 파견할 수 있었던 것은 유주자사의 요청 때문이었을 것이다. 유주의 동부지역에서까지 병력을 동원해야 할 만큼 당시 요동·현도군의 사태는 심각하였음을 알 수 있다.

위의 내용을 종합해보면 121년 봄의 전투에는 유주자사의 직할 군대

---

25. 권85, 동이전(고구려), 2814~2815쪽.

26. 『후한서』동이전에선 『삼국지』동이전에 보이는 '候城'이란 명칭에 의거 요동이라고 잘못 기술한 것이 아닐까 생각한다. 그러나 후성을 비롯하여 高顯·遼陽의 세 현은 121년엔 이미 현도군 소속으로 이관된 뒤였다. 세 현이 현도군 소속으로 바뀐 시기는 106년이었다.

를 제외하고도 모두 7개 군국의 병사가 연합했음을 알 수 있다. 이 규모는 앞 장에서 검토한 115년 요동선비의 무려현 공격에 맞서 유주와 주변 군들이 연합했던 예와 비교해 보더라도 훨씬 광범하다고 할 수 있다. 유주의 서부에 위치한 탁군(涿郡, 현재 북경 서남의 涿縣)이나 광양군 (廣陽郡, 현재의 북경 일대)에서까지 군대를 파견하였음을 보면 고구려와 예맥이 연합한 현도군 공격이 어느 정도로 대규모의 전투였는지 알 수 있다. 한편 이 현상은 당시 유주자사의 권한이 크게 향상돼 있었음을 시사해주는 예이기도 하다. 다소의 시차를 두고 동북에 파견된 군병郡 兵들이 회합한 장소는 사태의 발단지역이며 유주자사가 머물고 있던 현도군이었을 것이다. 현도군 가운데 후성은 전한시대 요동군 중부도위가 설치되었던 장소로서 예맥의 본거지였던 지역이다. 계속된 전투에서 고구려는 이 지역에 대한 화공작전까지 구사하였던 만큼 주군州郡의 연합군은 현도성(撫順市) 이서에 있는 후성을 특별히 주목하였으리라고 본다. 고구려와 예맥의 연합세력도 그렇지만 주군 연합군의 동선으로 생각할 수 있는 지역은 당연히 현도와 후성 구간일 것이다.

그렇지만 주군의 연합군은 예맥과 고구려 병력이 퇴각한 뒤에 도착하였기 때문에 이렇다고 할 만한 성과를 거두지 못하였던 것 같다. 본기에 기록된 "이기지 못하였다(不克)"라고 한 기록은 이러한 의미로 이해된다. 위 사건이 발생한지 얼마 되지 않아 새로운 전황이 요동군에서 벌어졌다. 121년 4월 예맥이 요동선비와 더불어 요동 서남부에 위치한 요수遼隧를 공격하였던 것이다.[27] 요수는 요하하류 유역에 위치해 있어 육로와 수로가 만나는 교통상의 요지이다. 이 지점을 공략하기 위해 예

---

27.   이 일에 대해 『후한서』 동이전에선 고구려와 선비가 연합한 것으로 기록하였으나 필자는 安
     帝本紀의 기록에 따라 예맥과 선비가 연합한 것으로 이해하였다.

맥과 선비가 동원한 병력이 8천여 명이었다고 하니, 전투의 양상이 기습공격과 같은 산발적 전투가 아니라 전면전의 성격을 띠고 있었음을 알 수 있다. 이를 추격하던 요동태수 채풍은 그의 막료와 함께 신창新昌 전투에서 몰사하였다.

신창현은 요수에서 3십여km 떨어진 지역으로 요동의 수도인 양평과도 근접한 곳이다. 이 지점은 요동 제일의 교통로인 양평과 평곽平郭을 연결하는 선상에 자리하고 있어[28] 요동군의 앞마당에 해당하는 위치라고 할 수 있다. 이를 보면 예맥과 선비가 일으킨 전투가 광범한 지역에 걸쳐 전개되었을 뿐 아니라 요동의 중심에 근접한 거리에까지 미치었음을 알 수 있다. 이 전투의 주력은 요동선비였겠지만 여기에 참여한 요동예맥 역시 대형의 전투를 보조하고 이를 수행할만한 수준에 이르렀음을 확인할 수 있다.

같은 해 12월에 이르면 요동예맥이 참여한 또 다른 형태의 전투를 확인할 수 있다.[29] 앞에서 제시한 ④⑤의 내용이 그러하다. 현도군을 공격하는데 고구려·예맥과 아울러 마한이 가세하였고, 유주자사의 편에서는 북방의 부여가 새로운 지원군으로 나서고 있었다. 마한의 정체가 무엇일지 의문이 따르지만, 이것이 삼한계열의 한 세력이 참여한 것을 의미하는 것이라면 당시 남부 원주민사회에서 가장 선진적이었던 백제를 상정하는 것이 순리일 것이다. 주군州郡에 협력한 부여가 동원한 병력의 규모가 2만여 명이라고 하였으니 전투의 규모가 어느 정도였는지 짐작할 수 있겠다.

---

28. 신창은 양평에서 약 4십km의 거리이다.

29. 안제본기에서는 12월이라고 한 반면 열전에서는 가을(秋)로 기술하였다. 또한 열전에선 이 전투에 고구려왕인 宮(태조왕)이 직접 참여한 것으로 기록하였다. "秋 宮遂率馬韓·濊貊數千騎 圍玄菟(권85, 2815쪽)"

부여의 참전을 전환점으로 두 세력 사이의 전투는 일시 소강의 국면을 보였다.[30] 고구려가 요동이나 현도를 공격했다는 기사는 이후로도 간간이 보이지만 요동예맥이 군사행동을 벌였다는 기록은 찾기 어렵다. 그러나 3세기에 이르러서도 요동예맥의 존재를 확인할 수 있음을 보면 예맥의 활동이 중단된 것으로 보긴 어렵다. 안제 시기 이후 선비의 활동이 더욱 왕성해지는 것을 볼 수 있는데, 이로 인해서도 예맥을 향한 관심은 그만큼 빛이 바랜 것은 아니었을까 생각해본다. 앞에서 주목한 안제 시기 예맥에 관한 기록은 요동예맥의 존재를 증명함은 물론 교통로와 관련해서도 비록 적은 분량이긴 하더라도 알뜰한 정보를 제공하고 있다. 고구려와 예맥이 후성을 불태운 일은 요동예맥의 주거지로서 이 지역이 안고 있었던 문제점을 들어내 보인 사건으로 이해된다. 또한 선비와 더불어 큰 병사를 동원 교통 요지인 요수를 공격한 사건도 주군의 병력 수송이나 물자의 운반과 관련하여 생각할 문제이다. 선비를 포함하여 고구려와 예맥에게 후성과 요수는 공격해야 할 요처였고, 그런 만큼 유주자사에겐 지켜야만 할 요지였을 것으로 이해한다.

4. 요동왕국의 성립과 유주자사

184년에 일어난 황건농민 봉기는 지역별로 무장세력이 득세하는 군벌시대를 열었고, 이 현상은 곧 분열의 시대로 연결되었다. 원소와 공손찬 그리고 조조가 다투던 화북평원 그 동북쪽 너머의 요동에선 공손

---

30. 이에 관해 앞의 책(2815쪽)에서는 고구려왕 궁의 사망 사실을 전하고 있다. 122년 사망했다는 것인데, 이점은 145년을 태조왕의 사망연도로 적고 있는 『삼국사기』의 기록과 차이가 크다.

탁이 새로운 세력으로 부상하였다. 공손탁은 요동 출신이면서도 요동 태수로 부임하는 행운을 잡았고, 이 기회를 이용해서 "요동왕遼東王"이라고 자칭할만한 세력으로까지 성장하였다. 혼란과 분열의 시기를 틈타 '요동왕'의 지위는 손자에 이르기까지 3대4인을 통해 세습되었던 만큼 역대의 공손씨가 구축한 정권에 대해선 '요동왕국'이라는 표현이 가능할 것이다.

역사적으로 요동(만주)지역에 등장한 세력은 요동일대는 물론 한반도에까지 직접 영향을 미쳐왔는데, 이점에서 요동왕국 역시 예외가 아니었다. 공손씨는 요동군과 이웃한 현도군을 수중에 넣었고 압록강 이남의 한반도에까지 세력을 뻗쳐 낙랑군마저 지배하였다. 현도군과 낙랑군이 관리하던 부여·고구려·옥저·동예·삼한·왜 등 동이세계가 요동왕국의 관리체계에 편입되었음은 물론이다. 조조는 요동정권이 거대세력으로 성장하는 것을 막기 위해 자신의 심복을 낙랑태수로 파견하였지만 공손탁의 방해로 성과 없이 끝나고 말았다.

> 公孫淵의 아비와 할아비 삼대가 거듭해서 요동을 소유하니 天子는 그 곳을 격리 단절된 지역(絕域)으로 여기고 海外의 일을 맡겼다. 드디어 東夷와는 격리 단절되어 중국과는 교류(通)할 수 없었다.[31]

위 내용은 『삼국지』 동이전의 첫머리 부분으로서 시대 상황에 따라 중국인의 중화관中華觀이 어떻게 변화할 수 있는지를 보여주는 흥미로운 예이다. 요동지역이 중국의 범위에서 분리된 현상은 공손씨가 자립한 결과임에도 중원의 위정자 스스로가 요동을 "격리 단절된 지역(絕域)"

31.　『삼국지』 권30 동이전(序), 840쪽.

이자 "해외海外"로서 중국과 분리된 지역으로 인식하였다는 사실은 중요하다. 이러한 현상은 현대 중국이 동북지역을 향해 표방하고 있는 정책적 입장과 비교해서 좋은 대조를 이룬다고 하겠다. 중국의 핵심인 중원지역조차 제대로 간수하기 어려운 시국을 맞게 되었을 경우 중원의 위정자들은 요동을 중국과 격리되고 단절될 수 있는 지역으로 인식하였던 것이다. 요동왕국은 이러한 인식의 토대 위에서 중원지역과 분리될 수 있었고 중원정부와는 별도로 자립할 수 있었다. 말하자면 요동왕국은 공손씨의 자립인 동시에 중원 왕조의 방기放棄였던 셈이다.

교통로와 관련하여 요동왕국의 권역을 보자면 그 범위는 서편으로 요하遼河유역에 한정돼 있었다. 당시의 형세로 보아 공손씨가 요하 이서의 요동속국이나 요서군을 수중에 넣는 것이 불가능하지는 않았을 텐데 공손씨는 요하 이서지역으론 진출하지 않았다. 오히려 요동반도 남쪽 바다 건너편에 있는 현재의 산동성 지역인 동래군에 대해선 여러 현을 점령하여 자신의 영지로 삼았으면서 말이다.[32] 공손씨가 요하 이서 방면을 향해 군사행동을 하지 않은 것은 동북지역의 정황을 고려한 때문이었을 것이다. 당시 요동속국은 선비와 오환의 본거지로서 요동의 안녕을 위해선 이들 이인夷人들이 거주하는 지역을 위협하는 행동은 삼가야만 했을 것으로 보인다. 이인들이 거주하는 요동속국은 당시 요동왕국에 위험한 존재가 되었다기보다 오히려 중원지역에서 요동방면으로 가해오는 위협을 차단하고 방어할 수 있는 보호막 구실을 하고 있었다. 또한 속국 너머에 있는 요서군을 넘보는 일은 이민족은 물론 하북지방을 다투던 원소나 공손찬 같은 무장호걸들을 자극하는 행동이

---

32. 공손탁은 발해 너머 산동반도 북부에 있던 '東萊諸縣'을 수습하여 자신의 영토로 만들고, 여기에 營州刺史라는 관직을 개설하였다.

되었을 것인 만큼 자제되어야만 했다. 공손탁이 집권 초기에 요동군을 셋으로 나누어 요동의 서쪽 지역을 '요서군遼西郡'이라고 명명하면서까지 서쪽 진출을 자제한 이유는 여기에 있었을 것이다.

이렇게 보자면 요동왕국 시기 육로를 통해 요하 이서지역으로 향하는 일은 여러 제약이 따랐을 것임이 분명하다. 그런 만큼 요동의 서쪽 관문은 요수遼隧가 될 수밖에 없었을 것이다.[33] 요수는 요하와 태자하太子河가 합류하는 지점인 해성시海城市 서사진西四鎭에 자리하고 있다. 하천을 통한 수로교통도 편리할 뿐 아니라 요하를 따라 하류로 약 30km 가량 내려가면 바다와 연결되어(현재의 營口港 지점) 해로 이용도 편리한 위치였다. 이 지역이 비록 저지대이긴 하더라도 북쪽 요택遼澤의 늪지대를 피할 수 있어 육로 이용도 가능한 지역이었다. 요동왕국의 말년에 공손연이 유주자사 무구검毌丘儉과 대사마大司馬 사마의司馬懿의 잇단 공격에 맞서 요수를 보루로 삼아 항전했던 이유를 알 수 있겠다. 이와는 다른 경우이지만 121년 안제 때 예맥과 선비가 대규모의 병력을 동원해서 요수를 공격한 이유도 짐작이 간다. 물자의 수송과 군대의 이동에서 요수는 요동의 안과 밖을 연결해주는 교통상의 중요한 고리였던 것이다.

해상을 통한 중국본토와 요동의 교류에서 요수에 못지않게 관문의 역할을 한 곳은 답씨(沓氏縣)이다. 이 지역은 요동반도의 남단 가까이에 자리하여 산동반도를 마주보는 위치이기 때문에 산동과 왕래하기가 비교적 수월하였다. 또한 요동반도와 산동반도 북부 해안 사이에는 묘도열도廟島列島가 징검다리마냥 자리하고 있어 안전한 항해가 가능하였다. 이러한 이점 때문에 산동과 요동인의 왕래는 빈번하였다. 184년

---

33. 『한서』에 기재된 명칭은 '遼隧'이나 『후한서』에선 '수(隧)'가 '대(隊)'로 약식화 되어 '요대(遼隊)'란 이름으로 불리게 되었다.

황건 농민봉기는 산동지역을 주요 거점으로 삼았는데, 이 시기 많은 난민들이 불안한 산동을 떠나 요동으로 이주하였다. 238년엔 조위曹魏 정부가 파견한 원정군이 요동으로 진입하여 대숙청을 단행하였는데, 이때엔 역으로 요동의 주민들이 대거하여 산동으로 이주하였다. 두 지역 난민의 상하 흐름에서 주요한 거점이 되었던 곳은 답씨였다. 난민의 이주로 인해 요동은 요동대로 또한 산동은 산동대로 새로운 현縣들을 개설할 정도였으니 답씨현을 통해 출입한 인구의 규모가 어느 정도였을지 상상이 간다.

요동의 자립은 유주자사의 동쪽 권역이 분리 이탈되었음을 의미한다. 유주를 온전히 관리해야 할 유주자사의 입장에서 요동왕국의 등장은 배신이자 반역이었다. 이런 측면에서도 유주자사가 공손씨왕국을 바라보는 눈길은 고울 리 없었다. 220년 후한에 이어 등장한 조비의 위魏 제국은 남부의 오吳·촉蜀과 함께 중국을 삼분한 상황이었지만 북중국에선 비교적 안정을 회복할 수 있었다. 조조는 207년 요서방면으로 도주하여 오환족의 보호를 받고 있던 원소의 아들 원상袁尙과 원희袁熙를 정벌함으로써 위협이 될 만한 경쟁자들을 평정하였다. 조조가 요서로 출정할 시기에 유주자사가 확인되지 않는 것을 보면 아마도 이 시기엔 유주자사가 임명되지 않았던 듯하다. 위 제국 수립 이후 자사의 활약이 다시 눈에 뜨인다. 자사가 활동한 내용을 보면 대부분이 선비에 대한 대응문제이거나 요동왕국에 관한 문제임을 알 수 있다.

유주자사는 담당해야 할 직무 때문에도 요동문제를 다루는 대열의 선봉에 서야만 했다. 유주자사로 유명한 무구검毋丘儉이 요동을 공격하는 것은 237년의 일이지만, 이보다 5년이나 앞선 232년에도 유주자사를 앞세운 요동에 대한 공격 논의가 있었다. 당시 요동정권은 위 조정과의 관계에서 위협을 느낀 나머지 멀리 강남에 위치한 吳나라와 교섭을 개시하였다. 이 때 교섭을 위한 창구 역할을 한 지역 역시 답씨현의 항구였다. 요동정권이 손권의 오나라와 교류하는 데 분노한 위나라 황제(明帝)는 동북에 소재한 자사들을 시켜 요동을 공격하고자 하였다. 유주자사인 왕웅王雄에겐 육로로 공격하게 하고 평주자사平州刺史인 전예田豫는 바닷길(海路)을 통해 공격하도록 하였다. 위나라 군사가 공격할 시점에 손권의 대규모 사절이 요동에 도착했기 때문에 자사를 앞세운 공격 계획은 취소되고 말았다. 232년 위나라의 공격은 불발로 그치고 말았지만 이 계획이 성사되었을 경우 유주자사가 선택한 교통로는 요수를 경유하는 육로 노선이었을 것이며, 평주자사는 해로를 이용 답씨현으로 상륙하는 노선을 선택했으리라 본다.

요동왕국의 마지막 영주인 공손연이 선택한 외교방식은 서로 적대 관계에 있는 위와 오 두 나라 모두와 교섭하는 양다리 외교라고 할 수 있다. 이러한 공손연의 자세는 위와 오 두 나라 모두로부터 불신과 분노를 샀다. 궁지에 몰린 공손연은 인접한 위 조정의 환심을 사기 위해 요동을 방문한 오나라 사절 일행을 참수하여 그 목을 위에 보내기도 하였지만 결국 위 황제의 마음을 돌리진 못하였다. 요동정권의 배신에 분노한 손오孫吳정권은 시선을 고구려로 돌리려 하였으나 이 또한 여의치 않았다. 유주자사가 고구려와 오나라가 서로 교섭하는 일에 대해 촉각을 곤두세우고 있었던 때문이다. 한두 차례의 왕래로 교류의 가능성을 타진하던 고구려도 결국 236년에는 자신들을 방문한 오나라 사절의 목을 베어 유주자사에게 바침으로써 관계를 정리하였다.

여기서 한 가지 언급해야 할 사항은 고구려가 이용한 교통로이다. 강남의 오나라나 동북지역에 있을 유주자사와 왕래하기 위해선 교통의 거점이 필요하였을 텐데, 구체적 지점으로 떠오르는 곳은 서안평西安平이다. 오의 사절이 도착한 지점도 그렇고 고구려 사신 일행이 강남으로 출발한 지점도 '안평구安平口'로 기재되어 있는데, 그 위치는 한대漢代 요동군 서안평현(현재의 요녕성 단동시 애하첨靉河尖마을)의 포구를 가르킨다. 당시 서안평은 요동왕국의 역내였는데 고구려가 이 지역을 자신의 포구로 이용할 수 있었던 것은 어떠한 이유 때문일까.

이 시기는 고구려의 동천왕 때(227~247)로서 당시의 고구려가 서안평을 자신의 영역으로 편입시켰다고 보기는 어렵다. 이 지역에 대한 소유권은 여전히 요동군을 통치하는 요동왕국에 있었다고 보아야 할 것이다. 서안평은 압록강 하구에 위치한 수로교통의 요지이자 요동의 중심지와 낙랑을 연결하는 육로교통의 요지이기도 하다. 서안평(현재의 丹東)은 현재도 그렇지만 고대에도 동서의 수로교통과 남북의 육로교통이 교합하는 교통의 요충지였다. 위치상으로 보아 서안평은 요동 서편의 요수遼隧에 못지않은 교통의 요지였던 만큼 요동정권이 이곳을 고구려에 양도할 리 만무하였을 것이다. 그러나 당시 요동왕국의 형편으로선 고구려나 손오孫吳의 사절 일행이 서안평을 경유하는 일에 관여할 만한 여유가 없었다. 오히려 요동세력이 집중하여 경계할 지점은 요하 하류 유역의 요수였다. 그만큼 요동왕국을 향한 위 조정의 압박은 무력 공격이라는 형태로 다가오고 있었다. 이러한 상황에 직면한 공손씨로선 중원세력의 공격에 골몰하면서 고구려와의 분쟁으로 전력을 분산시킬 여력은 없었을 것이다. 고구려는 이러한 틈새를 이용하여 서안평을 통해 해상으로 진출하였고, 해로를 통해 남쪽의 오나라나 요서 서편에 있는 유주자사부와 접촉할 수 있었다. 이 시점은 서안평을 통한 고구려의 서해 진출과 해상활동이 개시된 시기라는 점에서도 중요한 의미를 갖는다고 하겠다.

형주자사荊州刺史로 재직하던 무구검은 236년 이후 유주자사로 옮기었다. 무구검을 유주로 발령한 명제明帝는 그가 제시한 책략이 중요하다고 판단한 때문이었다. 그의 책략(幹策)이 무엇인지 구체적으로 알기는 어려우나 대략 다음 세 가지 내용이 근간을 이루었을 것으로 보인다. 첫째 위의 황제는 촉과 오라는 힘든 상대와 대치하느라 시간만 소비할 것이 아니라 가깝고도 쉬운 상대인 요동 공손씨를 섬멸하자는 것, 둘째 중앙의 상비군을 요동 방면으로 이동시킬 수 없는 상태인 만큼 유주幽州 현지의 병력만으로 요동을 공격하자는 것, 셋째 요동에 대한 승산이 충분한 만큼 이를 통해 황제는 커다란 업적을 이룰 수 있으리라는 것[34]이라는 내용이다. 이 같은 주장에 대해 조정 신료들의 반대도 있었지만 위魏 명제明帝는 유주자사 무구검의 출병을 허락하였다. 명제는 유주로 중앙의 군대를 지원해주진 않았지만 대신 무구검에게 도료장군度遼將軍과 오환교위烏桓校尉의 직책을 부가하였다. 두 직책 모두 흉노나 선비·오환과 같은 동북 이민족의 소요에 대처하기 위한 무장武將의 자리로서 별도의 군영兵營을 유지하고 있었다. 직책을 겸하였던 만큼 무구검의 원정에는 두 군영의 장병도 종군하였을 것이다. 오환이나 선비와 같은 부족이 무구검 병력의 일원이 될 수 있었던 이유도 여기에서 찾을 수 있으리라 본다.[35]

유주자사의 공격에 맞선 공손연은 요동의 군사를 동원하여 요수를 제1의 방어선으로 삼았다. 전쟁은 우기雨期인 7월에 전개되었다. 요수현 지역이 요택遼澤지대를 벗어난 남쪽 지역이기는 하더라도 침수가 잦은 저지대라는 점은 요택과 별반 차이가 없다. 저지대인 요수에서 요동의 군대와 대적하게 될 것이란 계산은 미리 서있었을 텐데 하필 우기를 전쟁시기로 잡았는지 의문이 아닐 수 없다. 이점은 1년 뒤에 요동을 재

---

34. 『삼국지』 권22 衛臻傳, 649쪽 참조.
35. 이민족이 종군할 수 있었던 배경으로는 두 군영 이외에 요동속국의 주민(선비, 오환)처럼 夷民이 참여한 경우도 고려돼야 할 것이다.

차 공격한 사마의司馬懿의 입장도 동일하다. 그는 7월이 아닌 8월을 선택했지만 이 시기도 우기임에는 별 차이가 없었다. 이렇게 보자면 무구검의 경우나 사마의의 경우 모두 우연의 일치라고 보긴 어렵다. 오히려 양자 모두 의도된 선택이 아니었을까 생각한다. 저지대를 육로로 행군하는 것보다 우기를 통해 불어난 요수의 수량을 이용해 선박으로 이동하려는 계략이 아니었을까 생각되기도 한다. 요수현으로부터 수도인 양평까지는 하천을 통한 교통이 가능하였던 만큼 요하의 수량이 크게 팽창하는 우기를 고의로 선택하였을 것으로 짐작한다.

무구검의 군대가 만나게 된 비는 충분히 예상된 비였을 것이다. 그렇더라도 유주의 병사들이 요수현에서 만난 장마 비는 가물고 건조한 기후에 익숙한 하북인에겐 감내하기 어려울 정도로 많은 비였다. 열흘 동안 쉬지 않고 쏟아지는 비는 유주의 군대에게 불리하게 작용하였고 결국엔 퇴각 명령이 내려졌다. 1년 뒤 8월에 쏟아진 비도 폭우에 다름 아니었지만 사마의 군대는 이를 전세에 유리하게 활용하였다. 양자의 차이는 결국 준비에 따른 차이일 것이다. 준비의 차이로서 상정할 수 있는 것은 선박을 통한 수로의 활용이 아니었을까 한다. 전쟁시기로 7월을 선택한 무구검도 선박의 이용을 염두에 두었겠지만 유주 군대가 준비한 전략은 수전에도 익숙한 사마의의 중앙 상비군에 견줄 바 못 되었으리라 짐작한다. 결과적으로 유주자사 무구검이 제시한 요동 정복 계획은 실패로 끝났으며 후일을 기약해야만 했다.

5. 유주자사부와 서안평(丹東)

238년에 이루어진 사마의의 요동 정벌은 요동의 역사만이 아니라 인근 동이지역의 역사에도 커다란 영향을 끼쳤다. 중원 정부와 분리 단절되어 반세기 동안 공손씨에 의해 관리되던 요동과 동이세계는 다시 위魏라고 하는 중원왕조의 관리 아래 놓이게 되었다. 진수陳壽가 저술한 정사正史『삼국지』보다 소설 나관중의『삼국지연의』에 익숙한 독자들에게 사마의의 요동원정 이야기는 낯설기만 할 것이다. 한중漢中지방을 사이에 두고 촉의 승상 제갈량과 밀고 밀리는 전투를 벌이던 사마의가 서남 사천지방과는 정반대 방향인 동북 요동으로 원정길에 올랐다고 하니 말이다. 사마의가 공격 방향을 정반대 지역으로 선회할 수 있었던 데에는 제갈량의 죽음이 자리하고 있다. 한중지방을 수중에 넣기 위해 사마의와 대치하던 제갈량은 234년 8월 오장원五丈原 진중에서 병사하였다. 중국을 대표할 최고 전략가인 제갈량의 사망은 적대 위치에 있던 사마의에게 휴식할 기회를 제공하였고, 이어 그는 다음해 장안으로 귀환할 수 있었다. 수도로 돌아온 이후 그는 요동 원정을 기획하였고 238년 명제의 명령에 따라 요동 원정에 나섰다.[36]

237년 요동 공격에 나섰던 무구검이 요하 하구의 요수현에서 공손씨의 병력과 대치했던 경험 때문인지 사마의는 238년 출정에 앞서 요동세력이 요하유역에 의지하여 전투를 벌일 것이라는 점을 예견하고 있었다. 공손연의 군대는 예상대로 요수현 일대에 보루를 쌓고 위군魏軍의 공격에 대비하였다. 전년도에 무구검은 7월의 장마로 철군을 하였었는데, 238년 사마의 군대에 닥친 8월 장마도 녹녹치 않았다. 장마는 한 달이 넘도록 계속되어 요동의 동맥인 요하가 범람할 정도였다. 많은 비로 사마의 군대가 고통을 겪기도 하였지만 하천의 범람으로 도움을 받

36.　이 내용과 관련해선 西嶋定生, 1983,「親魏倭王册封に至る東アジア情勢—公孫氏政權の興亡を中心として」『中國古代國家と東アジア世界』東京大出版會 참조.

기도 하였다. 요하 하구로부터 요동의 수도인 양평성 인근까지 하천 수로가 형성된 것이다. 사마의가 동원한 4만의 병사 가운데에는 수군水軍도 포함돼 있었다. 사마의는 육군인 기병만이 아니라 수군도 동원하여 비교적 수월하게 양평성을 함락시킬 수 있었다. 238년에 이뤄진 사마의의 원정에 유주자사 무구검이 동참하였다는 기록은 없으나 요동의 지리에 밝다거나 1년 전에 있었던 전투 경험 등의 사실로 미루어 향도의 위치에서 종군하였을 것으로 짐작한다.

요동왕국의 최후와 관련하여 한 가지 덧붙일 내용은 죽음을 목전에 둔 공손연 부자의 도주 방향이다. 수도 양평을 탈출한 공손연은 그의 아들 修脩와 함께 수백의 기병을 거느리고 동남쪽을 향해 도주하였다고 한다. 양평의 동남향이라고 하면 고구려가 있는 지역을 연상케 되지만 '동남향'이 고구려를 지칭하는 것은 아니었을 것이다. 사마의 군대의 양평 공격에 즈음하여 고구려가 요동왕국이 아닌 위(魏, 사마의)의 원정군을 돕기 위하여 수천의 병사를 파견하였음은 이러한 추론을 가능케 한다. 공손연 일행이 선택한 동남 방향은 오히려 동남쪽 바다 건너에 있는 일본(倭)이 아니었을까 생각해 본다. 앞선 204년 공손강이 대방군을 설치한 이후 왜인들은 대방을 통해 요동왕국에 조공하였을 것으로 짐작한다. 중원제국에 대신하여 조공과 책봉 의례가 요동의 공손씨 정권을 중심으로 이루어졌던 만큼 왜국은 요동의 권력자들에게 미지의 세계만은 아니었을 것이다. 도피가 성사될 수 있었다면 일본 지역은 동남의 방향에 있는 어떠한 나라보다 안전한 피난처였을 것이다. 그러나 동남으로의 피난 여정은 매우 길었고 도피할 시간 여유도 없었던 것으로 보인다. 양평을 탈출한 공손연 부자는 얼마 못가 사마의 군대에 붙잡혀 현장에서 즉결 처분되었다.

요동원정에 성공한 사마의가 황제가 있는 낙양으로 회군한 이후 요동지역에서 새로운 시대를 이끈 주체는 유주자사 무구검이었다. 237년의 요동 출격에 이어 238년 사마의의 원정을 수행한 무구검은 공손씨 정권이 괴멸된 이후에도 요동에 남아 복구작업을 지휘하였다. 그의 위상은 점령군 사령관이나 다름없었는데, 이를 위해 무구검은 비록 임시이긴 하더라도 유주자사의 수도를 광양군廣陽郡 계현(薊縣, 北京)에서 동쪽으로 약 7백km 떨어진 요동군 양평성(縣)으로 옮겼다. 무구검이 양평에 주둔하면서 수행한 업무는 요동지역의 군현화는 물론 동이지역과의 관계를 요동왕국 수립 이전 시기로 되돌리는 일이었다. 약 반세기 동안 임의로 '중화(小中華)'의 역할을 수행한 요동왕국에 대신하여 이인夷人들이 귀속해야 할 궁극의 대상은 중원의 천자임을 각인시키는 일이 중요하였다. 이를 위해선 유주자사가 동이와 관련된 일에 몸소 나서는 행동도 필요하였다. 유주자사 무구검에게 시범의 대상이 된 것은 동이 세계의 강자로서 위 조정에 그다지 고분고분하지 않던 고구려였다. 무구검은 고구려를 필두로 하여 동부의 예맥 그리고 한반도 남부 한인사회의 일에도 적극 개입하였다. 동이의 여러 국가나 부족에 관한 업무는 현도·낙랑·대방군의 장관인 태수太守의 몫이었기 때문에 무구검은 동이제군東夷諸郡의 태수들을 선봉에 내세워 활용하는 방법을 구사하였다.

유주자사 무구검이 요동의 양평에 주둔한 시간은 적어도 7년을 상회하는 기간이었던 것으로 추산된다. 이 기간 동안 유주자사가 수행한 업무 가운데 가장 주목할 내용은 아무래도 고구려와의 관계일 것이다. 238년 위魏 조정의 군대가 공손씨의 요동왕국을 공격할 무렵 고구려는 수천의 군사를 내어 위의 군대(魏軍)를 지원하였다. 반세기 동안 동방의 종주宗主로서 중화의 역할을 수행해 온 요동왕국을 버리고 조위曹魏의 편을 든 고구려의 행동을 상투적 관행으로 볼 일은 아니다. 위나라 황제가 파견한 원정군을 돕기 위해 군대를 파견한 고구려의 행동은 요동 지역이나 중원의 정황을 정확히 파악한 외교적 선택으로 보아야 할 것이다. 그 정도로 동천왕東川王 시기의 고구려는 국제정세에 밝았고 이에 따른 신속한 조치를 취하였다. 이렇던 고구려가 244년에서 245년에 걸쳐 유주자사 군대의 공격을 받아야 했던 이유는 무엇일까. 여기에는 교통로로서의 서안평 문제가 자리하고 있다.

서안평西安平은 압록강 하구에 자리한 한대漢代 요동군의 현으로 현재의 랴오닝(遼寧省)성 단둥(丹東市)시에 해당한다. 단둥은 우리의 신의주와 압록강을 경계로 마주하고 있는 위치이다. 고구려의 군대가 보병이나 기병만이 아니라 수군水軍으로도 맹위를 떨치었음은 잘 알려진 사실이다. 해상을 통해 강남의 오나라(孫吳)와 교류하거나 하천의 수로를 통해 중국 군현세력을 기습 공격한 일화는 유명하다. 이러한 고구려에게 서안평은 내지(內陸) 항로의 기착지이자 해양(西海) 진출을 위한 거점으로서 양보할 수 없는 요처였다. 요동왕국 공손씨정권의 말기 고구려는 비교적 자유롭게 서안평을 서해 항해의 거점으로 활용하였다. 이 같은 예는 사료를 통해서도 확인할 수 있다.

> 그 해(233년)에 (고구려왕) 궁宮은 조의皁衣 등 25인을 파견하여 (오나라에) 주단葛旦 등을 송환토록 하였고 글월(書狀)을 올려 신하를 자칭하였다. [중략] 1년이 지나(234년) (吳帝 孫權은) 사자使者 사굉謝宏과 중서中書 진순陳恂을 파견하여 (고구려왕) 宮을 선우單于로 삼고 의류와 진귀한 보화를 하사하였다. 진순 등은 서안평(安平口)에 도착하였다.[37]

---

37. 「삼국지」 권47 吳主傳2에 인용된 「吳書」, 1140쪽.

위의 기록은 233년과 234년 고구려와 중국 강남의 손오孫吳가 교류한 사실을 전하고 있다. 233년의 기록은 오의 사절로 요동왕국에 억류돼 있다가 고구려로 탈출한 주단奏旦 등[38]을 고구려왕(東川王)이 오나라로 송환시켰다는 내용이며, 234년의 기록은 손권이 전년의 고구려 도움에 대한 답례로서 사굉·진순 등의 사절을 고구려로 파견하였다는 내용이다. 2년에 걸친 고구려와 손오의 교류에서 양국의 접점이 되었던 장소는 서안평이었다. 233년 고구려가 오의 사절을 송환시킨 지점이 명시되진 않았다고 하더라도, 234년의 예로 미루어 그 지점이 서안평(安平口)이었을 것임은 충분히 짐작할 수 있다. 이 시기 고구려는 서안평을 통해 강남 지역과 교류하였을 뿐 아니라 유주자사와도 교류하였음이 확인된다.

① 진순陳恂 등은 안평구에 도착하자 우선 校尉 陳奉을 보내어 먼저 宮 (동천왕)을 알현케 하였다. 그러나 宮은 (이미) 魏 유주자사의 諷旨를 받았기 때문에 오나라 사절(正使)이 몸소 실행하기를 요구하였다.[39]

② (236년) 7월 고구려왕 宮은 孫權의 使者 胡衛 등의 목을 베어 幽州에 이르렀다.[40]

기록①은 234년 고구려를 방문한 오나라 손권 사절에 관한 기록으로서 위의 인용문에 후속하는 내용이다. 이 때 고구려는 위나라 지방관인 유주자사로부터 '풍지諷旨'를 받고 있었다. 여기서 '풍지'란 '은밀한 연락'이나 '은근한 압력'이란 의미로 이해할 수 있겠다. 고구려를 향한 유주자

---

38. 기록에 보이는 오의 사절 일행은 주단 외에도 張群 杜德 黃彊 등의 이름이 보인다.

39. 『삼국지』 권47 吳主傳2에 인용된 「吳書」, 1140쪽.

40. 『삼국지』 권3 明帝紀, 107쪽.

사의 압력은 오吳와의 교류에 따른 위魏 조정의 불만과 견제를 반영한다. 유주자사의 '풍지'가 어떠한 경로를 통해 고구려에 전달됐는지 알 수 없지만 유주자사부와 고구려 사이에 가로놓였던 요동왕국을 고려한다면 그 루트는 서안평을 경유하는 수로水路 교통이었을 것임을 짐작할 수 있다. 여기서 수로란 발해만을 통과하는 해로와 압록강을 역류하는 내륙 수로가 결합된 교통로를 의미한다. 기록②는 고구려에 대한 유주자사의 '풍지'가 어떠한 결과를 낳았는지 생생하게 보여준다. 236년 고구려는 오의 사절 일행의 목을 베어 그것을 유주자사부로 보냄으로써 강남정권과의 관계를 정리하였다. 유주자사부를 찾는 고구려의 사행使行은 앞의 '풍지'의 노선과 동일하였을 것이나 다만 앞의 여정 순서를 거꾸로 역행하는 노정이었을 것이다. 즉 유주자사부가 위치한 북경지역을 향하는 고구려 사절의 동선은 집안에서 압록강 흐름을 따라 서행西行하고, 하구인 서안평에 이르러선 다시 해로를 따라 요서지방으로 항해하고, 요서지역에선 다시 육로로 자사부刺史府를 향하는 노선이었을 것이다.

이렇듯 서안평은 고구려에게 중국 대륙을 향한 통로이자 관문으로서의 중요성을 지니고 있었다. 해양을 통한 교류나 소통을 위해선 욕심낼 수밖에 없는 지점이었다. 고구려가 서안평을 직접 점유하거나 교류의 장소로서 활용한 것은 아니더라도 이 지점으로 진출한 자취는 약 1세기 전의 기록에서도 확인된다. 고구려의 군대가 서안평을 공격하면서 도중에 낙랑군 소속의 대방 현령을 살해하고 낙랑태수의 처자를 인질로 붙잡았다는 내용이 그러하다.[41] 이러한 사실들을 종합해 보면 서안평을 중심한 고구려와 중국 군현 세력의 갈등은 오랜 역사를 지니고 있었음을 알 수 있다. 서안평(丹東)은 남북 한반도와 만주를 연결하는 접

41.　「후한서」 권85 東夷傳(고구려), 2815쪽.

점이자 동서 하천 수로와 서해의 해로를 연결하는 교착점으로서의 중요성을 지니고 있었던 만큼 이 지점을 어떠한 세력이 점유하는가에 따라서 만주와 한반도를 중심한 동북아지역의 정세는 영향을 받았을 것이다. 중국세력이 이 지점을 장악한다면 고구려의 해양 진출은 봉쇄되었을 것이고, 반대로 고구려가 이 지점을 차지한다면 중국세력의 한반도 진출은 그만큼 어려웠을 것이다.

그러면 233년과 234년 그리고 236년에 고구려가 서안평을 근거 삼아 손오정권이나 유주자사와 독립적으로 교류할 수 있었던 근거는 무엇일까. 이 시기의 고구려는 서안평을 자신의 영지로서 점유하였던 때문일까. 이 시기 고구려가 서안평을 교류의 창구이자 거점으로 활용한 것은 사실이지만 그렇다고 이 사실을 들어 서안평이 고구려의 영토임을 주장하기는 어려울 것 같다. 서안평은 중원제국이 한반도 북반의 낙랑군과 대방군을 통치하는 데 관문의 위치였던 만큼 만약 고구려가 서안평을 점령했다면 이 일은 두 군의 생존에 심각한 영향을 미쳤을 것이기 때문이다. 서안평이라는 육로의 거점이 고구려에 차단되었다면 두 군은 존립마저 위태로웠을 것이지만, 이 시기 두 군이 위기에 처하였다거나 안위를 거론할만한 징후는 찾을 수 없다. 당시 서안평을 비롯하여 반도의 두 군 역시 공손씨가 관리하고 있었다고 보아야 할 것이다. 고구려의 서안평 진출과 관련하여 오히려 주목해야 할 사실은 당시 급속히 냉각되어 긴장상태로 접어든 요동왕국과 조위정부의 관계가 아닐까 한다.

220년 후한왕조에 뒤이어 등장한 조위왕조는 동북지역에서 독립 정부를 구축하려는 요동정권을 향해 반목할 수밖에 없었다. 그러나 당시 위 왕조는 남쪽으로 촉蜀과 오吳라는 보다 큰 세력과 거의 전쟁 상태에 있었던 만큼 그 반대 방향에 있던 동북의 요동왕국에 대해선 가급적 방임하는 자세를 취하였다. 그러나 이러한 입장은 232년 요동왕국이 강남의 손오정부와 교류를 본격적으로 추진하면서 돌변하였다. 요동정권을 향해 위 조정은 적의를 들어내었고, 위 명제明帝는 233년 유주와 산동(靑州)의 병력을 움직여 요동을 공격하고자 하였다. 이러한 시도가 비록 불발로 그치긴 하였지만, 이후 요동정권으로선 위나라 군대의 움직임에 촉각을 곤두세울 수밖에 없었다. 위나라와 전시상태에 접어든 요동왕국으로선 후방에 해당하는 고구려나 서안평 문제에 관해선 신경 쓸 겨를이 없었을 것이다. 당시 성장 일로에 있던 고구려는 이러한 기회를 놓치지 않았다. 고구려는 이렇다고 할 제약 없이 서안평에 진출할 수 있었고 이를 통로 삼아 강남지역과 교류하거나 유주자사와 접선할 수 있었다. 한편 위 조정도 요동왕국이 동부와 남부지역에 소홀한 기회를 틈타 낙랑군과 대방군을 접수하였으니, 이 일은 238년 사마의가 요동정부를 향한 대규모 원정을 단행하기 직전에 이루어졌다. 두 군을 접수한 일이 문헌에서 간략히 언급됨을 보면 이 일은 별 어려움 없이 수월하게 처리된 듯하다.

238년 사마의가 인솔하는 위군魏軍이 요동을 공격하자 고구려도 위군을 돕기 위한 지원 병력을 수천명 파견하였다. 그 결과는 요동 원정은 위군의 승리로 끝이났고, 이후 요동의 수도 양평에는 유주자사 무구검이 주둔하였다. 무구검은 만주지역에 자리한 요동군과 현도군만이 아니라 한반도 북반의 낙랑군과 대방군 역시 관할하였다. 각 군에는 조정의 발령을 받은 지방장관으로서 군 태수가 있었지만 당시 이들은 유주자사의 지휘 통솔 아래 있었다. 주州 자사와 군 태수로 연결된 새롭고도 강력한 군현체제가 재차 확립되었던 것이다. 이와 같은 동북의 새로운 정세 변화에 대해 고구려가 불안을 느끼고 불만스러워 하였을 것임은 물론이다. 중국 군현체제의 정비 자체가 고구려를 향한 압박이었으며,

구체적으론 서안평 지역과의 분리이자 차단이었다. 유주자사가 고구려에게 말년의 요동왕국처럼 서안평을 활용할 수 있도록 방치할 리 만무하였던 때문이다.

서안평은 교통의 거점으로서 고구려의 전체 역사를 통해 중시되었던 지점으로 평가할 수 있다. 중국대륙이라는 문명권을 향한 통로가 중국 군현 세력에 의해 봉쇄되어 있었던 만큼, 하천의 수로를 통해 곧장 해양(서해)으로 나아갈 수 있는 출구로서 서안평이 지닌 가치는 가히 절대적이라고 할 수 있다. 고구려의 확장과 성장을 위해서도 그렇고, 한 단계 높은 중국대륙 고급한 문명사회와의 교류를 위해서도 서안평은 포기할 수 없는 땅이었다. 반면 서안평은 군현체제를 재차 강화하고자 하는 유주자사의 입장에서도 소홀히 할 수 없는 지역이었다. 서안평은 요동지역과 남쪽 낙랑·대방군 지역을 연결하는 접점으로서, 서안평의 상실은 남쪽 군현들을 포기하는 것이나 다름없는 일이었다. 그리고 동이 세력 가운데 가장 다루기 어려운 세력인 고구려를 단속하고 제어하기 위해서도 서안평은 확보되어야만 하였다. 이러한 정황을 종합해보자면 서안평을 둘러싼 고구려와 유주자사부의 대립과 갈등은 의심의 여지가 없다. 244년과 245년에 발생한 두 세력의 충돌은 그 당연한 결과이다.

6. 유주자사의 동이 관리

유주자사가 동이 문제에 적극 개입하였던 시기는 요동왕국이 붕괴한 직후였다. 이 시기 유주자사는 업무의 중심지를 본래 위치인 북경에서 요동의 양평襄平으로 옮겼다. 치소治所를 요동지역으로 이전한 것은 공손씨의 요동왕국이 차단시켜던 중앙집권체제를 복원하기기 위한 목적 때문이었지만, 유주자사의 소재가 동이지역과 밀착됨으로 해서 동이와의 관계에도 중대한 변화가 따랐다. 유주자사가 동이의 일에 관여한 것은 후한 말 그리고 요동왕국 시기를 통해 이완되고 유리遊離된 여러 동이들의 내속內屬 상태를 복구하기 위해서였다. 이 시기 유주자사가 관계한 대상은 동예·삼한 등 동이지역 전반에 미쳤다고 하겠으나 특별한 관심을 기울인 대상은 동이 가운데 최고의 강자라고 할 고구려였다.

유주자사 무구검이 고구려를 공격하는 데 발단이 된 것은 앞서 설명한 서안평을 둘러싼 갈등이었다. 고구려는 유주자사가 요동에 주둔한지 4년째 되는 242년 서안평을 공격하였고, 이를 응징하기 위해 유주자사는 244년 원정군을 출동시켰다. 여기서 잠시 주목할 것은 도발과 응징 두 사건 사이에 2년이란 시간이 소요되었다는 점이다. 고구려의 서안평 공격이 이후로도 몇 차례 반복된 때문이기도 하겠지만, 시간의 경과는 자사부刺史府에서 원정을 준비하기 위해 시간을 소요한 것으로 보는 게 순리일 것이다. 244년 무구검이 인솔한 원정에는 유주의 군대(幽州軍) 뿐만 아니라 유주의 경내에서 생활하던 선비鮮卑 오환烏桓의 병사도 합류하였는데,[42] 이러한 현상은 시간을 소비하면서 준비한 결과일 것이다.

이민족 병사의 종군 사실을 현존現存하는 조각난 〈무구검기공비毋丘儉紀功碑〉로는 확인할 수 없지만 여기에는 원정하는 노정路程의 주민인 예맥인도 관여하였을 것으로 짐작된다. 원정의 길이가 편도 3백km를 상회하였던 만큼 원정군의 길잡이 역할을 비롯하여 보급 문제 등 현지인의 협조가 절대적으로 필요하였을 것이기 때문이다. 무구검 원정 초

---

42. 무구검의 원정군에 이민족 병사도 종군하였음은 245년에 제작되어 근대 1906년에 발견된 〈毋丘儉紀功碑〉의 내용으로 알 수 있다. 비석이 발견된 지점은 吉林省 集安縣 板岔嶺으로서 기공비의 상태는 아랫부분과 왼편이 떨어져나간 단편의 상태였다.

기에 등장하는 노선의 선택 문제, 즉 남로南路와 북로北路의 일화는 현지인의 협력 없인 결정하기 어려운 내용이었을 것이다. 남로와 북로의 분기점은 소자하蘇子河가 혼하渾河와 합류하는 지점으로서, 후대 고구려가 이곳을 점령한 이후엔 남소성(南蘇城, 현재의 鐵背山城)을 축조하였다고 한다.[43] 유주자사 군대는 남과 북 도로 가운데 어떠한 도로를 주력부대의 행로로 삼을 것인지 논의가 있었을 것이며, 고구려의 주력군을 북로로 유인하는 전술을 통해 남로로 진군하였다고 한다. 무구검의 침입로는 혼하 → 소자하 → 혼강 → 신개하 → 판차령 → 환도성의 경로로서, 그 노정은 하천과 하천을 잇는 협곡과 고산준령이 가로 놓인 좁고 가파른 코스였다. 이 길은 고구려의 역사가 개시된 이래 요동지역과 고구려의 중심지를 연결시켜주는 도로로서의 위상을 지켜왔다고 하지만, 낯선 이방인들로선 현지 주민의 안내와 협력 없인 왕래가 불가능하였을 것이다. 그만큼 이 전쟁은 현지인으로서 예맥의 존재를 일깨워주는 원정이었다고 평가할 수 있다.

무구검의 침입 경로는 현도군을 출발지로 삼고 있는데, 현도와 요동을 연결한 역방향 노선은 고구려가 중국 군현을 상대하기 위해 주로 이용했던 교통로로도 알려져 있다. 고구려의 수도인 국내성 지역과 상대漢 군현인 현도·요동군을 연결하는 교통로로서 신개하-혼강-소자하-혼하를 잇는 노선은 기원1세기 무렵이면 상용될 만큼 일찍부터 사용되어 왔다. 이 구간이 고구려와 중국(漢·魏) 군현의 지배 공간으로 양분돼 있었다고 보긴 어렵다. 비록 고구려와 군현 두 세력의 영향에서 자유롭지 못하였다고 하더라도 이 공간은 두 세력의 영역으로부터 엄연히 분

---

43.   여호규, 1995, 「3세기 후반~4세기 전반 고구려의 교통로와 지방통치조직 —南道와 北道를 중심으로—」, 『한국사연구』91.

리되고 구분되는 공간이었을 것이다. 두 세력의 영역이 아닌 제3의 공간으로서 일종의 완충지 역할을 하였다고 생각한다. 제3지대 주민의 종족 실체는 예맥으로 보아야 할 것이다. 무구검이 원정에 나서던 3세기 중엽을 기준으로 삼을 경우 이들 제3지대의 공간 범위는 고구려나 현도의 강역을 훨씬 상회하는 규모였을 것이다. 이런 관점에서 보았을 때 다음 기록의 '예맥'은 달리 해석될 여지가 있다.

(正始7년) 夏5월 濊貊을 쳐서 모두 격파하였다. 韓那奚 등 수십 國이 각기 무리를 이끌고 항복하였다.[44]

위의 내용에서 '예맥'의 정체에 관해 동예로 해석하는 경향이 있으나, 이것은 '예맥 = 동예'라는 인식의 결과라고 볼 수 있다. 사료에서 동예가 예맥으로 표기된 사례가 있기는 하지만 예맥이란 기록 모두를 동예로 단정하는 것은 옳지 않다. 종족이란 측면에서 고구려와 부여 옥저와 동예의 주민 대개는 예맥이었으며, 또한 요동군과 현도군 그리고 낙랑군의 원주민 역시 대부분 예맥이었다. 주민으로서 예맥의 범위가 이렇게 광범하였던 만큼 문헌에 보이는 예맥의 정체를 정확히 파악하기 위해선 각 사례 별로 신중할 필요가 있다. 특히 위의 기록에서 '예맥'을 동예로 해석하기 어려운 이유는 동예를 향한 군사행동이 별도로 확인되는 때문이다.[45] 위 본기에 보이는 예맥을 공격한 기사는 고구려 원정과

---

44. 위 내용은 『삼국지』 권4 齊王芳紀, 121쪽의 '七年春二月 幽州刺史毌丘儉討高句驪'에 뒤이은 '夏五月 討濊貊 皆破之 韓那奚等數十國 各率種落降'이란 기록을 옮긴 것이다. 이 기록대로라면 무구검이 고구려를 원정한 것이 246년이 되겠지만, 이 내용은 같은 책 권28의 무구검전이나 권30의 동이전(고구려) 내용과 차이가 있다. 여기선 두 열전의 기록에 따라 무구검의 고구려 원정이 이루어진 시기를 244~245년으로 파악하였다.

45. 『삼국지』 권30 동이전(동예)에 의하면 동예에 대한 공격은 정시6년(245년) 낙랑태수와 대방

관련이 깊다고 보아야 할 것이며, 이 점에서 위 '예맥'은 요동·현도군과 고구려 사이의 교통로 상에 위치한 부족(國邑)들이었을 것으로 이해한다. 짐작컨대 이 군사행동은 유주자사가 교통로를 확보하고 유지하기 위한 차원에서 전개된 것이 아닐까 한다.

유주자사 무구검의 고구려 원정은 고구려의 수도를 점령하여 파괴하는 행위로만 그치지 않았다. 수도를 탈출하여 동쪽으로 도주한 고구려왕(東川王)을 추격할 정도의 집요함을 보였다. 그 행선은 북옥저를 넘어 읍루의 땅에까지 이를 정도였다. 동천왕을 추격하는 일은 유주자사가 직접 나서지 않고 현도태수 왕기王頎를 대신 파견하였다. 추격 군을 파견한 목적은 고구려왕을 체포하기 위한 것이었지만, 여기에는 동북의 이인夷人들에 대한 지배 욕구도 포함돼 있었던 것으로 보인다. 새 왕조를 수립한 직후 조위曹魏 조정은 요동왕국에 가로 막혀 옥저나 읍루와 같은 동북의 끝에 위치한 종족과 상대할 겨를이 없었다. 그랬던 만큼 이들에게도 중원中原의 새로운 주인공으로서의 위용을 과시하고 싶었을 것이다. 더구나 읍루라는 공간은 고전古典의 시대 주나라(周) 무왕武王의 천명天命 고사故事를 상징하던 숙신肅慎의 땅으로 전해오고 있었다. 위·촉·오 삼국이 분열되어 중원의 제패를 경쟁하던 시기 조위의 정통성을 위해서도 '숙신의 후예'인 읍루와의 접촉은 고려할 만한 조치였을 것이다.

추격에 나선 현도태수의 군대는 옥저에 대해 적지 않은 타격을 입혔다. 옥저의 마을(邑落)을 크게 파괴했을 뿐 아니라 옥저 주민에 대해서도 대규모의 학살을 자행하였다. 이 같은 숙청의 이유는 고구려왕의 도피처가 옥저라는 사실에 기인하는 것이지만, 보다 근원적으론 당시 고

태수의 연합으로 이루어졌다. 따라서 위의 본문 本紀에 보이는 유주자사의 예맥 공격은 동예가 아닌 다른 대상으로 보아야 할 것이다.

구려와 옥저의 관계 때문으로 볼 수 있다.

(옥저는) 나라가 작고 큰 나라 사이에서 어려워 끝내는 고구려에 臣屬하
였다. 고구려는 다시 옥저의 大人을 使者로 삼아 서로 이끌게 하였다.
또한 (고구려) 大加에게 그 조세를 통괄하여 책임지게 하니, (옥저인
들은) 貊布 魚鹽 海中食物 등을 짊어지고 千里 (떨어진 고구려)에 이르
렀다.[46]

위의 기록에 의하면, 유주자사 무구검의 고구려 원정이 이루어진 244
년과 245년 무렵의 옥저는 고구려에 복속(臣屬)한 상태로서 일정한 부세
賦稅마저 공납의 형태로 납부하고 있었음을 알 수 있다. 수도를 원정군
에 빼앗긴 고구려왕이 옥저 방면으로 도주한 것은 이러한 관계에 근거
한 것이라 할 수 있으며, 옥저 지역에 대한 원정군의 살육과 파괴 행위
역시 고구려·옥저의 관계를 파악하고 있었던 때문일 것이다. 중국 황제
의 인민에 대한 지배를 대행하는 체제인 군현으로선 위의 내용과 같은
고구려와 옥저의 관계에 불만을 가질 수밖에 없었을 것이다. 현도태수
왕기의 군대가 동천왕을 추격하는 일에만 몰두하지 않고 옥저에 대한
파괴에도 열을 올린 것은 이러한 배경에 근거하는 것으로 풀이된다.[47]
유주자사의 고구려 공격과 이에 연속한 현도태수의 옥저 원정에 결
부하여 다른 한 가지 주목할 사건은 동예지역에 대한 공격이다. 이 군
사행동에는 유주자사가 표면에 나서지 않고 대신 낙랑태수와 대방태수

---

46. 「삼국지」 권30 동이전(옥저), 846쪽.
47. 앞의 책에 의하면 옥저의 인구는 "5천 戶"로 파악돼 있다. 이에 반해 원정군에게 희생되거나
   포획된 인원이 "3천여 명"이었다고 한다. 인구의 규모로 보아 幽州 원정군에 희생된 옥저인
   의 규모가 매우 높은 비율이었음을 알 수 있다.

가 연합하는 형태로 진행되었지만, 이 행동은 유주자사의 고구려 원정이나 현도태수의 옥저 공략과 맥락을 같이 하는 것으로 이해된다. 동예의 경우도 옥저와 마찬가지로 고구려와의 관계가 돈독하였던 바, 기록에선 고구려에 복속하였으며 그 시기는 "漢末"이라고 하였다. 한말이라면 후한 말로서 그 시기는 후한왕조가 크게 쇠퇴하는 '桓靈之末(桓帝 146~167, 靈帝 167~189)' 이후의 시기일 것으로 짐작된다. 이 시기 동이지역에 개설된 중국 군현은 크게 쇠퇴하여 군에 소속된 주민들조차 제대로 관리하지 못할 상태였다.[48] 이러한 현상에 편승하여 군현 외곽의 원주민 세력에 의한 계열화가 추진되었는데, 옥저와 동예 등이 고구려에 복속(臣屬)한 예는 그 대표적 경우라고 하겠다. 동이 세력을 주축으로 삼는 계열화 현상은 고조선의 멸망 이후 처음으로 확인할 수 있는 사태로서 고대국가의 출현과 관련하여 의미심장한 사건으로 볼 수 있다.[49]

고구려 세력의 성장과 이에 따른 계열화 현상은 공손씨의 요동왕국 시기를 통해서도 지속되었던 것 같다. 고구려는 요동왕국 초반인 공손탁(公孫度 189~204년)과 공손강(公孫康 204~221년) 시기엔 왕국에 복종하는 자세를 취하였으나, 후기로 가면서 나름 독자의 노선을 걸었던 것 같다. 후한 말 옥저나 동예 지역이 고구려에 복속하였다는 기록은 이러한 추이를 대변하는 것으로 보인다. 그렇다면 유주자사 무구검의 고구려 공략과 이어 현도·낙랑·대방군 태수를 앞세운 옥저나 동예에 대한

---

48. 앞의 책, 동이전(韓), 851쪽에 기록된 "桓靈之末 韓濊가 强盛하니 郡縣이 제압할 수 없었다. (이에) 주민의 다수가 (三)韓의 나라들로 유입되었다"라는 내용으로 미루어 알 수 있다. 이 기록은 동이전 韓條에 기록된 것이지만, 이러한 상황은 낙랑군과 삼한 사이에만 한정된 예는 아닐 것이다. 후한 말기는 원주민의 성장과 이에 반하는 군현의 약화로 동이지역에서 새로운 세력들이 활발하게 조성되던 시기로 이해된다.

49. 고조선 시대와 비교하여 차이라면, 과거 고조선 시기엔 계열화 현상이 일원적이었음에 반해 2세기 후반의 계열화 양상은 다원적 형태를 보인다는 점이다.

공격은 그 동안 고구려에 의해 추진된 계열화 작업을 분쇄하기 위한 행동으로도 이해할 수 있겠다. 이점에서 무구검의 군사행동은 고구려 세력을 향한 계열화 현상을 차단하고 파괴하려는 최초의 본격적인 시도였다고 평할 수 있다.

무구검이 군사 행동을 추진하는 배경에는 비록 소극적일망정 경제적 요인도 작용되었던 것은 아닐까 생각한다. 동이전의 옥저와 동예에 관한 기록에서 보이는 '맥포貊布' '낙랑단궁樂浪檀弓' '반어피班魚皮' '문표文豹' 등의 산물은 이미 중국사회에서 기호품으로 통용되고 있었을 것이다. 또한 후한 중기에 편찬된 『說文解字』에서 소개하고 있는 어종 가운데에는 동예와 옥저가 위치한 동해에서 채집된 어류도 몇 종류가 있다. 우리 동해의 어종이 중국 문자로 정착될 정도임을 보면 상품의 교역이나 수송이 상당 기간 지속되었음을 짐작할 수 있겠다. 어염魚鹽 역시 상품이나 공물의 형태로 전달되었으리라 생각한다. 물자의 유통은 교통로와 거점 지역을 조성하였는데, 이러한 교통은 군사원정으로 한층 고양되었을 것임은 물론이다. 원정군을 통해 멀고도 외딴 이방(異邦, 동이)의 관습과 풍물까지 관련된 정보가 수집될 수 있었는데, 『삼국지』동이전 기록이 이러한 정보에 기초하여 저술되었음은 잘 알려진 사실이다. 이 기회를 통해 고구려의 동편 함경도 지역에서 해안을 따라 북상하거나 남하하는 교통노선을 파악하게 된 것도 군현의 입장에선 적지 않은 수확이었을 것이다.

무구검이 요동의 양평에 주둔하였던 시기 유주부(幽州刺史府)는 동이의 일과 관련하여 거의 여러 부문에 간섭하였다. 공손강이 요동왕국의 2대 영주로 군림하던 시기 그는 쇠잔해가는 낙랑군을 지원할 목적으로 낙랑군 남부지역을 분할하여 대방군을 설치하였다. 이후 삼한과 왜는 낙랑에 대신하여 대방이 관할토록 하였다. 238년 요동왕국이 멸망하고 유주자사가 요동에 진주한 이후 유주부는 삼한지역을 관할하는 구도를 변경시켰다. 대방군은 요동왕국이 임의로 설치한 기구이고 또한 삼한지역은 본래 낙랑군이 관할하였다는 것을 이유로 진한辰韓의 일부를 떼어 다시 낙랑이 관리하도록 체제를 바꾸었다. 이러한 변화 과정에서 진한에 거주하는 원주민의 분노가 폭발하였고 이들은 246년 대방군의 기리영崎離營을 공격하였다.

기리영은 기리라는 지역에 설치한 군영軍營을 뜻하는데, 군영이 설치된 기리는 후한의 예로 보자면 대방군의 한 현縣일 가능성이 높다. 현재 위치는 황해도 평산군 지역(麟山面 麒麟里)일 것으로 추정하고 있다. 이러한 추정이 정확하다면, 현재 인산(현재 황해북도 린산군)은 남으로 개성 북으로 사리원과 황주를 연결하는 교통의 요지로서 과거에도 거점으로서의 중요성 때문에 군영이 설치되었을 가능성을 생각할 수 있다. 진한 주민의 기리영 공격은 군현의 반격을 초래하였고, 결국엔 대방태수와 낙랑태수가 연합하여 토착 원주민과 전투를 벌이는 상황으로까지 전개되었다. 두 군의 연합이라는 점도 그렇지만 전쟁 도중 전투의 주장主將 역할을 해야 할 대방태수 궁준弓遵이 전사했다는 사실은 전투의 양상이 규모나 정도 면에서 매우 격렬하였음을 짐작케 한다. 전사한 대방태수의 빈자리를 메우기 위해 왕기라는 인물이 새로 전근해 왔다. 왕기는 직전 현도태수로서 옥저방면으로 도주한 동천왕을 추격했던 인물이다. 유주자사가 판단하기에 동이 종족 가운데 위험 대상 1순위라면 단연 고구려이었을 텐데, 고구려를 전담하던 현도태수를 남쪽 대방군으로 돌렸다는 사실은 그만큼 군현세력과 남부 한인사회와의 갈등이 심각한 상태에 있었음을 반증한다. 이후 유주자사는 두 군을 앞세워 기리영을 공격한 한인韓人들에 대한 보복을 단행하였다. 군현세력과 맞서 싸운 실체가 백제일지 마한일지 확인하기 어렵지만 분명한 것은 한반도의 남부지역에서도 유주부가 경계할만한 세력이 성장하고 있었다는 사실이다.

7. 거점과 교통로의 문제

현대의 한국과 중국 사이에 행정의 공백지대란 없다. 그렇지만 고대의 상황도 지금과 같은 모습이었다고 보긴 어렵다. 오히려 두 정치권 사이엔 어느 한 세력의 소유가 아닌 무소속이라고 부를 만한 공백지대가 있었고, 그 공간의 규모도 고대로 소급할수록 더욱 광범한 현상을 보였을 것이다. 공백지대는 국경의 경계지역만이 아니라 일정한 행정구역의 범위 안에서도 확인할 수 있다. 한漢제국 행정체제의 하부구조가 현縣-향鄕-리里의 촘촘한 틀로 짜여 있었다고 하지만 공권력이 미치지 못하거나 통치하기 어려운 공백의 공간은 존재하였다. 특히 요동군이나 유주부幽州府처럼 광활한 변경지대이거나 주민의 분포가 한족이 아닌 다른 종족집단(異民族)으로 다수를 이루었을 경우 공백의 정도는 더욱 심하였을 것이다. 그런 만큼 통치의 형태는 현재와 같은 면面의 지배가 되질 못하고 거점과 동선을 중심축으로 삼는 점과 선의 통치였으리라고 생각한다.

유주의 중심인 계현薊縣에서 한반도 중부에 위치한 대방군까지는 직선거리로 보더라도 9백km가 넘는 거리이다. 한대漢代에는 이 지역을 열 개 내외의 군으로 나누어 통치하였지만 군의 힘과 조직만으론 부족함이 많았다. 군이나 현이 통괄하기 어려운 공백지대가 많았던 탓이다. 특히 요동군 이동以東지역은 주민의 다수를 이루는 이인夷人의 분포 때문에도 공백지대의 범위가 확대될 수밖에 없었다. 이들 이민夷民들은 부족세력을 규합하여 궐기하거나 군 외곽의 이인과 연합하여 군현을 공격하기도 하였다. 2세기 이후 처음 두각을 나타낸 주체는 선비였고, 예맥과 고구려가 그 뒤를 이었다. 후한 중기 요동지역에서 선비의 공격이 심해지자 한 조정은 초기 광무제 시절 폐기했던 부도위部都尉를 재건하였다. 선비를 집단적으로 관리하기 위한 요동군 서부도위가 그것으로서, 이 기구는 곧 요동속국도위로 개편되었다.

중국 측의 대응에 맞선 선비의 반격도 만만치 않았는데 안제安帝의 치세治世는 그 대표적 시기로 볼 수 있다. 선비가 공격한 지점은 무려無慮·부려扶黎·요수遼隧현 등 요동속국이 설치된 지역에 집중되었으며, 여기엔 예맥을 비롯한 동이 부족이 가세하기도 하였다. 이들의 공격에 맞선 군현의 대응이 효과를 거두지 못하자 결국엔 유주자사가 반격에 나섰다. 자사는 참전하면서 사태가 발생한 요동 인근의 병력만이 아니라 북경일대의 병력까지 동원하였다. 요동 이동의 지역에서도 예맥과 연합한 고구려의 공격에 대응하기 위해 유주자사가 출정하였고, 이를 위해 현재의 북경이나 하북성 지역에 소재한 군현의 기병까지 동원되었다.[50] 이 시기 고구려와 예맥의 공격 목표였던 현도군 후성현候城縣은 동이 세력이나 중국 양측 모두 점유하고 확보하기를 희망하던 주요 거점의 하나였음이 분명하다.

공손씨의 요동왕국이 존재했던 반세기 동안 유주자사는 동이지역과 격리되었다. 이 기간 동안 동이와의 갈등 문제가 문헌에서 별로 확인되지 않는 것은 다음과 같은 이유 때문일 것이다. 공손씨의 등장으로 요동정권이 거의 독립적으로 운영된 만큼 유주부는 동이지역과 격리 단

---

50. 『후한서』 권85 동이전(고구려) 2814~2815쪽에 의하면 고구려와 예맥의 현도군 공격이 있었던 것은 118년이었고 유주자사 馮煥의 영도 아래 반격이 개시된 것은 121년이었다. 이 전투는 장기화 하여 결국엔 북경과 하북성 지역에 위치한 廣陽·漁陽·涿郡의 병력(기병)까지 차출되었다.

절될 수밖에 없었다. 따라서 유주자사가 요동 이동의 고구려나 예맥 등과 분쟁한다든가 관계를 맺는 일은 원천적으로 성사되기 어려웠다. 동이와 격리 단절된 유주자사에 대신하여 그 역할을 자임한 것은 요동왕국이었다. 요동왕국 시기 동이와 관계한 내용에 관한 기록은 소략하며 그 내용도 단편적이다. 후한 말 공손강公孫康시기 고구려를 공격하였고, 낙랑군 남부지역에 대방군을 개설했다는 기록이 그것이다. 고구려를 공격한 일은 "그 나라를 깨트렸다(破其國)"고 표현될 정도였고, 대방군을 개설한 일은 지방정권이 임의로 새로운 군을 개설한 것이었던 만큼 두 사건 모두 '대형사건'으로 주목될만한 사건이었다. 그런대도 두 사건이 기록(正史 東夷傳)에서 간략히 처리된 것은 요동왕국 시기 요동정권의 관리 아래서 이루어진 사건인 때문일 것이다. 문헌 기록의 실태가 이 같은 속성을 보이는 만큼 요동왕국 시기에 이루어진 사건에 관해선 더욱 면밀한 주의와 검토가 필요할 것이다.

앞에서 공손강이 고구려를 공격하였다는 내용을 소개하였는데, 그 원인으론 고구려가 "자주 요동을 침입하였다(數寇遼東)"는 사실을 전하고 있다. 고구려가 자주 출몰한 곳으로 유력한 지점은 서안평 인근이 아니었을까 생각한다. 공손연 시기 서안평을 통한 강남 손오孫吳와의 교류나 요동왕국 몰락 직후 지속된 서안평 진출 시도 등의 사정을 감안할 경우 추정 가능한 지역 가운데 제일의 후보지는 서안평이다. 앞 장에서 주목한대로 고구려는 유주자사가 직접 요동지역을 관할하는 상태에서도 서안평 진출을 시도하였다. 앞서 주목한 것처럼 서안평은 고구려에게 해외 확대와 보다 고급한 문명세계와의 교류를 위한 주요 거점이었고 유주자사로선 대륙과 한반도 즉 낙랑군과 대방군을 연결시키는 연결점으로서 포기할 수 없는 지역이었다. 이 같은 필요에 의한 양측의 갈등은 고구려가 현재의 단동·신의주 지역을 영토화하는 미천왕美川王

시기까지 지속되었다.

고구려 미천왕이 낙랑군의 중심이었던 평양지역을 점령한 것은 313년의 일이고 그 1년 뒤엔 대방군을 점유하였다. 이로써 4세기가 넘는 한 군현의 역사는 마침표를 찍게 되었다. 한반도에서 중국 군현이 추방되고 소멸된 사건 자체가 워낙 큰 사건인 만큼 313년의 사건만을 중시하는 경향이 있으나 교통로 문제와 관련하여 우리가 보다 주목해야 할 사건은 이보다 2년 전에 있었던 사건이다. 『삼국사기』 고구려 본기 미천왕12년 조에선 고구려가 요동군 서안평을 점령한 일에 관해 "장군을 보내 요동군 서안평을 공격해서 점령하였다(遣將 襲取遼東郡西安平)"라고 간략히 적고 있다.[51] 미천왕에 관한 초기 기록은 16년까지 굵직한 외정外征 기사로 점철되어 있다. 3년(302) 현도군 공격을 필두로 14년(313) 낙랑군, 15년 대방군, 16년 현도군 공격 기사가 그러하다. 이들 기사와 어깨를 나란히 하고 있는 서안평 점령 기사는 당시의 관점에서 보더라도 그만한 중요성을 지닌 사건으로 평가되었기 때문일 것이다. 311년의 서안평 점령이 없었다면 2년 뒤의 낙랑군 점령이나 그 뒤의 대방군 점령도 용이치 않았을 것임은 물론이다. 이점에서 우리는 서안평이라는 거점과 이와 연결된 교통로가 지닌 의미와 중요성을 재삼 깨닫게 된다.

---

51.   『삼국사기』 권17 고구려본기 美川王12년 條.

제6장

요서지역 동서횡단로

이성제

1. 요서지역 동서횡단로란
2. 『신당서新唐書』 지리지地理志 '영주입안동도營州入安東道'와 요서지역 동서횡단로
3. 요서지역 동서횡단로 상의 주요 거점과 성보城堡 현황
4. 성성城·역역驛·라邏·봉수烽燧의 편제와 운용

1. 요서지역 동서횡단로란

이 글에서 살필 요서의 지역적 범위는 대체로 현재의 요령성遼寧省 서부西部와 내몽고內蒙古자치구의 동남부에 해당한다. 동으로는 요하遼河, 북으로는 시라무렌이 경계가 되며 서남으로는 난하灤河와 연산산맥燕山山脈으로 하북河北과 구분이 된다. 또한 동남으로는 바다를 끼고 있으며 바다 저편으로 요동반도와 마주하는 형국을 보인다. 주요 도시로는 금주錦州, 북진北鎭, 의현義縣, 조양朝陽, 부신阜新, 적봉赤峰 등을 언급할 수 있는데 관심을 가지고 살펴온 연구자가 아니고서는 이런 곳도 있었나 싶을 정도로 생소한 곳들일 것이다.

하지만 고대의 요서는 일찍부터 북방의 유목세력 그리고 중원에서

동진해온 중국의 세력, 뒤에 가서는 고구려가 진출하여 지역을 분점하고 교류의 장으로 삼았던 현장이었다.[1] 오환烏丸 정벌에 나섰던 조조曹操는 하북성河北省 노룡구老龍口로 나가 난하灤河를 거쳐 능원凌原의 남쪽에 이르렀고, 여기에서 동북으로 진군하여 객좌喀左에서 오환烏丸의 군대를 격파하고 당시의 유성柳城, 즉 조양에 입성하였다.[2] 그런 뒤 조위는 조양에서 요서를 횡단하여 동방으로의 세력 확장에 나섰다. 사마의司馬懿가 요동을 점거하고 있던 공손연公孫淵를 공략하였고, 그 뒤에는 관구검毋丘儉의 고구려 원정이 이어졌던 것이다.

한편 이 요서횡단로는 반대 방향에서도 이용되었다. 고구려가 요동을 확보해가던 무렵, 광개토왕廣開土王의 고구려군은 요하遼河를 건너 후연後燕의 숙군성宿軍城을 공략하였다.[3] 숙군성을 지키던 연의 자사刺史는 성을 버리고 도주하였고, 이를 계기로 그때까지 요동을 놓고 양국이 일진일퇴를 벌이고 있던 형세는 고구려로 완전히 넘어오게 되었다. 그러면 이때의 고구려군은 어떤 경로를 통해 후연의 숙군성을 강타하였던 것일까.

---

1. 遼西의 지정학적 의미를 처음 지적한 이는 日野開三郎이었다. 그는 營州의 설치와 互市의 운영에 주목하여 6세기 이래 중국이 동북으로 진출하는데 요서가 거점이 되었다(日野開三郎, 1949·1950, 「栗末靺鞨의 對外關係」, 『史淵』 41·42·43·44; 1991, 『東洋史學論集』 第15卷, 三一書房, 216쪽)고 보았다. 노태돈은 隋代의 사례에서도 영주가 중국인과 동북아 제민족의 교역과 교통의 요지라는 점을 확인해 주었다(노태돈, 1999, 『고구려사연구』, 사계절, 427쪽). 여기에서 한걸음 나아가 이성제는 고구려와 수의 대립이 요서의 장악을 둘러싼 갈등에서 비롯되었다고 본 바 있다(李成制, 2000, 「嬰陽王 9年 高句麗의 遼西 攻擊」, 『震檀學報』 90; 2005, 『高句麗의 西方政策 研究』, 국학자료원). 하지만 이보다 훨씬 앞선 시기인 한대부터 요서에는 요서군과 요동군 일부가 두어져 한의 동방 경략에 기여하였음을 살필 수 있다.

2. 『三國志』 魏書 卷1 武帝紀, 29~30쪽 및 『三國志』 魏書 卷31 田疇傳, 342쪽. 조조군이 진군한 경로의 현재 위치는 王綿厚·李健才, 1990, 『東北古代交通』(瀋陽出版社)의 지리 비정에 따른다.

3. "高句麗攻宿軍, 〈宿軍城在龍城東北.〉燕平州刺史慕容歸棄城走."(『資治通鑑』 卷112 晉紀 34 安帝元興元年(402), 3543쪽). 〈 〉는 夾註의 표시.

이러한 요서 지역의 역사지리적 특징을 가장 잘 보여주는 자료가『신당서新唐書』지리지地理志의 '영주에서 안동(도호부)으로 들어가는 길(營州入安東道)'구절이 아닐까 한다. 당대의 기록이지만 조양에서 요양遼陽까지의 노선이라는 요서지역의 교통로를 보여주며 그것을 '가장 중요한 길(最要(路))'로 표현하여 이 경로가 고대 한중韓中 간의 간선幹線이었음을 드러내고 있기 때문이다. 또한 '영주입안동도'에는 조양에서 요양까지의 경로 상에 거치는 지점들이 언급되고 있다. 요서횡단로의 전체 노선과 구간별 방향을 여기에서 살필 수 있는 것이다.

한편 통행을 가로막는 산맥이나 하천은 교통로의 개설에서 서로 다른 역할을 하였다. 산맥을 우회한 경로가 마련되거나 하천의 물줄기를 따라 교통로가 마련되는 경우를 쉽게 찾아볼 수 있는 것이다. 선진先秦시대 이래 중국 동북의 진산鎭山이었던 의무려산醫巫閭山은 부신阜新의 동북쪽에서 뻗어 내려와 능해凌海의 북쪽까지 이어진다. 이 남북 방향의 자연 장애물로 인해 요서횡단로는 의현에서부터 남쪽으로 방향을 바꿔야 하였고, 대릉하大凌河 하류를 만나고 나서야 제 방향을 찾을 수 있었다.

이러한 지리환경은 제왕조가 요서횡단로에 세워두었던 관부와 거점들의 운용에 적지않은 영향을 미쳤을 것이라 여겨진다. 이 점에 유의한다면 이 경로가 간선으로서 기능했던 특징을 보다 선명하게 살필 수 있을 것이며, 거기에서 벌어진 역대의 사건들은 이들 거점의 기능이 어떤 것이었는지에 대한 지견을 제공해 줄 것이라고 생각한다. 특히 중국 제왕조의 요서 경영 뿐 아니라 여기에 대응했던 고구려의 전략에 대해 보다 구체적인 접근이 가능할 것이라 기대하고 있다.

2. 『신당서新唐書』 지리지地理志 '영주입안동도營州入安東道'와 요서지역 동서횡단로

'영주입안동도'의 구체적인 내용을 살펴보기에 앞서, 이를 수록하고 있는 『신당서』 지리지의 해당 부분을 보고자 한다. '영주입안동도'의 지리 정보가 어떤 것인지를 살핀다면 '영주입안동도'의 기술 내용이 가진 의미가 좀더 분명해질 것이기 때문이다.

A. "당 왕조가 설치했던 기미주羈縻州들은 모두 새외塞外의 근거리에 있었으며, 혹 사이四夷의 부락에서 이름을 붙이기도 했다. … 그 뒤 당 정원貞元연간(785~805) 재상이던 가탐賈耽이 사방 영역의 (노정과) 거리를 가장 상세하게 살펴서 변주邊州에서 사이의 땅으로 들어가는데 있어 홍려시鴻臚寺에서 통역이 되는 사이는 모두 기록하였다. 사이로 들어가는 길과 관수關戍 그리고 변계의 요새 가운데 가장 중요한 것으로는 7개가 있었다. (그 중) 첫째가 영주에서 안동으로 들어가는 길로, … 영주에서 동쪽으로 180리를 가면 연군성燕郡城에 이르게 되며, 다시 여라수착汝羅守捉을 지나 요수遼水를 건너 안동도호부安東都護府까지는 500리가 되는데, 안동도호부는 곧 옛 한漢의 양평성襄平城이다."(『신당서』 지리지)[4]

4.　해당 원문은 아래와 같다.
　　"唐置羈縻諸州 皆傍塞外 或寓名於夷落. … 其後貞元宰相賈耽考方域道里之數最詳 從邊州入四夷 通譯于鴻臚者 莫不畢紀. 其入四夷之路與關戍走集最要者七 一曰營州入安東道 二曰登州海行入高麗渤海道 … 營州東百八十里至燕郡城 又經汝羅守捉 渡遼水至安東都護府五百里. 府故漢襄平城也"(『新唐書』卷43下 志33下 地理7下, 1146쪽).

위 기록은 『신당서』 지리지 말미에 인용된 『고금군국현도사이술古今郡國縣道四夷述』의 일부 남은 구절로[5] '사이로 들어가는 길과 관수關戍 그리고 변계의 요새 가운데 가장 중요한 것(其入四夷之路與關戍走集最要者)' 즉 외국과의 교통로와 노선 상의 주요 관소와 성채[6]들을 서술한 것이다. 이 중 "영주입안동도營州入安東道"부분은 유성柳城에서 요동성遼東城까지의 경로를 보여준다. 영주營州에서 연군성燕軍城에 이르고 다시 여라수착汝羅守捉을 지나 요수遼水를 건너 안동도호부安東都護府에 이르는 경로가 그것이다.

이 경로는 645년 당 태종이 고구려를 침공할 때 이용했던 길이기도 하였다는 점에서[7] 수·당의 영주에서 고구려 서변을 거쳐 요동에 이르는 노선을 파악하는데 도움을 준다. 특히 여기에서 노선의 경로와 대강의 거리를 확인할 수 있다. 즉 영주에서 연군성까지의 거리가 180리이며, 여기에서 여라수착을 거쳐 요수를 건너 안동도호부까지 이르는 경로의 거리가 500리로 모두 680리의 거리가 되는 것이다.

그러면 이 680리에 이르는 이 노선은 구체적으로 어떤 경로로 이어졌을까. 구체적인 노선과 관련하여 위에서 언급된 연군성과 여라수착의 위치를 살펴볼 필요가 있겠다. 아울러 아래의 기록은 여라수착를 지난 요서 횡단로가 무려수착으로 이어졌음을 보여준다. 이들 세 곳의 위치

---

5. 이 기록은 가탐의 『道里記』로 널리 알려져 있지만 사실은 『皇華四達記』의 逸文에 해당하며, 『황화사달기』는 그가 801년에 헌상한 『고금군국현도사이술』의 「四夷述」 부분을 별도로 간행한 것이다(榎一雄, 1936, 「賈耽の地理書と道里記の稱とに就いて」, 『歷史學研究』 第6卷 第7號, 85~86쪽).

6. 關戍는 關所의 방비와 수비, 走集은 변경의 성채를 뜻한다(赤羽目匡有, 2009, 「いわゆる賈耽'道里記」の「營州入安東道」について」, 『八~九世紀における渤海の中央權力と地方社會-種族支配と自國認識-』 東京都立大學 박사학위논문, 71쪽).

7. 王綿厚·李健才, 1990, 『東北古代交通』, 瀋陽出版社, 141쪽.

를 살펴보자.

B. "영주營州 유성군柳城郡 상도독부上都督府. 본래 요서군이었다. 만세통
천萬歲通天(696~697) 초기에 거란에 의해 점령되어 성력聖歷 2년(699)
어양漁陽에 교치되었다. 개원開元 5년(717)에 다시 치소를 유성으로
옮겼고, 천보天寶 8년(749)에 명칭을 바꾸었다. 나라에 바치는 토산물
로는 인삼人蔘·사향麝香·표미豹尾·피골돌皮骨㻐이 있다. 호수는 997,
구수는 3,789이다. 속현으로는 유성현 하나가 있었다.〈 … 또한 여
라·회원·무려·양평의 4수착성이 있었다.〉(『신당서』 지리지)[8](〈 〉은
협주)

B 기록은 영주營州 유성군柳城郡의 연혁을 서술한 것으로 여기에서 주
석의 내용이 중요하다. "또한 여라·회원·무려·양평의 4수착성이 있
었다"의 내용이 그것인데 이 기록을 통해 여라수착汝羅守捉에서 양평수
착襄平守捉까지의 세부적인 이동 경로를 살필 수 있기 때문이다.[9] 여기

---

8. "營州柳城郡 上都督府. 本遼西郡. 萬歲通天元年爲契丹所陷 聖曆二年僑治漁陽 開
元五年又還治柳城 天寶元年更名. 土貢人蔘·麝香·豹尾·皮骨㻐. 戶九百九十七 口
三千七百八十九. 縣一〈 … 又有汝羅·懷遠·巫閭·襄平四守捉城〉柳城"(『新唐書』卷39 地理
3, 1023쪽).

9. 王綿厚는 이 기록을 근거로 여라수착과 의무수착을 지나 요하를 건너 양평 즉 요동성에 이
르는 경로가 있었다고 본다(王綿厚·李健才, 앞 책, 96~97쪽). 반면 손진기 등은 양평수착을
요동성이라 볼 수 없고 북위시대 영주에 교치되었던 요동군에서 유래한 것이라고 판단하고
있다. 현재의 조양 동쪽 190리 지점의 靑山에 있었던 양평이라고 본다(孫進己·馮永謙 主編,
1989, 『東北歷史地理』第2卷, 黑龍江人民出版社, 278쪽). 이러한 반론은 후속의 연구에서도
계승되고 있다(趙曉剛·沈彤林, 2000, 「隋遼東郡及通定鎭考」, 『東北地區三至十世紀古代
文化學術討論會論文』, 4~5쪽). 후자의 이해에 따른다면 이들 4守捉은 경로를 보여주는 내
용이 될 수가 없다. 하지만 필자는 그렇게 볼 수 없다고 생각한다.
여라수착은 가탐의 기록에서 보이고 있어 유성~요동성 간의 간선 상에 있던 성채임에 분명
하다. 회원수착 역시 수대 회원진의 역할로 미루어 이 간선 상의 요지였다. 이 두 성채는 연

에서 여라수착과 회원수착懷遠守捉의 다음으로 무려수착巫閭守捉이 보이고 있음에 주목이 간다. 이 무려수착은 명칭으로 보아 의무려산醫巫閭山에서 유래한 지명으로 한대漢代 무려현의 후신에 해당할 것이다. 그 대체적인 위치는 요령성遼寧省 북진시北鎭市 요둔향寥屯鄕 대량갑촌大亮甲村 일대가 된다.

한편 조양에서 출발한 노선의 첫 기점으로 언급되고 있는 곳은 연군성이다. 연군성의 현재 위치는 의현義縣이라고 보는 설과 의현 남쪽 대릉하大凌河 하류의 칠리하향七里河鄕이라고 보는 입장이 있다.[10] 두 견해의 어느 쪽도 의현 경내를 벗어나지 않고 있다는 점에서 이 글에서는 연군성의 위치를 의현 경내라고 보겠다. 연군성 다음의 기점인 여라수착은 『수경주水經注』 기록으로 보아 대능하 하류 서안이 분명하다. 기록에는 "투수(대능하 하류)는 또 동남쪽으로 흘러 고성의 동쪽을 지나는데 항간에서는 이 성을 여라성이라 한다."[11]고 여라성 즉 여라수착이 대능하 서안에 있음을 보여주고 있는 것이다. 이 여라성의 위치는 의현 남쪽 개주촌開州村 동쪽 대능하 서안의 노군보老君堡 일대로 파악되고 있다.[12]

그런데 이렇게 세 기점의 위치를 파악하고 나면, 조양에서 출발한 요서 횡단로가 그대로 동진하는 것이 아니라는 사실을 알아챌 수 있다.

결선상에 놓였을 가능성이 다분한 것이다. 또한 바로 앞 구절 "西四百八十里有渝關守捉城"의 내용은 유성에서 서쪽 방향의 노선을 보이고 있어, 이어지는 4수착성 부분은 유성의 동쪽 구간에 대한 기술로 보는 것이 자연스럽다.

10. 松井等, 1913, 「隋唐二朝高句麗遠征の地理」, 『滿洲歷史地理』1, 381쪽. 왕면후는 의현 남쪽 대릉하 하류의 七里河鄕으로 비정하고 있다(王綿厚·李健才, 앞 책, 142쪽).

11. "渝水又東南, 經一故城東, 俗曰女羅城" 『水經注』.

12. 王綿厚·李健才, 앞 책, p. 대능하 하류의 王民屯 대안으로 보기도 한다(譚其驤 主編, 1988, 『『中國歷史地圖集』 釋文滙編-東北卷-』, 中央民族學院出版社, 62쪽).

조양에서 동진하여 의현 경내로 들어선 뒤에는 동남쪽으로 방향을 틀어서 노군보에 이르고 여기에서 대능하를 건넌 뒤 북상하여 대량갑으로 나아갔던 것이다. 예사롭게 보이질 않는 이러한 방향 전환과 관련하여 요서 중부를 남북으로 가르고 있는 의무려산의 존재가 주목된다.

의무려산은 부신시 경내에서 남쪽으로 길게 대능하 하류까지 뻗어내려 동서 방향에서의 교통을 차단하고 있다. 의무려산이 요서 중부를 남북으로 가로지르고 있어, 요서 횡단로는 이 자연 장애물을 돌아서 노선을 구축하였던 것이다. 연군성과 여라수착 그리고 무려수착의 기점 간 방향 전환은 이 같은 사정을 알려준다.

그러면 무려수착에 이른 뒤 요서 횡단로는 어느 곳을 경유하여 요양에 이르게 되었을까. 이와 관련하여서는 한위漢魏시기 요양에서 서진할 경우 북쪽의 험독險瀆과 남쪽의 요대遼隧를 거치는 두 경로가 있었다는 사실이 참고가 된다.[13] 즉 적어도 한위시기에는 무려수착에서 험독으로 이어져 요양에 이르는 경로와 요대를 경유하여 요양으로 나아가는 경로라는 두 가지 노선이 있었던 것이다. 그러므로 이 경로들이 당대에도 운용되었는지 혹은 경로가 달라졌는지의 여부는 요서 횡단로를 이해하는데 주요한 문제가 된다. 이에 대해서는 다음 장에서 구체적으로 살펴볼 것이다.

한편 위에서 살핀 경로상의 기점은 3곳에 불과하다. 영주의 조양과 안동도호부의 요양을 포함하더라도 이들 몇 곳만으로 680리에 달하는 노선 전 구간이 이어졌을 리는 만무하다. 그러면 680리의 구간은 어떻게 이어졌던 것일까. 이와 관련하여『무경총요武經總要』「북번지리北蕃地理」의 선주조宣州條 기록은 이 요서 횡단로가 어떻게 편제되었는가를 보

13.　王綿厚·李健才, 앞 책, 28~32쪽.

여준다.

C. "선주宣州.『황화사달기皇華四達記』에 따르면 영주 동쪽 80리에 있다. (여기에서) 9개 체遞를 거쳐 연군성燕郡城에 이른다. 연군성에서 동쪽으로 파라사波羅寺를 지나 요주遼州의 70리里 역을 거쳐 안동도호부에 이르는 (노정은) 500리였다."(『무경총요武經總要』전집前集 권卷22 북번지리北蕃地理 중경사면제주中京四面諸州)[14]

이 기록은 앞에서 살핀『신당서』지리지 말미 기사(A)의 원본에 해당한다.[15] 다른 판본과 비교하여 내용을 교감해 보면『황화사달기』의 이 남은 구절은 연군성에서 파라사波羅寺(여라수착汝羅守捉의 오기誤記)를 거쳐 안동도호부 즉 요동성까지의 구간에 칠십리역七十里驛(십칠역十七驛의 오기)이 있었다는 귀중한 정보를 알려준다. 요서 지역 수부首府였던 유성와 동남의 연군성·여라수착은 일정한 거리를 두고 설치된 역참으로 연결되었고, 연군성 등의 거점과 역참으로 구성된 간선은 요동성까지 이어졌던 것이다.

---

14. "宣州. 按皇華四達記 營州東八十里, 凡九遞至燕郡城. 自燕郡東經波羅寺, 抵渡遼州七十里驛. 至安東都護府五百里."(『武經總要』前集 卷22 北蕃地理 中京四面諸州, 四庫全書本, 1103쪽). 이 기록은 다른 판본에는 "宣州. 按皇華四達記 營州東北八十里. 凡九遞至燕郡城 自燕郡東經汝羅守捉 渡遼州十七驛 至安東都護府約五百里"(程素弘 主編, 1999,『武經總要』(中國歷代兵書集成 5), 團結出版社(인터넷 텍스트본)이라 하여 지명과 방향, 거리 등의 구체적 내용을 다르게 기재하고 있음에 유의할 필요가 있다.

15. 榎一雄, 1936, 앞 글, 86~87쪽.

3. 요서지역 동서횡단로 상의 주요 거점과 성보城堡 현황

요서 횡단로는 현재의 조양에서 출발하여 의현 그리고 북진을 경유하고 요하를 건너 요양에 이르는 교통로였다. 이 교통로의 주요 경유지에는 연군성과 여라성 혹은 무려수착과 같은 성채가 마련되어 각 시대 해당 국가의 의지를 구현하였다. 따라서 사서 기록에 보이는 이들 성채의 운용 양상을 살핀다면 이 교통로의 역할과 역사적 의미가 드러날 것이라 여겨진다.

가. 영주營州

'영주입안동도'에서 영주 즉 현재의 조양은 이 노선의 출발점이었다. 영주는 영주도독부營州都督府의 준말로 당은 여기에 도독부를 두고 동방 경략의 기지로 삼았었다. 그런 만큼 요서 횡단로가 여기에서 출발하여 동쪽으로 나아간 것은 어쩌면 당연한 듯이 보이기도 한다. 그러나 당이 영주총관부를 세웠던 조양은 당이 들어서기 훨씬 이전부터 요서지역의 정치·군사 중심지였고, 교통의 결절점이었다. 아래에 제시한 자료들은 한의 유성柳城으로부터 당의 영주까지 조양이 줄곧 이 지역의 가장 중요한 거점이었음을 보여준다.

> D-1. "요서군. 호수는 72,654이며 구수는 352,325이다. 현은 모두 14곳
> 으로 차려且慮·해양海陽·신안평新安平·유성柳城〈마수산馬首山이 서
> 남에 있다. 참류수參柳水가 북으로부터 들어와 바다로 나간다. 서
> 부도위西部都尉의 치소이다.〉 … "(『한서漢書』 지리지地理志)[16]

---

16. "遼西郡. 戶七萬二千六百五十四, 口三十五萬二千三百二十五. 縣十四, 且慮·海陽·新安

D-2. "영주. 〈치소는 화룡성和龍城이었다. 태련太延 2(436)년에 진鎭이

되었다가 태평진군太平鎭君 5(444)년에 다시 주州로 설치되었다.

영안永安 말년에 함몰되었다가 천평天平 초기에 복구하였다.〉 6개

의 군을 관할하고 속현은 14곳이었다. … "(『위서魏書』 지형지地形

志)[17]

D-3. "요서군遼西郡. 〈원래 영주가 설치되어 있었는데, 개황開皇 연간

(581~600) 초기에 총관부總管府를 설치하였다가 대업大業 연간

(605~618) 초기에 총관부를 폐지하고 군을 설치하였다.〉 현 하나

를 관할하였고 호수는 751인이었다."(『수서隋書』 지리지地理志)[18]

D-4. "영주는 상도독부上都督府로 (원래는) 수의 요서군이었다. (당이 나

라를 세운) 무덕원년武德元年(618)에 (요서군을) 영주총관부로 개편

하여 요遼와 연燕의 2주를 관할케 하고 속현으로 유성 하나를 두

었다. 7년에 도독부로 개편하여 영營과 요遼의 2주를 관할케 하

였다."(『구당서舊唐書』 지리지地理志)[19]

조양은 한대 요서군 동부도위東部都尉의 치소였다. 부도위란 변군의

平·柳城〈馬首山在西南. 參柳水北入海. 西部都尉治.〉…"(『漢書』 卷28下 地理8下 遼西郡,
1625쪽).

17. "營州.〈治和龍城. 太延二年爲鎭, 鎭君五年改置. 永安末陷, 天平初復.〉領郡六, 縣十四.
…"(『魏書』 卷106上 地形志2上 營州, 2494쪽).

18. "遼西郡.〈舊置營州, 開皇初置總管府, 大業初府廢.〉統縣一, 戶七百五十一. 柳城.〈後魏置,
營州於和龍城, 領建德·冀陽 …等郡, 龍城 … 柳城·富平等縣, 後齊唯留建德·冀陽二郡,
永樂·帶方·龍城·大興等縣, 其餘並廢. 開皇元年唯留建德一郡, 龍城一縣, 其餘並廢. 尋又
廢郡, 改縣爲龍山, 十八年改爲柳城. 大業初, 置遼西郡, 有帶方山·禿黎山·雞鳴山·松山.
有渝水·白狼水.〉"(『隋書』 卷30 地理中 冀州 遼西郡, 859쪽).

19. "營州, 上都督府, 隋柳城郡. 武德元年, 改爲營州總管府, 領遼·燕二州, 領柳城一縣. 七年,
改爲都督府, 管營·遼二州. … 柳城, 漢縣, 屬遼西郡."(『舊唐書』 卷39 地理2 河北道, 1520
~1521쪽).

군태수 아래 설치된 관으로 이민족을 관리하는 역할을 담당하였다.[20] 조양이 이민족을 상대하는 지역에 있으며 그 경영의 중심지가 된다는 점을 보여주고 있는 것이다. 이러한 지리적 조건은 시대가 내려와서도 변화가 없었던 것으로 보인다. 북연北燕을 무너뜨리고 요서를 차지한 북위北魏가 여기에 진鎭을 두었다가 영주로 바꾸어 동방 경영의 근거지로 삼았으며(D-2), 그 뒤 요서를 차지한 수와 당은 이곳에 총관부와 도독부를 두었던 것이다. 조양이 적어도 당대까지 요서 지역의 지배와 군사적 측면에서 가장 중요한 거점이 되고 있었음을 여기에서 확인할 수 있다.

한대 유성의 흔적은 조양시 조양현朝陽縣 유성진柳城鎭 원대자촌袁臺子村에서 북쪽으로 1km 떨어진 곳에 남아 있다. 유성유지가 그것으로, '유성柳城'의 글자가 날인된 판와 등 전국시대에서 한대에 걸친 유물들이 나왔다.[21] 전연前燕을 세운 모용황慕容皝은 유성의 북쪽이며 용산의 서쪽에 해당하는 곳에 성을 쌓고 이를 용성龍城이라 이름지었다.[22] 조양에서는 북탑탑기유지北塔塔基遺址·북대가유지北大街遺址·조양노성유지朝陽老城遺址 등 5호16국시대부터 북위를 거쳐 당과 그 이후 역대 왕조의 거점이었음을 알려주는 유적들이 여러 곳에서 확인되고 있다. 북탑탑기유지는 이 탑이 전연에서 북연까지의 궁전지 위에 세워진 것임을 보여주며, 조양노성유지는 평면이 불규칙한 장방형으로, 남북 길이가 1500m 동서 너비가 1000m에 이른다. 사방의 성벽마다 문이 하나씩 있

---

20. 권오중, 2004, 「한대 변군의 부도위」, 『동양사학연구』88.

21. 國家文物局, 2009, 『文物地圖集─遼寧分冊─』(下), 西安地圖出版社, 444쪽.

22. "春, 正月燕王皝使唐國內史陽裕等, 築城於柳城之北, 龍山之西, 立宗廟·宮闕, 命曰龍城〈由此改柳城爲龍城縣.〉"(『資治通鑑』卷96 晉紀18 成帝咸康7(341)年, 3041쪽).

었고, 판축으로 쌓은 성이었다.[23] 이들 유적이 위치하고 있는 조양시 쌍탑구雙塔區 일대가 바로 '영주입안동도'의 출발지점인 영주도독부 치소가 되는 것이다.

나. 연군성燕郡城

연군성은 당의 '영주입안동도'에서 영주를 떠나 동쪽으로 향하는 여정에서 가장 먼저 언급되는 지명이었다. 이곳이 전대에도 주요한 거점으로 기능했음을 보여주는 자료가 아래의 기사들이다.

E-1. "(402년) 5월 … 고구려가 숙군성宿軍城을 공격해오니〈숙군성은 용성龍城의 동북에 위치한다〉 후연後燕의 평주자사平州刺史 모용귀慕容歸가 성을 버리고 도주하였다."(『자치통감資治通鑑』 권卷112)[24]

E-2. "(404년 12월) 고구려가 연군燕郡을 침구하여 백여 인을 죽이고 데려갔다."(『진서晉書』 모용황재기慕容熙載記)[25]

위 기록은 402~404년 간에 벌어진 고구려와 후연 간의 공방전을 전한다. 여기에서 고구려군이 공파하였던 숙군성은 현재의 북진시에 위치했으며,[26] 연군은 그 명칭으로 보아 '영주입안동도'에 열거되었던 연군성의 전신에 해당할 것이다. 이들이 5세기 초에는 서진에 나선 고구려군을 상대했다는 점에서, 당 이전 시기에도 이 교통로 상의 주요 경

---

23. 國家文物局 主編, 2009, 『中國文物地圖集－遼寧分冊－』(下), 西安地圖出版社, 351쪽.

24. "… 高句麗攻宿軍〈宿軍城在龍城東北〉, 燕平州刺史慕容歸棄城走〈北燕平州刺史治宿軍〉." 『資治通鑑』 卷112 安帝 元興元年, 3543쪽.

25. "會高句驪寇燕郡, 殺略百餘人." 『晉書』 卷124 載記 慕容熙, 3106쪽.

26. 孫進己·馮永謙 主編, 앞의 책, 126쪽.

유지였음을 알 수 있다. 후연의 평주자사가 여기에 주재했다는 사실도 이를 뒷받침한다.

다. 여라성汝羅城

여라성은 연군성과 함께 의현 경내에 위치하였다. 그 소재지는 의현 남쪽 개주촌 동쪽 대릉하 서안의 노군보 일대였을 것으로 추정되는데, 이 곳의 지리적 위치와 기능을 잘 보여주는 사례가 하나 있다.

> F. "수隋 개황開皇 연간에 (돌지계突地稽가) 부락을 이끌고 귀화해오니, 이들을 영주 경계에 머물게 하였다. 양제煬帝 8년(612)에 요서군을 설치하여 돌지계를 태수로 삼고 영주에서 동쪽으로 200리 떨어진 여라성을 치소로 삼게 하였다."(『태평환우기太平寰宇記』 卷96)

위 기록은 당의 번장蕃將 가운데 말갈인靺鞨人으로 유명했던 이근행李謹行의 아비 돌지계가 6세기 말 수에 귀부했던 일을 전한다. 속말말갈의 수령이었던 그는 고구려에 저항하다 무리를 이끌고 수에 귀부하였다. 이들에 대해 수는 처음에는 영주 경내에 머물게 했다가 612년 여라성에 안치하였다. 이 해 수 양제는 113만을 동원하여 고구려 침공에 나섰었다. 아마도 야심차게 추진했던 이 전역이 커다란 실패로 막을 내린 이후의 조치로 보이는데, 여라성이 이 노선의 중요한 길목이 되며 요서 동쪽의 정세와 긴밀하게 연결되어 있었음을 보여준다.

라. 회원진懷遠鎭

대릉하 하류를 건넌 '영주입안동도'가 이르는 곳이 회원진이다. 앞의 기록에서는 회원수착성이라 했던 곳으로, 수대와 당 태종 무렵에는 진이었다. 의무려산 동쪽, 현재의 북진시 남쪽 구방자진溝幇子鎭 부근으로 판단된다. 구방자진 여사촌閭四村의 여양성지閭陽城址가 그 후보지일 가능성이 있다. 문물지 자료에서 당대唐代의 성지로 보고 있으며[27] 여라성이 있던 노군보에서 북진시로 이어지는 경로 상에 자리잡고 있기 때문이다.

G-1. "(토만서吐萬緒가) 요동의 전역에서 선봉이 되기를 청하니, 양제가 가상히 여겨 좌둔위대장군左屯衛大將軍에 제배하고 보기 수만을 이끌고 개마도蓋馬道로 나아가게 하였다. 회군하게 되자 남겨 회원을 진수鎭守케하고 관위를 좌광록대부左光祿大夫로 올려주었다."(『수서隋書』 권卷65)

G-2. "양현감楊玄感이 난을 일으키자, 회군하였다. 양제가 유성柳城에 이르러 설세웅薛世雄을 동북도대사東北道大使로 삼고 연군태수燕郡太守를 맡아 회원을 진수케하였다."(『수서』 권65)

G-3. "태상승太常丞 등소鄧素가 고구려에 사행을 다녀와서 회원진의 수병戍兵을 늘려 고구려에 위협을 가하자고 건의하니, 태종이 답하기를 먼 나라 사람이 복종해오지 않거든 문덕文德을 닦아 (저 스스로) 오게 할 일이지, 일이백명의 병력으로 절역絕域에 위협을 가할 수 있다는 말은 듣질 못하였다."(『자치통감資治通鑑』 권卷197)

612년 수 양제가 30만의 별동대로 고구려의 도성 평양성을 직격했던 전략은 완전히 실패하여 살아 돌아간 자가 겨우 2,700명이었다. 이듬해 또 다시 전쟁을 일으켰지만, 양현감의 난이 일어나 급히 철수해야

---

27. 趙杰·周洪山, 1996, 『北寧市文物志』, 遼寧民族出版社, 36~37쪽.

하였다. 이런 급박한 상황에서 회원진은 두 차례 모두에서 모습을 보인다. 또한 양제가 이 곳을 지키도록 남긴 두 장수는 612년의 침공군 편성에서 24군의 지휘관으로 등장했던 이들로, 당시 수군의 대표적 장수 그룹에 속했던 이들이었다. 회원진이 당시 수와 고구려 전역에서 어떤 위치에 놓여 있었는지를 단적으로 보여주고 있는 것이다. 이어진 당 태종 시기의 기사는 당이 들어선 뒤에도 회원진의 전략적 가치가 여전하였음을 알려준다.

마. 무려수착巫閭守捉

『신당서』지리지의 주에 따르면 무려수착은 여라·회원 다음에 기재되고 양평수착이 그 뒤를 잇고 있다. 여라성과 회원진을 지나온 노선이 곧이어 무려수착을 경유하게 됨을 보여주는 것이다. 이로 미루어 무려수착은 이 교통로를 오갈 때 반드시 거쳐야 했던 곳임을 짐작할 수 있다. 그런 만큼 전대에도 이 곳에는 중요한 거점이 두어져 있었을 것이다. 이를 보여주는 것이 한대의 기록이다.

앞에서 본 조양이 한대 요서군에 속하면서 동부도위의 치소였다는 사실은 그 동부 지역이 요서군이 아닌 요동군의 서부도위 관할지역이었음을 알려준다. 즉 요서 중부를 종단하고 있는 의무려산과 대능하 하류가 있음에서 요서의 서부와 동부는 자연지리적으로 분리되고 있었으며, 이를 감안하여 한의 군현이 설치되었던 것이다. 한이 요서군을 대능하 서편의 서부지역에 두고, 동부는 요하 이동과 묶어 요동군으로 편성했던 연유도 이러한 지리적 조건을 고려한 것이라 여겨진다.

H-1. "요동군. … 속현은 18곳으로 양평襄平, 신창新昌, 무려無慮〈서부
　　　도위西部都尉의 치소〉〈응소應邵가 이르기를 려의 음은 려이다.

안사고顔師古가 말하기를 (무려는) 의무려(산)을 말한다.〉"(『한서』
권28하 지리지)

H-2. "요동선비遼東鮮卑가 무려현을 에워쌌다.〈요동군에 속하였다. 려
의 음은 려이다. 의무려산이 있어, 이로써 명칭을 삼았다.〉"(『후한
서後漢書』권卷5)

H-3. "선비鮮卑가 나중에 요동속국을 침입해왔다. 이에 경엽耿曄이 (병
력을) 요동 무려성으로 이동시켜 주둔하며 항전하였다."(『후한서』
권90)

　H-1 기록은 전한시대 요동군 예하 18현에 대한 정보 가운데 일부
이다. 여기에서 무려의 명칭에 관심이 간다. 무려수착의 그것과 한자가
다를 뿐, 음이 같은 것이다. 안사고의 주석으로 보아 시대에 따라 다른
한자를 썼지만 그 연원은 의무려산에서 비롯된 것이었다. 따라서 전한
시대 요동군 서부도위의 치소가 있던 무려현이 훗날 당대에 와서는 무
려수착으로 탈바꿈하였음을 알 수 있다. 다른 한자를 쓰고 설치된 관부
도 다른 것이었지만, 그 지리적 위치에는 큰 변화가 없었다고 여겨도
좋을 것이다. 특히 이곳이 한대 요동군 서부도위의 치소였다는 사실은
요서를 서부와 동부로 구분할 때, 조양에 버금가는 거점으로 요서 동부
지역의 향배를 좌우하던 곳이었음을 알려준다. H-2와 3의 기록이 이를
구체적으로 보여주고 있는 것이다.
　이곳의 추정지인 북진시 요둔향 대량갑촌 유적에 대해서는 1962년
요령성박물관 고고공작대가 조사하였다.[28] 조사 내용에 따르면 성터는
무려하 동안의 평탄한 경작지 위에 위치한다. 개간으로 그 규모를 자

28.　李文信·孫守道,〈周漢魏晉時代的遼東史迹〉,『遼寧日報』1962년 7월 21일.

세히 알 수는 없으나 면적 약 6만㎢, 문화층 두께는 2m에 달한다고 소개되었다. 전국시대 연燕나라의 도폐刀幣가 수십 매 발견되었고, 한대의 토기와 기와, 청동촉 등이 다수 나왔다. 문화층은 전국시대, 한대, 요금시대로 확인되었다. 이와 함께 성터의 서부, 무려하의 동안에서는 70m 거리 지점에서 10여 기의 한대 소형 전실묘塼室墓가 발견되었고, '상방尚房'명銘 동경銅鏡 등이 나왔다. 한편 유적의 중앙부 대지에는 높이 5m의 土臺가 자리잡고 있다. 이에 한대 유물과 무덤을 근거로 서부 도위 치소로 추정하였다.

이 유적을 무려현 성지로 보는 이해는 1996년의 『북녕시문물지』에서도 확인된다. 하지만 『중국문물지도집中國文物地圖集：요령분책(하)遼寧分册(下)』[29]에 이르면 이 유적은 '대량갑유지大亮甲遺址'로 소개되고 있으며, 요동군 서부도위 치소에 대한 언급은 보이질 않는다. 필자는 두 차례의 답사를 통해, 유적 중앙부의 토대가 실은 전실묘라는 사실과 함께, 성터로 특정할 만한 흔적을 찾을 수 없음을 확인하였다. 또한 이 유적이 북쪽으로 무려하(현재는 흑어구하黑魚溝河로 변경) 서안의 심둔촌瀋屯村과 북이둔촌北李屯村 유적과 동일한 문화상을 보이고 있다는 점도 확인할 수 있었다. 별개의 유적들로 언급되고 있으나 이들은 넓은 지역권에 자리잡았던 대형 유적지의 남은 흔적들로 보인다. 따라서 이 유적군은 요서 동부지역의 주요 거점지로 손색이 없어 보인다.

바. 양평성襄平城(요동성遼東城)

아래의 기록들은 요하 서편에서 양평성(요동성)에 이르는 노선을 보여준다. 앞에서 본 무려수착에서 나온 경로가 어디를 거쳐 요하를 건너

---

29. 國家文物局 編, 2009, 『中國文物地圖集：遼寧分册(下)』, 西安出版社.

요동성에 닿게 되는지를 알려주는 것이다.

I-1. "경초景初 2년(238) 봄, 태위太衛 사마선왕司馬宣王을 보내 공손연公
孫淵을 정벌케 하였다. 6월에 군대가 요동에 도착하였다. 공손연
은 장군 비연卑衍과 양조楊祚 등을 보내 보기步騎 수만으로 요대遼
隧에 주둔케 하였고, 위참圍塹 2십여 리를 만들었다. 사마선왕은
군대에게 위참을 뚫도록 명하고, 군대를 이끌고 동남으로 향하다
가 갑자기 동북쪽으로 돌려 곧바로 양평襄平으로 내달렸다. 비연
등은 양평에 수비가 없음을 두려워 하여 밤을 틈타 도주하였다.
여러 군대가 진격하여 수산首山에 이르니, 공손연은 다시 비연 등
을 보내 군대를 맞아 죽기로 싸우도록 하였다. 다시 쳐서 크게 격
파하니, 마침내 진군하여 (양평) 성 아래 이르렀고, 위참을 만들
었다. 때마침 3십여 일이나 장마가 들어 요수遼水가 불어나니, 배
를 움직여 요구遼口에서 성 밑에까지 이르렀다. … 8월 병인일 밤
에 길이 수십 장이 되는 큰 유성이 수산의 동북에서 양평성 동남
쪽으로 떨어졌다. … 성을 깨트리곤 상국 이하 천여 명의 머리를
베고 공손연의 머리는 낙양洛陽으로 보냈다. 요동·대방·낙랑·현
도군이 모두 평정되었다."(『삼국지三國志』 권卷8 공손탁전公孫度傳)

I-2. "(모용)皝이 모용소慕容昭를 죽이고, 사자를 보내 모용인慕容仁의
허실을 탐색하려 했으나 사자가 험독險瀆에서 모용인과 조우하
였다. (모용황을 제거하려던) 일이 탄로났음을 알아차린 모용인이
사자를 죽이고 동쪽 평곽平郭으로 돌아갔다."(『진서晉書』 권卷10)

I-1은 요하 서편에서 양평성(요동성)에 이르는 노선이 요하 동안의 요

대遼隊(반산盤山 고성자古城子에서 우장牛莊 사이, 서사대西四臺[30])를 거쳐 수산首山을 경유하였음을 보여준다. 수산에서 동북으로 요양에 이르게 되는 것이다. 한편 2의 기록은 험독이 요하 서안의 주요 경유지였음을 알려준다. 안산시鞍山市 대안현臺安縣에서 동남쪽으로 20리 거리에 남아 있는 손성자성지孫城子城址가 이 험독현의 추정지가 된다.[31] 한편 요서횡단로는 이곳에 이르기 위해 서쪽의 무려수착에서 나와 동진하여 흑산현黑山縣 타산자촌蛇山子村을 지나왔다고 보고 있다.[32]

한편 앞에서 본 양평수착은 현재의 요양이 아니라 의현 동북쪽의 어느 곳으로, 요서횡단로의 종착지가 안동도호부이며 요동성에 두었다는 기록이 있음에서 양평수착과 요동성은 다른 곳임을 알 수 있다.[33] 요동성은 후연과의 대결에서 승리한 고구려가 새로 붙인 이름으로, 그 이전에는 양평성으로 불리웠다. 요하의 동편에 위치하며 태자하太子河를 끼고 평지에 쌓은 성곽으로 고구려시대는 물론, 그 이전 여러 중국왕조에서도 이 곳은 요동지역의 최대 거점이자 중심지로 기능하였다. 요하를 건너온 수 양제의 침공군이 이 곳의 함락을 최우선 과제로 삼았고, 요동성이 당군에 함락됨으로써 645년의 전역에서 고구려가 시종일관 수세에 몰렸었다는 사실이 이를 말하여주는 것이다.

영주에서 요동성까지의 경로 상에는 연군성·여라성·무려수착·험독(또는 요대)의 경유지들이 있었다. 한대 이래 이 지역을 놓고 제세력 간의 대결이 벌어졌을 때마다 영주와 요동성은 각 세력의 중심 거점으로 모습을 보였으며, 그 사이의 경유지들은 각축의 현장이거나 최전선으로

---

30. 王綿厚·李健才, 1990, 『東北古代交通』, 沈陽出版社, 30쪽.
31. 譚其驤 主編, 1988, 『〈中國歷史地圖集〉釋文滙編·東北卷』, 中央民族學院出版社, 11쪽.
32. 王綿厚·李健才, 앞의 책, 31쪽.
33. 孫進己·馮永謙 主編, 앞의 책, 278쪽.

기능하였던 것이다.

한편 요서 동서횡단로의 전체 거리는 680리였다. 이 노선이 어떻게 편제되었으며 주요 거점들은 교통로의 운용에서 어떤 역할을 하였을까. 고구려가 운용했던 요서횡단로를 통해 이 궁금증을 해결하고자 한다.

4. 성城·역驛·라邏·봉수烽燧의 편제와 운용

고구려가 요동을 차지한 5세기 초 이래 서쪽 경계는 줄곧 요하였다고 이해되어 왔다. 7세기 초까지 200여 년의 긴 시간동안 요하 너머로 진출할 기회는 여러 차례 있었지만, 고구려는 서변으로의 영역 확대를 자제했다고 여겼던 것이다. 이러한 이해는 612년 수가 요하 서측에 있던 무려라를 차지했다는 『자치통감』 기록에 의해 뒷받침되어 왔다. 아래의 기록이 그것이다.

> J. "이 원정에서 요수 서쪽에서는 다만 고구려 무려라武厲邏를 떨구고
> 〈고구려는 요수 서쪽에 라를 두고 요수를 건너는 자를 경계하고 살
> 폈다〉 요동군遼東郡과 통정진通定鎭을 두었을 따름이었다."[34]

그런데 위의 기록은 온전한 자료라고 보기 어렵다. 동일한 기사가 『수서隋書』 고려전高麗傳[35]에 보이고 있어 이를 인용한 것으로 여겨지지

---

34.   "是行也, 唯於遼水西拔高麗武厲邏〈高麗置邏於遼水之西, 以警察度遼者〉, 置遼東郡及通
      定鎭而已.", 『資治通鑑』 卷181 隋紀5 煬帝 大業8年(612), 5666쪽.

35.   "大業七年(8년의 잘못된 기록. 『隋』 煬帝紀에 따르면 612년의 일이다) 帝將討元之罪, 車

만, 원전의 다른 부분 즉, 무려라의 탈취를 전과라고 특기했던 배경은 생략하고 있기 때문이다.

『수서』의 해당 부분을 보면, '이 원정(시행是行)'이란 양제의 거가가 요하를 건넌 때로부터 전군의 퇴각에 이르는 일련의 군사행동을 지목하고 있다. 전쟁의 경과가 수군의 작전 전반이 아니라 거가가 요하를 건넌 일·요동성을 포위한 일·양제의 잘못된 명령으로 인한 실기失機 등의 내용으로 구성되어 있음에서 알아챌 수 있다. 이 기사의 취지는 113만의 대병력을 동원했던, 그야말로 수가 전력을 기울인 612년의 전쟁이 양제의 독선적이고 어처구니없는 지휘로 실패하게 되었음을 강조하는 데 있었던 것이다. 따라서 무려라 함락의 구절은 양제가 지휘한 원정에서 거둔 초라한 전과로서 특기한 것으로, 그 기술의 맥락으로 보아 수군 전체의 전공이 그러했다고 보아서는 곤란하다.

여기서의 무려라가 국경선에 세워진 군사 거점일 수 없다는 사실은 『자치통감』의 해당 부분 주석이 무려라를 두어 요하를 오가는 자들을 살폈다고 설명하고 있다는 점에서도 확인된다. 즉 무려라는 교통로 상에 두어진 관진의 하나로, 서계가 아니라 그 후방에 위치한 경유지의 관소에 해당했던 것이다. 규모로 보더라도 작은 성보나 초에 불과했을 이 곳에 요동군과 통정진을 모두 설치할 수는 없었을 것이라는 점에서도 그러하다.

한편 아래의 기록은 양제의 친정에 1년 앞서 수가 고구려의 거점을

駕渡遼水, 上營於遼東城, 分道出師, 各頓兵於其城下. 高麗率兵出拒, 戰多不利, 於是皆嬰城固守. 帝令諸軍攻之, 又勅諸將 高麗若降者, 即宣撫納, 不得縱兵. 城將陷, 賊輒言請降, 諸將奉旨不敢赴機, 先令馳奏. 比報至, 賊守禦亦備, 隨出拒戰. 如此者再三, 帝不悟. 由時食盡師老, 轉輸不繼, 諸軍多敗績, 於是班師. 是行也, 唯於遼水西拔賊武厲邏, 置遼東郡及通定鎮而還."(『隋書』 卷81 東夷 高麗傳, 1817쪽).

공략했다는 사실을 알려준다.

> K. "(대업) 5년(609) 거가車駕가 서쪽을 순행하다가 천수天水에 이르니 이
> 경李景이 음식을 황제에게 바쳤다. … 농천궁隴川宮에 이르러 황제가
> 사냥나가려 하자 이경 등이 어렵겠다는 말을 올렸고, … 결국 면관
> 되었다. 1년 남짓 지나서 다시 복위되었다. … 이듬해 이경이 고구
> 려 무려성武厲城을 공격하여 함락하니, 황제가 원구후苑丘侯의 봉작
> 과 비단 1,000단段을 내려주었다."(『수서』 권65)[36]

　여기에서 보이는 무려성武厲城은 최근까지 주목을 받지 못하였다.[37]
앞서 J 기록에 보이는 무려라와 동일한 곳으로 여겨왔기 때문이다. '무
려武厲'의 글자가 같다는 점에만 관심을 두고 '성城'과 '라邏'의 차이에는
주의하지 않았던 탓이다. 하지만 무려라는 요하 서안에 세워진 관소로
작은 성보나 초 정도의 시설이었다. 지역 지배의 거점이자 군사적 요새
였던 고구려의 '성'과 견주기 어려운 소규모의 군사시설이었던 것이다.
　반면 무려성은 611년에 공파되었다는 점에서 수 양제의 본격적인 침
공에 선행하여 확보되어야 했던 전략 목표였다. 양제가 무려성을 공파
한 장수 이경李景에게 봉작을 내려주고 비단 1,000단段(500필)을 상으로
주었다는 사실은 그 전과가 상당한 것이었음을 보여준다. 요하 나루터
의 작은 군사시설 하나를 격파했다고 해서 줄 만한 상이라고는 볼 수
없는 것이다. 이경이 각종 전쟁에서 무공을 세운 양제 측근의 최고위급

36.　"(大業) 五年 車駕西巡 至天水 景獻食於帝. … 至隴川宮 帝將大獵 景與左武衛大將軍郭衍
　　 俱有難言 … 竟以坐免. 歲餘 復位 … 明年 攻高麗武厲城 破之 賜爵苑丘侯 物一千段", 『隋
　　 書』 卷65 李景傳, 1530～1531쪽.
37.　李成制, 2013, 「高句麗의 西部 國境線과 武厲邏」, 『大丘史學』113.

장수였다는 사실도 무려성 공략이 당시의 전역에서 중요했음을 알려준다. 이로보아 고구려의 서쪽 경계를 확정하는데 필요한 기준점은 무려성에서 찾아져야 한다.

이제 무려성의 위치를 살펴볼 차례인데, 이 곳은 의외로 쉽게 찾을 수 있다. 앞에서 살핀 무려수착 혹은 무려현이 있던 그곳인 것이다. 무려성은 그 명칭으로 보아 앞서의 두 기구처럼 의무려산에서 유래한 것으로, 한대 무려현의 후신에 해당하며 당의 무려수착에 선행했던 고구려의 군사시설이다. 즉 요하 서편, 요서의 동부를 차지한 고구려는 한이 그랬듯이 이곳에 성을 쌓고 서변의 방어거점으로 삼았던 것이다.

그러면 무려성을 기점으로 하여 요동성까지 이어졌을 고구려의 서변은 어떤 모습이었을까. 후일의 '영주입안동도'가 영주에서 안동도호부까지 당 치하의 교통체계 속에서 운용되었던 것과는 달리, 이 시기 요서횡단로는 고구려와 수·당이 분점하여 별도의 교통체계 속에서 이용되었다. 수·당의 영주에서 출발한 노선은 대릉하 하류를 건너면 고구려의 첫 관문이 되는 무려성에 이르게 되고, 여기서부터 요동성까지는 고구려가 구축한 교통체계에 의지해야 하였다.

이 교통체계가 어떤 기구들로 구성되었을까 하는 궁금증과 관련하여 우선 城이 떠오른다. 요동성과 함께 무려의 '성'이라는 성곽을 중심으로 한 고구려 특유의 편제방식을 찾아볼 수 있는 것이다. 특히 그 기점과 종점이 모두 '성'으로 편제되었다는 사실은 이 노선의 교통체계에서 성이 가장 주요한 기구였음을 알려준다. 이름조차 전하지 않고 있는 다른 기구들에 비해, 이 두 성을 둘러싸고 고구려와 수·당은 치열한 다툼을 벌였기 때문이다.

최근 발견된 고구려 유민 고을덕高乙德의 묘지墓誌에 따르면 요동성 성주('요부도독遼府都督')는 고구려의 최고 지방관이자 군사령관인 욕살褥薩이었다.[38] 요동성에 욕살이 주재했다는 사실은 이 노선의 운용에 대해 추가의 정보를 제공하여 준다. 즉 요동성은 이 노선에서 유일하게 보이는 대성大城이라는 점에서 전 노선의 관리와 운용 책임은 요동성 욕살에게 지워졌을 것이고, 이곳과 중앙 간의 명령 하달과 보고는 뒤에서 볼 평양성까지의 역로驛路를 통해 오갔을 것이기 때문이다.

그러면 요서횡단로의 서단인 무려성은 어떤 역할을 수행했을까. 요동성에 비해 성곽의 규모나 주재관의 지위는 작고 낮았다고 여겨진다. 그러나 감당했던 역할마저 미미한 것은 아니었다. 고구려 서변의 최전방에 서 있던 고구려 성곽이라는 점에서 그러하다. 수가 무려성을 공략한 뒤 본격적으로 고구려 침공에 나섰다는 사실은 무려성이 우선 제압해두어야 할 곳이었음을 알려주는 것이다. 이러한 군사기지로서의 성격과 함께 무려성의 역할과 관련하여 아래의 기사를 참고하고 싶다.

L. "거란契丹이 영주를 침입하자, (양제가) 조를 내려 위운기韋雲起에게 돌궐병突厥兵을 이끌고 가서 거란 부락을 토벌케 하였다. … 거란은 본래 돌궐을 섬겼기에 (돌궐병력이 오는 것을) 꺼리는 마음이 없었다. 위운기는 그 경계에 들어서자 돌궐병들에게 유성군柳城郡에 가는 길이며 고구려와 교역交易할 계획이라고 말하라 하고, 무리 중에 수 사절이 있음을 말하지 말고 감히 누설하는 자가 있으면 참할 것이라 하였다. 거란은 방비하지 않았다. 적의 진영에서 100리 거리에 이르러 진을 짜고 숙영하였으나 거란은 이 사실을 알아차리지 못하였다. 날이 밝자 모두 출전하여 기병을 내서 습격하였다. … "[39]

---

38. 李成制, 2015, 「어느 고구려 무장의 가계와 일대기-새로 발견된 〈高乙德墓誌〉에 대한 譯註와 분석-」, 『中國古中世史硏究』38.

39. 『舊唐書』卷75, 韋雲起傳.

위 기록은 거란이 영주를 침입하자, 수가 돌궐병을 내세워 이를 격파했음을 전한다. 거란은 고구려와 교역하기 위해 지나가는 길이라는 돌궐인들의 말에 속아 넘어갔다. 우리의 관심과 관련, 여기에서 중요한 대목은 돌궐로 대표되는 초원지대의 세력과 고구려·수 간에 국경을 넘어선 교역이 이루어지고 있었다는 점이다.

이러한 초원지대와의 교역을 포함, 수·당과의 외교에서 양국을 오간 사절을 위해서라도 고구려는 국경지대에 출경出境과 입경入境을 관할하는 기구를 마련해 두어야 하였다. 그리고 그 임무는 지리적 위치로 보아 무려성이 맡았다고 본다. 이 곳은 서방의 외부 세계로 이어지는 고구려쪽 간선幹線의 마지막 길목이자, 고구려로 들어온 외부인이 반드시 거쳐야 했던 관문이었던 것이다.

이제 무려성과 요동성을 연결하였던 기구들을 살펴볼 차례다. 앞서 '영주입안동도'에서 안동도호부 즉 전대의 요동성까지 이어지는 경로에는 17개의 역이 존재했음을 확인한 바 있다. 이들 역의 존재로 보아 '영주입안동도'는 당의 역전제驛傳制에 의해 운영되고 있었다고 이해된다. 반면 고구려가 요서횡단로에 역을 두었음을 보여주는 자료는 현재로선 찾을 수 없다. 다만 아래 기록을 통해 이 경로에 역과 역마가 배치되어 있었을 가능성을 엿볼 수 있다.

M. "총장總章 2년(669) 영국공英國公 이세적李世勣이 칙勅을 받들어 고구려의 여러 성에 도독부都督府와 주현州縣을 설치하였다. 목록에 기재되기를 압록강 이북에서 이미 항복한 성은 11곳으로 그 첫 번째 국내성國內城은 평양성에서 거기까지 17개 역이 있었다."[40]

---

40. "總章二年 英國公李勣奉勅, 以高句麗諸城, 置都督府及州縣. 目錄云, 鴨綠以北已降城

한중관계사상의 교역과 교통로

위 기록에 보이는 목록이란 당에 투항한 천남생泉男生이 관여하여 667년 만든 일종의 전황표戰況表로, 말미의 국내성에서 평양성까지 17개 역이 있다고 하는 내용에 관심이 간다. 관련 연구에 따르면[41] 본래의 목록에는 전황과 관련하여 대상으로 기술된 각 성 간 역의 숫자와 거리가 기술되었을 것이라고 한다. 말기의 상황이지만 이로써 고구려가 역전제를 시행하고 있었으며 그것이 왕도인 평양성과 국내성 간의 노선 뿐 아니라 압록강 이북의 각지를 연결하고 있었음을 알 수 있는 것이다.

이 목록의 아직 항복하지 않은 성 대목에는 요동성주遼東城州, 즉 요동성의 존재가 확인된다. 국내성의 사례로 보아, 요동성에서 왕도까지의 노선에도 역전제가 시행되고 있었다고 보인다. 역전제를 운영한 목적은 기본적으로 국가의 문서 행정과 군사 정보의 신속한 전달에 있었다. 이를 고려하면 요동성과 왕도 평양성 간에는 역전제로 대표되는 통신체계가 구비되어 있었을 것이다. 그러하다면 요서횡단로의 무려성과 요동성은 서부 국경의 중핵이 된다는 점에서, 그리고 최전선의 거점이라는 점에서 둘 간에는 신속한 정보 전달이 유기적으로 이루어져야 하였다. 또한 예견되는 비상상황에 대처하기 위한 명령체계 역시 마련되어 있어야 하였다. 즉 무려성과 요동성 간의 노선은 각 지점마다에 시설된 역들을 통해 이어졌고, 요동성에서 뻗어나간 역로를 통해 내륙으로 이어졌던 것이다.

한편 '영주입안동도'에서 요수의 도하를 특필하고 있는 것에서 알 수 있듯이, 요서횡단로는 남북 방향으로 흐르는 요하를 건너야 하였다. 요서횡단로에는 도로와 하천이 만나는 결절점이 있었고, 그 곳에는 도하

十一, 其一國內城, 從平壤至此十七驛.", 『三國史記』 卷37 地理4 高句麗.

41. 노태돈, 1999, 『고구려사 연구』, 사계절, 226~227쪽.

시설이 마련되어 있었던 것이다.

여기에서 떠오르는 시설이 '라邏'이다. 앞서 무려성에서 언급되었던 무려라의 그것이다. 이 곳은 요하 서안의 신민시新民市 경내에 있었다고 판단된다. 이 라는 앞에서 본 『자치통감』의 주석 내용으로 보아, 요하를 건너는 나루터를 관장하는 시설물이었다.[42] 좀더 한정하여 말한다면 하천이라는 점에서 수로의 관소인 '진津'을 가리킨다. 역에 배치된 역마처럼 이 라에는 배가 준비되어 있었다. 그 구체적인 시설물에 대해서는 612년 요하에 이른 수군이 배다리를 놓아 요하 동안으로의 상륙을 시도했던 사실이 참고가 된다. 배다리를 만들어 건너려 했다는 점에서 요하의 도하지점에는 다리를 부설하지 않은 채, 양안을 오가는 배와 나루터 그리고 오가는 이들을 살피고 경계하는 관소關所가 있었다고 여겨진다.

라의 기능에 대한 설명은 검문과 검색이 라에서 이루어졌음을 알려주는데, 오가는 이의 행선지와 신분 그리고 목적 등을 살피고 통행의 여부를 판정해주는 절차가 여기에서 진행되었을 것이다.[43] 요하를 경계로 그 이서의 지역과 이동을 구분하고 통행인의 출입을 관리하려는 의도가 엿보인다. 이와 관련하여 고구려가 요하 서안에 라를 설치한 곳은 현재의 신민시 외에 적어도 두 곳 이상이었을 것으로 보이는데,[44] 이들

---

42. 고대 하천의 나루터에 대해서는 일본 고대의 시설을 참고할 수 있다(館野和己, 2016, 「古代の渡船」, 『日本古代の交通·交流·情報 3—遺跡と技術』, 吉川弘文館, 276~278쪽). 要路의 津에 배를 두고 한 척에 두 사람의 渡者를 배치했고 한 곳에 둔 배는 다섯 척 이하였다고 한다.

43. 이와 관련하여 당의 통행 사례가 참고된다(荒川正晴, 2016, 「中國律令制下の交通制度と道路」, 『日本古代の交通·交流·情報 1—制度と實態』, 吉川弘文館, 268~277쪽). 公道를 왕래하기 위해서는 관부에서 발급한 통행증이 있어야 하였다. 관진에서는 왕래인이 소지한 통행증을 통해 이동의 목적과 행선지 등을 파악하여 통행 여부를 판정하였다. 고구려에서도 이동을 허가하는 통행증이 있었다는 구체적 자료는 없지만, 가능성은 매우 높다고 생각한다.

44. 612년 수 양제의 침공군은 회원진에서 나와 臺安 孫城子~鞍山의 경로를 통해 요하를 건넜

역시 육로 노선이 요하와 만나는 결절점이었기에 해당 지점의 라가 통행인의 출입을 관리했을 것이다.

그런데 무려라는 결국 수의 차지가 되었다. 수는 여기에 통정진을 설치하였고, 이 곳은 645년 고구려와 당의 전쟁에서 이세적이 이끈 당군의 침공로가 되었다. 이 같은 사정을 전하는 기록이 아래의 것인데, 요하를 건넌 당군이 현도성玄菟城을 강습하는 과정을 설명하는 대목에서 흥미로운 내용을 찾을 수 있다.

> N. 4월 초하루가 무술戊戌인 날 이세적이 군을 이끌고 통정진에서 요수를 건넜다. 현도성에 이르기까지 거치는 봉수烽燧와 수戍를 모두 떨구니 고구려가 크게 놀라 성읍이 각자 문을 닫고는 감히 나와 맞서질 못하였다."[45]

현도성에 들이닥친 당군의 기습은 고구려의 의표를 찌른 것이었다. 이에 앞서 당군은 회원진에서 나올 듯하다가 경로를 바꾸었고 이를 고구려는 알아차리지 못하고 있었다.[46] 여기에 더하여 위의 기록은 당군이 현도성에 이를 때까지 고구려가 사태를 파악하지 못했던 것은 요하를 몰래 건너온 당군이 현도성까지 이어져 있던 봉수烽燧와 수戍를 모두 제거했던 것도 또 하나의 원인이 되었음을 보여준다. 여기에서 봉수와 수라는 시설이 요하 동안부터 현도성까지의 노선 위에 열지워 세워져

으며, 645년 당의 영주도독 張儉은 盤山~牛莊의 노선으로 도하하였다.

45. "四月 戊戌朔, 李勣師自通定濟遼水. 至玄菟所經烽戍皆下之, 高麗大駭, 城邑各閉門不敢出.", 『册府元龜』 卷117 帝王部 親征2, 唐太宗 貞觀 19年.

46. "李世勣軍發柳城, 多張形勢, 若出懷遠鎭者, 而潛師北趣甬道, 出高麗不意.", 『資治通鑑』 卷197 唐紀13 太宗貞觀19년.

있었다는 사실을 알 수 있다.

고구려는 주요 교통로를 따라 봉수를 배치하였다. 현재 요하 이동에서 집안 일대에 이르는 교통로 상에서도 그 흔적을 살필 수 있다. 점점이 이어진 이들의 통신체계는 고구려의 방어체계와 지방통치의 말단 조직을 이루었던 것이다.

한편 수는 잘 알려지지 않은 기구인데, 봉烽과 함께 하나의 단어를 이루는 '수燧'가 아닌 수자리(수戍)임을 명기하고 있다. 대체로 봉수나 역과는 다른 기구로서 소규모의 성곽에 의지하여 수비군이 주둔했던 시설이라 여겨진다. 그런데 라를 수로의 관소인 '진津'에 해당한다고 보면, 통행자의 출입 관리가 요서횡단로의 거의 마지막 경로인 요하에서만 이루어졌다고는 보기 어렵다. 이와 관련, 당의 사례이지만 이동의 과정에서 만나는 거의 모든 관소에서 검문이 이루어졌고, 출입자의 신상은 물론 소지한 물품에 대한 검색이 엄격히 시행되었다는 사실이 참고가 된다. 수는 소규모의 수비병이 지키는 작은 성보라는 점에서 그곳을 오가는 이들의 왕래를 통제하고 감시하는 역할을 수행할 수 있었을 것이다.

이상에서 살핀 라와 수의 기능은 요서횡단로가 가지는 특징에서 비롯되었다고 보인다. 요하를 건너면 요동을 거쳐 고구려의 내륙으로 이어지는 한편, 요서횡단로의 서단은 수·당의 영역과 접하였다. 고구려의 서변을 가로지르는 노선의 특성상 교통의 편의와 함께 군사·외교면에서의 기능도 고려되어야 했던 것이다.

이러한 관점에서 아래 기록은 요서횡단로의 또 다른 기구였던 역에 대해 추가의 정보를 제공하여 준다.

O. "가탐賈耽의 『고금군국지古今郡國志』에 따르면 발해국渤海國에는 남해

南海·압록鴨綠·부여扶餘·책성柵城의 4부府가 있었고 이들 모두는 고구려의 옛 땅이었다. 신라 천정군泉井郡으로부터 책성부까지 모두 39개역이 있었다."(『삼국사기三國史記』 권卷37 지리地理4)

위 기록은 『삼국사기』 지리지 4의 말미에 인용된 내용이다. 앞에서본 가탐의 저술 목적으로 미루어 천정군泉井郡에서 책성부柵城府까지의경로는 신라新羅와 발해渤海의 관계에서 주요 교통로로 이용되었다고 여겨진다. 여기에서 인접국가 간의 교류와 관련하여 그 교통로에 역이 열지워 세워져 있었다는 사실에 관심이 간다. 요서횡단로에서 보이는 10여 곳의 역 역시 외국과의 교류를 위한 기능을 가졌던 것은 아닐까 하는 것이다. 아다시피 고구려는 수·당은 물론이고 그 이전 북중국의 여러 왕조와 사절을 교환하였다. 고구려의 사자가 서쪽으로 나아가기 위해서 혹은 중국의 사절이 고구려 왕도로 들어오기 위해서는 요서횡단로를 이용해야 하였다. 400여 리를 이동하는 까닭에 사절단에게는 숙박과 식사 등의 편의가 제공되어야 하였고, 각 지점의 역들이 그 임무를수행했다고 여겨지는 것이다. 즉 고구려의 서변에 위치했다는 지리적성격으로 인해 요서횡단로는 고구려 제1의 사행로로 이용되었고, 이 때문에 외교 의례와 사절의 전송餞送과 출영出迎에 필요한 시설물이 마련되어야 하였다.[47]

한편 서방과의 관계에서 고구려가 늘 열세에 놓였던 만큼 군사면에

---

47. 이와 관련하여 일본 山陽道의 驛館에 대한 발굴조사 내용이 참고된다. 역관은 외국 사절에
     대비한 것으로 大宰府로 입국하여 도성으로 향하는 일행을 맞이하기 위해 마련되었다. 여
     기에는 사절의 숙박과 숙식 등을 위해 驛館院이라는 건물군이 있었고, 몇 개의 창고, 주방과
     역마를 수용하는 廐舍 등이 확인되고 있다. 이 밖에 역을 경영하기 위한 驛戶와 驛田도 확
     인된다(中村太一, 2016, 「驛家」, 『日本古代の交通·交流·情報 3-遺跡と技術』, 吉川弘文館,
     197~207쪽).

서 요서횡단로가 가졌던 중요성은 짐작하기 어렵지 않다. 더욱이 그 서단은 영주 방면의 경로로 이어졌다. 고구려가 영주 방면의 군사적 움직임에 늘 촉각을 세웠을 것이라고 보면, 여기에서 파악된 긴급 군사정보는 한시라도 빨리 중앙에 알려야 하였을 것이다. 고구려가 요서횡단로에 적어도 10곳 이상의 역을 설치했을 것이라고 보는 까닭이 여기에 있다. 앞에서 확인된 봉수와 수도 이 역전제와 짝하여 운용되었을 것이다.

제7장

고대 해남海南 교통로와 구법 순례여행

정면

1. 머리말
2. 육로를 통한 해남 교통로
3. 바다를 통한 해남 교통로
4. 고대 해남 교통로와 불교
5. 맺음말

1. 머리말

자고로 한반도에서 아시아 대륙의 서남부에 위치한 인도대륙에 이르는 길은 크게 보면 두 갈래로 이어졌다. 하나는 이른바 '비단길'의 일단을 이용하는 것이고, 다른 하나가 바로 바닷길을 통해 '해남'교통로에 접속하는 것이다. 여기에서의 '해남'은 관념적 개념이다. 즉 고대 중국인들이 사는 세상을 둘러싼 관념의 바다인 '사해四海'의 남쪽이라는 의미이다. 다시 말해서 자신들이 세계의 남쪽 끝이라 인식하던 곳에서 다시 시작되는 새로운 세상인 셈이다.[1] 따라서 이 '해남'교통로는 육로

---

1.   『양서(梁書)』 권54 「제이전」에서는 '해남제국'에 대하여 이렇게 설명하고 있다. "해남(海南)의

와 해로를 모두 포함한다. 이 연구에서는 이 길들의 노선과 거점을 소개하고, 이 길들이 고대 동아시아 교류사에서 갖는 의미를 살펴보고자 한다.

3세기에서 9세기의 동아시아세계는 불교가 막대한 영향력을 행사하던 곳이었고, 수많은 구도자들이 불교의 발상지로 향하였다. 이들 중 현장과 혜초처럼 여행기를 남긴 이들이 적지 않았다. 그 중에서도 법현(法顯, 334~420년)은 중국 구법승으로는 최초로 『불국기佛國記』라는 여행기를 남겼다. 『불국기』는 법현의 구법 여행을 담은 기행문으로 당시 중앙아시아, 인도, 스리랑카, 동남아시아 지역 약 30개 국의 지리, 교통, 종교, 문화, 물산, 풍속 등에 관한 정보를 담고 있다.[2] 특히 무엇보다도 동인도로부터 동남아시아를 거쳐 중국의 동남부에 이르는 '남해(혹은 남양)'의 바닷길을 담고 있다는 점이 이 글의 관심을 끈다. 혜초도 인도로 들어갈 때 중국 광저우(廣州)에서 남쪽으로 향하는 바닷길을 이용하였다. 비록 기록의 결락으로 그 정확한 노정은 파악할 수 없지만, 아마도 법현이 귀국 시 이용한 노선에서 크게 벗어나지 않았을 것이다. 그리고 스스로도 인도에 다녀온 당대唐代의 구법승 의정이 남긴 『대당서역구법

여러 나라는 대체로 보아서 교주(交州)의 남쪽에서 서남쪽 대해(大海)에 미치는 [동남아시아] 대륙부(大陸部) 및 도서(島嶼) 지역에 있으며, 서로의 거리가 가까우면 삼오천 리 멀면 이삼만 리에 달하고, 그 서편은 서역(西域)의 여러 나라와 접(接)하여 있다." 이에 따르면 '해남제국'은 중국과 육지로 이어진 나라들도 포함하고 있는 셈이다.

2.　陳信雄, 2010, 「法顯《佛國記》與中外文明交流――標志中國與印度陸、海兩通的千古巨碑」, 『國際漢學』2, 179~184쪽; 演靜, 2012, 「第一個出國取經的中國高僧――東晉法顯法師」, 『炎黃縱橫』11; 宇井 伯壽, 1954, 「仏國記に存する音訳語の字音」, 『名古屋大學文學部研究論集』(9), 27~65; 中小路 駿逸, 1992, 「『仏國記』と『入唐求法巡禮行記』とに見られる、仏法および航海の記事について：祈願の対象、および航走法の問題」, 『東洋文化學科年報』7, 67~77쪽; 池永 佳昭, 1981, 「法顯『仏國記』の南海航路考·(上)」, 『史學』51(3), 81~94쪽; 池永 佳昭, 1982, 「法顯『仏國記』の南海航路考·(下)」, 『史學』52(1), 41~59쪽; 馮承鈞, 1937, 『中國南洋交通史』, 臺北：臺灣商務印書館.

고승전大唐西域求法高僧傳』 또한 중국과 인도를 이어주는 교통로에 관하여 많은 정보를 제공하고 있다.[3] 불교의 전파와 그것이 만들어 낸 힘이 교통로를 열거나 확장했다고 할 수는 없지만, 고대 동아시아와 동남아시아 그리고 인도를 잇는 교통로의 존재를 드러내는 역할을 한 것은 분명하다. 이러한 의미에서 이 연구에서는 당시 '불교'에 주목할 것이다.

동중국해, 남중국해, 말라카 해협, 뱅골만, 아라비아해, 페르시아만으로 이어지는 바닷길은 기원전 1세기부터 교통과 물자 교류의 흔적이 보이며, 이 길은 한반도의 남해와 동해로까지 이어졌다. 그리고 이 교통로는 시간이 지날수록 그 중요성이 점차 확대되었다. 10세기 이후가 되면, 동서 교류와 물자 운송의 측면에서 북방의 실크로드보다도 그 비중이 커졌다.

비단길 개척으로 유명한 장건張騫의 건의를 수용한 한漢 무제武帝는 운남雲南과 인도를 거쳐 서역에 이르는 '신독도身毒道'의 개척을 추진하였다. 당시는 개통에 실패했던 이 길의 구체적 노선이 『신당서』 「지리지」에 등장한다. 물론 이것이 이 때에야 비로소 이 길이 열렸다는 것을 의미하는 것은 아닐 것이다. 이는 중국 제국帝國이 운남 지역과의 관계를 회복하면서 비로소 이 노선을 파악하게 되었으며, 이때에 이르러 다시 관심을 갖게 되었음을 의미한다. 『신당서』 「지리지」에는 가탐(賈耽, 730~805)이 기록했다고 하는 '변주邊州로부터 사이四夷로 들어가는 노선' 7개가 정리되어 있다.[4] 이 가운데 여섯 번째 노선이 현재의 베트남 하노이 지역에서 운남을 비롯하여 버마와 인도의 아삼(Assam)주를 거쳐 동

---

3. 周桓, 1982, 「義淨前往南海諸國和印度的事跡及其貢獻」, 『河北大學學報(哲學社會科學版)』 3, 55~59쪽; 曲金良, 2014, 「五世紀初南中國海-印度洋"海上絲綢之路"的文化圖景 : 以《法顯傳》爲中心的微觀考察」, 『新東方』 2014年 第6期, 8~12쪽.

4. 『신당서』 권43하 「지리7하」, 〈기미주〉, 1146~11534쪽.

인도에 이르는 육로이다. 그리고 일곱 번째 노선이 중국의 광동 지역
으로부터 동남아시아 해안을 거쳐 인도의 동부에 이르는 해상교통로
이다.

이 글에서는 관련 자료들을 바탕으로 이들 해륙 두 갈래의 교통로를
소개하고자 한다. 구체적 도로의 비정이 어렵기 때문에 결국은 거점들
의 나열이 될 것이다. 이 과정을 통해 고대시기 한반도의 역사와 동남
아시아, 그리고 인도의 역사가 어느 지점에서 만나는지를 이해할 수 있
는 단초의 하나가 마련되리라 기대한다. 이러한 관심에 따라 이 장은
'육로를 통한 해남 교통로', '바다를 통한 해남 교통로', '고대 해남 교통
로와 불교'의 세 절로 나누어 각 교통로와 거점 도시, 그리고 불교의 전
파가 보여주는 해상 교통로의 모습을 살펴보고자 한다.

2. 육로를 통한 해남 교통로

앞서 머리말에서 언급한 바 있지만, 해남 교통로는 육로를 포함한다.
즉 화남華南 지역을 통해 중국으로부터 육로로 인도에 이르는 길이다.
『신당서』「지리지」에 실린 가탐賈耽의 「입사이지로入四夷之路」에는 현재의
베트남 하노이에 설치되었던 안남도호부安南都護府로부터 당시 남조국南
詔國의 수도 양저미성羊苴咩城이 있었던 중국 윈난성 따리(大理)에 이르는
여정과 또 양저미성으로부터 동남아시아 대륙부의 북부를 거쳐 동인도
에 이르는 노정이 포함되어 있다. 이 절에서는 이들 교통 노선과 거점
도시들에 대하여 살펴볼 것이다. 아울러 이들 거점 도시들 사이의 정치
적 관계와 문화적 연쇄 구조 또한 고찰하고자 한다.

'보두로步頭路'는 이 당시 하노이 지역에서 현재의 운남 곤명 지역을

연결했던 교통로명이다. 그리고 당 제국의 보두로 개척은 당시 운남 지역의 동부를 장악하고 있던 서찬국 멸망을 촉진하는 계기가 되었다. 당 제국의 '안녕성安寧城' 축성이 이 보두로의 개척과 관련하여 추진되었기 때문이다. 참고로 보두는 '부두'와 같은 의미이다. 보두로의 개척은 사천성 남부의 수주嶲州로부터 안녕성을 거쳐 안남으로 이어지는 군사적 통로를 확보하려는 사업이었다. 여기에서 한 가지 주목되는 점은 과거 한 무제 시기 야랑도夜郎道의 개척이 남월南越 공략을 위한 통로 개척이 목적이었다면, 이 보두로는 운남 지역에 대한 지배 강화를 목적으로 한 교통로 개통이었다는 것이다. 즉 한대에는 남월 지역이 목적이었다면, 이번에는 운남 지역 자체가 목적이었다.

따라서 이러한 목적으로 개통된 보두로의 기점이 되는 '보두'는 군사적 교통 요충지였다. 이 보두로와 관련하여 『만서』에서는, "통해성通海城 남쪽으로 14일의 일정으로 보두에 이른다. 보두로에서 배로 강을 따라 35일을 가면 남만으로 나온다. 이인夷人은 주선舟船을 이해하지 못하여, 대부분 통해성로를 취하여 고용보賈勇步에서 진주眞州와 등주登州 그리고 임서원林西原로 들어가고, 봉주로峯州路를 취하여 간다."[5]라고 적었다. 이에 따르면, 보두로가 육로인 '통해성로'와 구분됨을 알 수 있다. 그런데 기존 연구들에서는 이 부분에 관한 해석의 차이가 있다.

우선 '보두'와 '고용보'의 위치에 관하여는 약간의 논쟁이 있었고, 그에 따라 이 교통로를 이해하는 방식도 달랐다. 이를테면 페리오 [Peliot] 같은 학자는 보두와 고용보를 같은 지점으로 인식하였다. 옌 껑왕의 경우, 보두와 고용보가 다른 지점이며, 다른 수로선상(홍하와 반룡강)에 있는 것으로 보았다. 이에 비해, 팡궈위는 보두와 고용보가 다

5.　　『雲南志補注』卷6「雲南城鎭」, 83쪽.

른 지점이지만, 같은 수로선상(홍하)에 있는 것으로 파악하였다. 그리고 그 위치에 대해서도 의견이 갈린다. 페리오는 보두를 만하오(蠻耗)로 보았다. 팡궈위는 보두를 위엔쟝(元江)현으로, 고용보를 만하오로 보았다. 한편 옌겅왕은 보두는 만하오, 고용보는 반룽강 수계의 원산(文山) 근처로 파악하였다. 근래에 들어서 가장 널리 받아들여지는 설명은 이 교통로가 기본적으로 홍허(紅河)강의 수로선상에 있다는 것과, 보두는 만하오에 고용보는 허커우시엔[河口縣]에 배치하는 것이다.[6] 결국 보두로는 통해성에서 고용보로 이동하는 길의 상당 부분을 수로로 이동하기 위해 새로 만든 교통로이다. 그리고 이는 고용보에서 통해성로와 합류하였다. 이 길은 다시 봉주로와 이어져 안남도호부의 치소 즉 현재의 베트남 하노이에 닿았다.

다음은 『만서』에서 전하는 안남도호부로부터 남조의 양저미성에 이르는 여정이다.

안녕성安寧城은 후한後漢 원정元鼎 2년[7] 복파장군伏波將軍 마원馬援이 동주銅柱를 세워 강계를 정한 곳이다. 교지성지交阯城池와의 거리가 48일의 여정이다. 한대의 성벽이 여전히 존재하며, 비명碑銘도 모두 있다. 저미성苴咩城을 보자면, 안남부성安南府城으로부터 만왕蠻王이 현재 앉아 있는 저미성까지는 물길과 뭍길을 합쳐서 52일의 여정이다. 단지 날 수만 계산하였으며, 거리[里數]를 세지는 않았다. 안남에서 물길을 거슬러 봉주峯州에 이르는 데에 이틀이고, 등주登州에 이르기까지 이틀, 충성주忠

---

6.   陸韌, 1995, 「南詔交通與城鎮關系初探」, 『思想戰線』2, 53쪽; 陸韌, 1997, 「試論天寶戰爭與開步頭路」, 『思想戰線』10, 79~80쪽.

7.   마원이 교지를 평정한 것은 43년[후한 광무제 建武 19년])의 일이다. 元鼎은 前漢 武帝의 연호이며, 後漢代에는 이 연호가 없다.

誠州에 이르기까지 3일, 다리주多利州까지 이틀, 기부주奇富州까지 이틀, 감상주卅裳州까지 이틀, 하보下步까지 사흘, 여무분책黎武賁柵에 이르기까지 나흘, 고용보賈勇步에 이르는 데에 닷새이다. 위 25일의 여정은 모두 수로이다. 대중(大中, 847~859) 초에 모두 안남 관내에 속하게 하였으며, 그 자사직을 모두 수령에게 위임하여 일을 처리하게 하였다. 854년[대중 8년]에, (안남의) 경략사經略使가 사나워 천동川洞의 민심이 떠나자, 강내疆內의 수령이 (마음을) 돌려 만적蠻賊에게 유인되었고, 여러 곳이 적중에 떨어졌다. 고용보에서 상륙하여 의부관矢符管에 이르까지 하루가 걸린다. 의부관에서 곡오관曲烏館까지 하루, 사하관思下館까지 하루, 사척관沙隻館까지 하루, 남장관南場館에 이르기까지 하루, 곡강관曲江館까지 하루, 통해성通海城에 이르기까지 하루, 강천현江川縣까지가 하루, 진녕관進寧館에 이르기까지 하루, 선천자동성鄯闡柘東城에 이르는 데에 하루가 걸린다.[8]

다음은 『신당서』 「지리지」에 실려 있는 가탐의 「입사이지로」 중 안남에서 천축으로 향하는 길의 일부이다. 이 또한 안남도호부로부터 남조국 수도 양저미성에 이르는 여정이다.

안남부에서 교지현交趾縣과 태평현太平縣을 거쳐, 100여 리를 가면 봉주峯州에 이른다. 다시 남전南田을 거쳐서, 130리를 가면 은루현恩樓縣에 이르고, 이어 물길로 40리를 가면 충성주忠城州에 이른다. 다시 200리를 가면 다리주多利州에 이르고, 또 300리를 가면 주귀주朱貴州에 이르고, 다시 400리를 가면 단당주丹棠州에 이르는데, 모두 생료生獠이다. 다시 450리

8.　『雲南志補注』卷1「雲南界內途程」, 3~4쪽.

를 가면 고용보古湧步에 이른다. 물길로는 안남과의 거리가 모두 1,550리이다. 다시 180리를 가면 부동산浮動山과 천정산天井山을 거치는데, 산위의 협도夾道가 모두 천정天井[9]의 지형이며, 사이에 반걸음도 허용하지 않는 길이 30리이다. 이를을 가면, 탕천주湯泉州에 이른다. 다시 50리를 가면 녹색주祿索州에 이르고, 다시 15리를 가면 용무주龍武州에 이르는데, 모두 찬만爨蠻으로 안남의 경내이다. 다시 83리를 가면 당지돈儻遲頓에 이르고, 또 팔평성八平城을 거쳐서, 80리를 가면 동조수洞澡水에 이르고, 다시 남정南亭을 거쳐서, 160리를 가면 곡강曲江에 이르는데, 검남劍南의 땅이다. 다시 통해진通海鎭을 거쳐서, 160리를 가서 해하海河와 이수利水를 건너면 강현絳縣에 이른다. 다시 80리를 가면 진녕역晉寧驛에 이르는데, 융주戎州의 땅이다. 다시 80리를 가면 자동성柘東城에 이르고, 다시 80리를 가면 안녕 옛성에 이르고, 다시 480리를 가면 운남성雲南城에 이르고, 다시 80리를 가면 백애성白崖城에 이르고, 다시 70리를 가면 몽사성蒙舍城에 이르고, 또 80리를 가면 용미성龍尾城에 이르고, 다시 10리를 가면 대화성大和城에 이르며, 다시 25리를 가면 양저미성羊苴咩城에 이른다.[10]

그리고 다음은 이 노선을 표로 정리한 것이다.

---

9. 사방이 산으로 둘러싸이고 중간이 푹 꺼진 지형을 지칭한다.
10. 「新唐書」卷43下「地理」7下〈羈縻州〉, 1151~1152쪽.

지명(賈耽)	지명(蠻書)	현위치	이정
안남부(安南府)	안남	베트남 하노이	
〈교지현(交趾縣)〉		越南 河內市 서북부	
〈태평현(太平縣)〉		越南 河山平省 山西 부근	
봉주(峯州)	봉주	越南 永富省 白鶴縣 南風州/ 越南 富壽省 越池 동남/ 越南 山西 북	100여里
〈남전(南田)〉			
은루현(恩樓縣)	등주(登州)	越南 永富省 富壽縣 동	130里
충성주(忠城州)	충성주(忠誠州)	越南 永富省 錦溪 부근/ 越南 永福省 安樂縣 부근	40里
다리주(多利州)	다리주	越南 黃連山省 鎭安 부근/ 越南 安沛省 鎭安 부근	200里
주귀주(朱貴州)	기부주(奇富州)	越南 黃連山省 安沛 서북/ 越南 安沛省 鎭安 부근	300里
단당주(丹棠州)	감당주(甘棠州)	越南 郞益 일대	400里
	하보(下步)		
	여무분책(黎武賁柵)		
고용보(古湧步)	고용보(賈勇步)	雲南 河口	450里
	의부관(矣符管)		
천정산(天井山)			180里
탕천주(湯泉州)		雲南 屛邊苗族自治縣 서부 新現河 서측 古道上의 好枝地	2일
녹색주(祿索州)		雲南 屛邊苗族自治縣 서부 新現 남쪽 7.5km	50里
용무주(龍武州)	곡오관(曲烏館)	雲南 屛邊苗族自治縣 서북 22km 新現	15里
당지돈(儻遲頓)		雲南 蒙自縣 동남 7km 新安所	83里
〈팔평성(八平城)〉	사하관(思下館)	雲南 蒙自縣城 부근/ 雲南 蒙自縣, 一說 個舊市 북 雞街	
동조수(洞澡水)	사척관(沙隻館)	雲南 個舊市 북 20km 倘甸	80里

〈남정(南亭)〉	남장관(南場館)	雲南 建水縣	
곡강(曲江)	곡강관(曲江館)	雲南 建水縣 북 40km 曲江鎭	160里
〈통해진(通海鎭)〉	통해성(通海城)	雲南 通海縣	
강현(絳縣)	강천현(江川縣)	雲南 江川縣/ 雲南 江川縣 북 13km 龍街	160里
진녕역(晉寧驛)	진녕관(進寧館)	雲南 晉寧縣/ 晉寧縣 晉城鎭	80里
자동성(柘東城)	선천자동성 (鄯闡柘東城)	雲南 昆明市	80里
안녕(安寧)		雲南 安寧市	80里

이 노선에서 경계와 관련하여 주목되는 지점은 보두와 고용보이다. 『만서』와 『신당서』 「남만전」에서 말한 바와 같이 '보두'는 동찬오만東爨烏蠻에 속하였다. 당시 서찬국은 당조의 기미 지배 아래에 있었고, 전술한 바와 같이 보두로의 개척은 서찬국의 지배 집단을 흔들어놓았다. 「남조덕화비南詔德化碑」에 따르면, 천보전쟁 당시 당의 군대는 세 방향에서 남중 지역으로 향하였는데, 그 중 안남도호부의 군대는 보두를 통해 진격하였다.[11] 이때까지 보두는 당 제국의 관할 하에 있었다. 그러나 천보전쟁이 남조의 승리로 끝나고, 남조가 토번과 결맹한 뒤에 보두는 남조의 경내로 편입되었다. 「남조덕화비」에서는 765년, 각라봉閣羅鳳이 장남 봉가이鳳迦異를 곤천昆川에 보내 자동성柘東城을 쌓게 하였으며, 그 위세로 인해 보두가 떨었다고 적었다.[12] 그리고 이어 뒤의 다른 부분에서 동찬이 모두 귀부하였고, 보두가 경계 안에 있게 되었다고 선언하고 있다.[13]

---

11. 「南詔德化碑」. 남계로(南谿路), 회동로(會同路), 보두로(步頭路)가 그것이다.

12. 「南詔德化碑」. "十四年(765)春, 命長男鳳迦異於昆川置柘東城, 居二詔佐鎭撫. 於是威懾步頭, 恩收曲·靖, 頒誥所及, 翕然俯從."

13. 「南詔德化碑」. "越睒天馬生郊, 大利流波濯錦. 西開尋傳, 祿郫出麗水之金; 北接陽山, 會川收瑟瑟之寶. 南荒滌湊, 覆詔願為外臣; 東爨悉歸, 步頭已成內境."

이 비석이 세워진 것이 766년이라고 하니, 결국 자동성의 축성과 함께 보두는 곧 남조국의 경내로 들어왔음을 알 수 있다.

위 『만서』의 기사에 따르면, 854년 이후 고용보古湧步 이남 임서원의 제동諸洞 만이들이 남조국에 귀부하였음 알 수 있다. 적어도 854년 전까지 고용보 이남은 안남도호부의 관할로 당 제국의 힘이 미치고 있었다는 의미이다. 또 위 『신당서』 기사에서 가탐의 증언에 따르면, 용무주까지도 안남의 관할이었다. 그러나 이 경계 또한 남조와 안남도호부 관할의 경계일 뿐이었다. 위 기사들에서 보여주는 것만 해도, 안남도호부로부터 단당주까지는 모두 '생료生獠'였으며, 또 그 이후 덕화주와 임서주 또한 제동 만이 수령들의 기미주였고, 고용보를 지나 용무주에 이르는 구간의 제주들 또한 '찬만' 수령들에 의해 통치되는 곳이었다. 다만 이 노선은 군사적으로 중요시되었고, 당 제국이 힘이 미치는 한에서는 전략적 요충지들과 이를 잇는 교통로를 지키려는 노력을 경주하였다. 854년 이후 서원만의 이반, 남조국과 서원만 등의 결맹, 남조국의 안남 침입으로 이어지는 일련의 사건들은 안남도호부가 남조국에 함락되는 사태까지 초래하였다. 그리고 이러한 사태는 『신당서』 「남만전」의 찬자가 "당이 쇠약해짐에 미쳐서, 서원西原과 황동黃洞이 이어서 변방의 해가 된 것이 백여 년이나 된다. (당조가) 그 멸망에 이른 것은 남조 때문이다."라고 적을 정도로 당시대인들과 후세인들에게 깊은 인상을 남겼다.

'표표驃·천축도'는 운남의 따리(大理)로부터 지금의 미얀마 지역을 통과하여 동인도에 이르는 육로이다. 앞서 언급하였듯이, 이 길은 한漢 무제 시기에 '신독도身毒道'라는 이름으로 중국에 알려졌다. 대하국大夏國에서 인도를 거쳐 유통되는 촉蜀 지역 상품의 존재를 목도한 장건張騫이 장안長安에서 촉 지역 상인들을 통해 '교역로'의 존재를 확인 한 뒤, 한 무

지도 1. 안남도호부로부터 양저미성에 이르는 노정, 『남조국의 세계와 사람들』, p.147

제에게 이를 보고하였다. 이후 한 무제는 40여 무리를 파견하여 이 길의 개통을 시도하였지만, 운남 지역 곤명昆明 부락들에 막혀 결국 좌절되었다.[14] 이후 간혹 영창군永昌郡 요외에 표국驃國의 존재와 신독인들의 출현이 전해졌지만,[15] 그 교통로가 구체적으로 알려지거나, 적극적으로 탐색되지는 않았다. 이 기간에 중국인들이 인도에 들어가는 교통로는 크게 두 가지였다. 서역의 실크로드를 이용하여 인도의 북서부로 들어가거나, 동남 해안을 출발하여 소위 해상 실크로드를 통해 동남아를 거쳐 인도의 동북부로 들어가는 길이었다. 한동안 중국인들에게 잊혔던

---

14. 『史記』卷116 「西南夷列傳」56, 2995~2996쪽.

15. 97년, 121년, 132년에 後漢에 遣使朝貢하였던 撣國을 버마의 고국으로 보던 시각도 있었으나, 근래에 들어서는 의심받고 있다. 이후 이라와디 강 유역에 관한 정보는 주로 해상통로상의 국가들을 언급하는 과정에서 언급되는 것이 주였고, 간헐적으로 永昌 徼外에 표국이 존재한다는 사실이 '傳'해졌을 뿐이다(餘定邦, 2000, 『中緬關係史』, 北京 : 光明日報出版社, 5~10쪽).

신독도의 구체적 노선이 사서에 등장하는 것은 당 제국 시기였다. 『만서』의 기술과 가탐賈耽의 기술이 그것이다.

물론 신독도가 중국인들에게 잊혔다고 해서 없어진 것은 아니다. 장건이 처음 '신독도'의 존재를 알았을 때 신독도가 만들어진 것이 아니듯이, 한 무제가 그 길의 개통을 포기했다고 해서 그 길의 존재가 없어지는 것은 아니다. 문제는 왜 8세기 중반 이후 이 길이 중국인들의 주목을 끌게 되었는가 하는 것이다. 이 시기 이 지역에서 가장 현저한 변화는 남조에 의한 남중 지역의 통일과 지속적 영토 확장이었다. 이 남조의 성장과 관련하여 기존 연구들에서 강조된 부분은 정치적인 것이었다. 중원을 재통일한 수·당 제국이 운남 지역에 대한 기미적 지배를 강화하기 시작했고, 여기에 티베트고원에서 토번의 흥성과 세력 확장이 중원 왕조의 운남에 대한 지배를 더욱 강화하게 만들었으며, 이 과정에서 당의 지원을 받은 남조南詔가 운남 서부 지역을 통일하고, 종국에는 서찬국까지 멸망시키고 운남 지역의 패자로 등장했다는 것이다. 결국 이 논리의 결론은 중원의 재통일이 남조국 성립과 성장의 원인이라는 말이 된다. 이렇듯 남조국 성립사에서 강조되는 것은 언제나 동북쪽으로부터의 영향이었다.

그러나 길은 동북쪽으로만 열려있지 않았다. '남조국'의 건국설화에는 서쪽으로부터 온 관음과 승려가 등장하고,[16] 남조가 선양받은 '백(자)국'의 건국 설화 중에는 인도로부터 온 아육왕의 자제들이 등장한다.[17] 이러한 사례는 서쪽으로 인도와 연결된 교통로의 존재와 또 그 통로를 통한 활발한 교통을 상정하게 한다. 남조국의 입장에서 동쪽 끝에는 중

---

16. 立石謙次, 2010, 『雲南大理白族の歷史ものがたり』, 雄山閣, 3~27쪽.
17. 立石謙次, 앞의 책, 91~153쪽.

국이 있었고, 서쪽 끝에는 인도가 있었다. 동쪽으로부터의 영향이 있다면, 서쪽으로부터의 영향도 있었을 것이다. 남중南中 지역을 장악한 남조는 서쪽과 남쪽으로의 정벌에도 적극적이었다. 근자에 들어 남조국과 서남방과의 관계 특히 상업적·경제적 관계를 중시하는 연구들이 늘어나기 시작하였다. 즉 남조국의 적극적 군사 활동 목적이 이 지역 상업교통로 확보에 있었다는 것이다.[18] 이러한 대외 활동은 802년 표국驃國이 당조에 조공하는 사건을 만들어내었다. 794년 남조국과 당의 관계 회복, 그리고 표국의 조공은 중국 측 지식인들에게 교통로의 구체적 노정이 알려지는 데 공헌하였을 것이다. 가탐의 기록은 특히 그러할 것이다. 다음은 가탐이 기술한 남조국에서 인도로 향하는 두 개의 노정이다.

> 양저미성羊苴咩城으로부터 서쪽으로 영창 고군永昌故郡까지는 300리이다. 다시 서쪽으로 노강怒江을 건너서, 제갈고성(諸葛亮城)에 이르기까지는 200리이다. 다시 남쪽으로 낙성樂城까지는 200리이다. 또 표국驃國의 경내로 들어가, 우공萬公 등 8부락을 거쳐서, 실리성悉利城까지가 700리이다. 다시 돌민성突旻城을 거쳐 표국에 이르기까지가 1,000리이다. 다시 표국으로부터 서쪽으로 흑산黑山을 넘어서, 동천축東天竺의 가마파국迦摩波國까지가 1,600리이다. 다시 서북쪽으로 가라도하迦羅都河를 건너 분나벌단나국奔那伐檀那國까지가 600리이다. 또 서남쪽으로 중천축中天竺國의 동경東境 긍하恆河 남안의 갈주올라국羯朱嗢羅國까지가 400리이다. 다시 서쪽으로 마갈타국摩羯陀國까지가 600里이다.[19]

---

18.   谷躍娟, 「南詔對尋傳及銀生地區的經營及利益趨向」, 『雲南民族大學學報』 2007-5.

19.   『新唐書』 卷43下 「地理」7下 〈羈縻州〉, 1152쪽.

다른 한 노선은 제갈고성(諸葛亮城)으로부터 서쪽으로 등충성騰充城까지 가는 데에 200리이다. 다시 서쪽으로 미성彌城까지가 100리이다. 또 서쪽으로 산을 지나서, 200리를 가면 여수성麗水城[20]에 이른다. 이어서 서쪽으로 여수麗水와 용천수龍泉水를 건너서, 200리를 가면 안서성安西城에[21] 이른다. 그리고 서쪽으로 미락강수彌諾江水를 건너서, 1,000리를 가면 대진大秦의 바라문국婆羅門國에 이른다. 다시 서쪽으로 큰 고개[大嶺]을 넘어서, 300리를 가면 동천축東天竺 북계의 개몰로국箇沒盧國에 이른다. 다시 서남쪽으로 1,200리를 가면, 중천축국中天竺國 동북경의 분나벌단나국奔那伐檀那國에 이르는데, 표국驃國에서 바라문婆羅門으로 가는 노선과 합해진다.[22]

위 기사들은 제갈량성에서 갈라졌다가 인도의 분나벌단나국에서 다시 만나는 두 노선의 노정을 표시하고 있다. 앞은 남조에서 이라와디 강 중류 유역의 표국 중심부를 거쳐 다시 동인도로 가는 노정이고, 뒤 기사는 이라와디 강의 상류 지역을 거쳐 바로 동인도로 들어가는 노선이다. 편의상 전자의 길을 남로, 후자의 통로를 북로로 부르고자 한다. 이를 다시 표로 정리하면 다음과 같다.

---

20. 方國瑜는 孟拱河가 이라와디강에 합류하는 지점보다 조금 북쪽. 마땅히 지금의 打羅(Talawgyi)의 땅에 해당한다고 비정하였다(『雲南志補注』, 92쪽, 주6). 谷躍娟(2007)은 達羅基(Talawgyi) 혹은 文冒로 비정하였다.
21. 安西城에 대하여, 方國瑜는 지금의 孟拱(Mogaung)으로 비정하였다(『雲南志補注』, 93쪽, 주7).
22. 『新唐書』卷43下「地理」7下〈羈縻州〉, 1152쪽.

〈표 2. 표 - 천축국로(남로) 노정, 『남조국의 세계와 사람들』, p.153〉

지명	현재위치	이정	전거
양저미성	雲南 大理縣 서		賈耽
영창고군	雲南 保山市/ 雲南 保山市 동북 11km 金雞村	300里	賈耽
노강(怒江)			賈耽
제갈량성	雲南 保山市 서쪽 모퉁이, 高黎貢山 동쪽 비탈/ 龍陵縣[23]	200里	賈耽
낙성(樂城)	雲南 潞西市(芒市)/ 瑞麗	200里	賈耽
표국(경계)			賈耽
만공(萬公)	버마 古太公城(Tagaung)		賈耽
실리성(悉利城)	抹穀(Mogok) 附近/ Mandalay[24]	700里	賈耽
돌민성(突旻城)	蒲甘(Bagan)		賈耽
표국(수도)	Sri Ksetra/ 버마 卑謬(Prome; Pyay)	1,000里	賈耽
흑산(黑山)	Nat Ma Taung(Arakan Mountains)		賈耽
가마파국(迦摩波國)	Guwahati, Assam	1,600里	賈耽
가라도하(迦羅都河)	Karatoya River		賈耽
분나벌단나국(奔那伐檀那國)	Bogra District, Bangladesh	600里	賈耽
갈주올라국(羯朱嗢羅國)	Rajmahal, Jharkhand, India	400里	賈耽
마갈타국(摩羯陀國)	Pataliputra(Patna)	600里	賈耽

---

23. 陸韌, 2000, 『高原通途 - 雲南民族交通』, 昆明 : 雲南教育出版社, 40쪽.
24. 陸韌, 2000, 앞의 책, 40쪽.

지명	현재위치	이정	전거
제갈량성	雲南 保山市 서쪽 모퉁이, 高黎貢山 동쪽 비탈/龍陵縣		賈耽
등충성(騰充城)	雲南 騰沖縣 西郊의 西山壩	200里	賈耽
미성(彌城)	雲南 盈江縣 동북 45km 盞西	100里	賈耽
여수성(麗水城)	Talawgyi/ 緬甸 克欽邦 伊洛瓦底江 동안의 達羅基	200里	賈耽
여수(麗水)	이라와디강		賈耽
용천수(龍泉水)	孟拱河		賈耽
안서성(安西城)	孟拱(Mogaung)	200里	賈耽
미락강수(彌諾江水)	Chindwin River		賈耽
바라문국(婆羅門國)	印度 曼尼普爾 일대, 혹은 阿薩姆 북부 이서로부터 恒河流域까지	1000里	賈耽
대령(大嶺)	Arakan Mountains		賈耽
개몰로국(箇沒盧國)	Guwahati, Assam	300里	賈耽
분나벌단나국	Bogra District, Bangladesh	1200里	賈耽

　　제갈량성으로부터 갈라지는 두 노선에서 남조국과 표국 등과의 경계로 주목되는 지점은 남로의 악성樂城과 북로의 안서성安西城이다. 악성은 현재의 루이리(瑞麗)로 비정되며,[25] 『만서』에서는 마사락성磨些樂城으로 표기되었다. 악성을 거쳐 표국의 경계를 지나 만나게 되는 만공 부락은 현재 미얀마 따가웅(Tagaung)으로 비정된다. 이 노선이 표국을 거쳐 동인도로 가는 남로이고, 현재의 루이리와 따가웅 사이에 남조와 표

25.　陸韌, 2000, 앞의 책, 40쪽.

국의 경계가 있었던 것으로 보인다. 두 번째 노선은 미성(盞西)과 여수성(Talawgyi)을 지나,[26] 이라와디 강 상류를 건너게 된다. 다시 그 지류인 용천수를 건너, 안서성(孟拱, Mogaung)에 이른다. 안서성으로부터 다시 출발하여, 오늘날의 친드윈강(Chindwin; 彌諾江水)과 아라칸 산맥(Arakan Yoma)을 넘어야 바라문婆羅門국에 이른다. 안서성의 관할 구역이 어디까지 미쳤는지는 알 수 없지만, 안서성은 사서에서 전하는 남조국의 최서단 성진이었다. 이라와디강이 여수성 서쪽을 지나 친드윈강과 만나고, 다시 표국을 지나 바다로 들어간다는,[27] 또 친드강의 수원이 서북쪽 소바라문국에 있다는[28] 『만서』의 기사들은 안서성과 바라문국 그리고 표국과의 상대적 위치를 파악하는 데 도움이 된다.

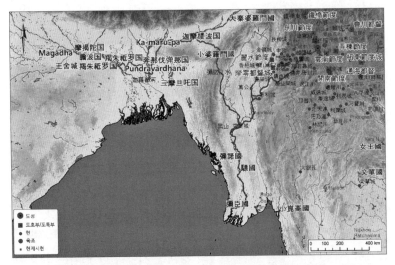

지도 2. 양저미성에서 동천축에 이르는 노선 1, 『남조국의 세계와 사람들』, p.155

26. 陸韌, 2000, 앞의 책, 40쪽.

27. 『雲南志補注』卷2「山川江源」, 27쪽.

28. 『雲南志補注』卷2「山川江源」, 28쪽.

이상 동아시아와 동남아시아의 접경지대인 운남 지역에서 인도로 이어지는 육로와 함께 또 베트남 북부 하노이 지역에서 운남 지역으로 이어지는 교통로를 살펴보았다. 이 교통로의 의미는 동아시아 세계와 동남아시아 세계의 '연결'에 있다. 이 교통로는 대륙부 동남아시아가 '인도적 세계'와 '중국적 세계'를 이어주는 다리가 되었고, 그 만남이 운남에서 이루어졌음을 잘 보여준다. 특히 '불교'국가였던 남조국의 성장과 쟁패는 이러한 연쇄의 중요한 고리가 되었다. 이 문제에 관하여는 제 4절에서 다시 살펴보고자 한다.

3. 바다를 통한 해남 교통로

이 절에서는 바닷길을 통한 교통 노선과 그 거점이 되는 지점들을 살펴보고자 한다. 아래 인용한 지도에 보이듯이 유라시아 대륙의 동단과 서단은 초원로와 비단길이라 일컬어지는 육로 뿐 아니라 바닷길로도 이어져 있었다. 로마로부터 이라크를 거쳐 다시 페르시아만(혹은 로마-홍해-아랍해), 그리고 인도의 서안, 실론, 인도 동안, 말라카 해협, 수마트라, 부남(扶南, 캄보디아 프놈펜), 베트남 중부, 교지(하노이) 등의 지역을 거쳐 광저우(廣州)로 이어지는 이 바닷길은 기원전부터 열려 있었다고 한다. 페르시아만과 인도를 잇는 항로는 기원전 7~6세기에 이미 열려 있었으며, 기원전 3세기 중국의 국가도 광저우 지역과 베트남 중부 지역을 거쳐 바닷길을 통한 교역에 참여하고 있었던 것으로 보인다.

물론 한반도에서 산둥반도와 장강 하구 또, 광저우를 거쳐 유라시아 대륙의 남쪽 연안 항로를 따라 말라카 해협을 거쳐 인도양을 횡단하는 본선 외에도 이 바닷길은 여러 갈래의 크고 작은 갈림길을 포함하고

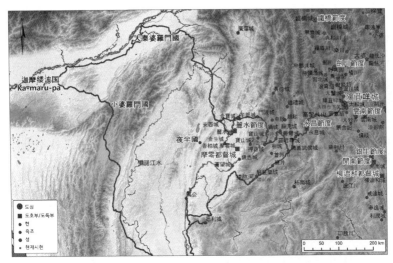

지도 3. 양저미성에서 동천축국에 이르는 노정 2, 『남조국의 세계와 사람들』, p.156

있다. 우선 교지에서 동남아시아 대륙부를 남북으로 관통하여 고대 부남扶南 제국諸國 수도의 외항外港이 있었던 옥 에오(Oc Eo)에서 바닷길과 연결되는 노선, 또 말레이 반도의 끄라(Kra) 지협에서 육로를 택해 반도를 동서로 횡단하여 다시 연안 항로를 이용하여 인도 동북부에 이르는 노선이 대표적이라 할 것이다. 그리고 말라카 해협을 통과하는 본선도 스리랑카를 거치는 노선과 직접 동인도로 향하는 노선으로 갈린다.

그리고 이 바닷길의 연결에서 반드시 유념해야 할 부분은 바닷길 또한 육로와 마찬가지로 지역적 교통망의 연쇄로 이루어져 있다는 점이다. 이를테면, 법현法顯도 인도에서 돌아올 때 배를 갈아타고 귀환하였다. 쉽게 말해서, 서라벌에서 로마까지 직접 이어지는 직행노선은 존재하지 않았다. 이것이 크고 작은 지역 문화 사이의 교류와 접변을 만들어 내었을 것이다. 다음 정수일이 작성한 지도는 동서를 잇는 간선뿐 아니라, 남북으로 이어지는 지선들의 존재도 잘 보여준다.

『양서』「제이전」에서는 광주廣州로부터 인도로 이어지는 바닷길의 시작에 관하여 다음과 같이 적고 있다.

전한 원정元鼎 연간(전116-전111)에 복파장군 노박덕路博德[29]을 보내 백월百越[의 땅]을 개척하여 일남군日南郡[30]을 설치하였다. 일남군의 요徼 바깥의 여러 나라들이 무제武帝 이래로 모두 와서 조공朝貢하였다. 후한의 환제桓帝 시기에 대진大秦[31]과 천축天竺[32]이 모두 이 길을 통해 사자를 보내 공

---

29. 노박덕(路博德)은 『漢書』에 따르면, 西河郡 平州縣 사람이다. 右北平 태수로써 票騎將軍 곽거병의 흉노정벌에 종군하였고, 그 공으로 邪離侯에 封해졌다. 곽거병의 사후에 노박덕은 衛尉로써 伏波將軍에 임명되었다. 南越을 정벌 공격하여 益封되었다. 그 뒤에 범죄하여 폐봉되었고, 彊弩都尉가 되어 居延에서 둔수하다가 죽었다(『漢書』卷55「衛靑霍去病傳」第25, 2493쪽).

30. 일남군(日南郡)은 전한(前漢) 원정(元鼎) 6년(전111)에 설치하였고, 치소는 서권현(西捲縣)에 있었으며, 서권현은 현재 베트남 중부의 꽝찌(廣治; Quang Tri) 서북 쪽의 광치하(廣治河; Quang Tri River)와 깜로하(甘露河; Cam Lo River)가 만나는 지점이다(현재의 다낭Danang 부근이라는 설도 있다). 『수경(水經)』「온수주(溫水注)」에서는 "區粟建八尺表, 日影度南八寸, 自此影以南在日之南, 故以郡名"이라 하여 그 이름의 유래를 밝히고 있다. 일남군의 관할 구역은 지금의 베트남 중부로 북쪽은 橫山으로부터 시작하여 남으로 大嶺에 이르는 지역이다.

31. 대진(大秦)은 黎軒과 犁鞬이라는 이름으로 불리기도 한다. 漢·晉 시기 로마제국에 대한 칭호이다. 永元 9년(97)에 西域都護 班超가 甘英을 사자로 대진에 보냈는데, 條支에 이르고, 바닷가까지 갔다가 돌아 왔다. 延熹 9년(166)에 대진 황제 安敦이 사자를 보내 중국에 왔다. 晉 武帝 太康 연간에 대진이 다시 사자를 보내 中國과 통교하였다. 395년에 로마가 분열하여 둘이 된 뒤로, 대진은 동로마 제국을 지칭하였다. 장-노엘 로베르(조성애 역, 2000, 『로마에서 중국까지』, 이산)에 따르면, 166년 환제의 궁정에 도착한 대진의 사절을 보냈다고 전해지는 安頓은 곧 마르쿠스 아우렐리우스(Marcus Aurelius Antoninus)이고, 그 사신들은 사신을 사칭한 상인들이며, 아마도 로마제국에 속한 중동 지역의 상인들이었을 것이라 추정하였다.

32. 천축(天竺; t'ien-tuok)은 『史記』에서는 身毒(sien-d'uok)이라고 표기되며, 『漢書』에서는 天竺과 함께 天篤(t'ien-tuok)으로도 표기되는데, 이는 인도를 지칭하던 고대 이란어 Hinduka를 옮긴 것으로 추정된다. 身毒 역시 인도식 발음인 Sindhu와 관련되는 것은 사실이지만, 그 말을 직접 音譯한 것인지는 불확실하다.

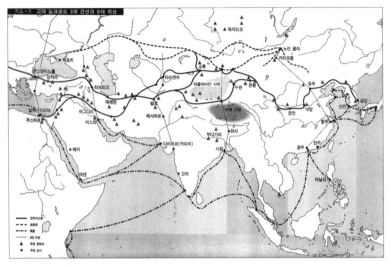

지도 4. 정수일, 『고대문명교류사』, 사계절, p.603

물을 바쳤다. 오의 손권孫權 때에는 선화종사宣化從事[33] 주응朱應[34]과 중랑中
郎 강태康泰[35]를 보내 통교하였다.[36] 그들이 지난 곳과 전해들은 것이 백 수

---

33. 선화종사(宣化從事)가 구체적으로 어떠한 관직이었는지에 관한 내용은 찾기 어렵다. 25사에
서도 선화종사는 『남사』와 『량서』에 위 기사와 같은 내용을 전하는 기사들에 등장할 뿐이다.
아마도 선화종사는 종사의 일종으로 보인다. '종사'는 한대 이래로 三公 및 州郡의 장관이 僚
屬을 辟召하여 쓸 때 '종사'를 칭할 경우가 많았고, 여기에는 특별한 정원도 없었던 것으로
보인다. 『三國志』 『吳書』에 廣州刺史로서 교주를 평정하고 교주자사가 된 呂岱가 從事를 요
외로 보내 '南宣國化'하게 하였다고 하였고, '선화'는 군주의 명을 전하여 백성을 교화한다는
의미를 가지고 있으니, 이에 걸맞은 임무를 부여받은 從事 정도로 해석할 수 있을 듯하다.

34. 주응(朱應) 관련 기록 또한 찾기 어렵다. 다만, 『隋書』 『經籍志』에서는 주응이 『扶南異物志』
一卷을 撰하였다고 전하고 있다(『隋書』 卷33 「經籍」二 史/地理, 984쪽).

35. 강태(康泰)는 손오시기 남해지역으로 사행을 한 관인이다. 강태에 관한 다른 기록 또한 찾기
어렵다. 강태는 이 사행의 경험을 토대로 『吳時外國傳』(혹은 『吳時外國志』, 『康泰)扶南記』,
『扶南傳』)을 지었다고 전해지며, 이는 『水経注』, 『艺文类聚』, 『梁书』, 『通典』, 『太平御览』 등
의 서적에서 인용되었다.

36. 대략 黃武 5년(226) 경, 즉 大秦의 상인 秦論이 교지를 거쳐 건업에 이르렀다고 전해지는 때
에 교주자사 呂岱가 주응과 강태를 해남 지역으로 出使하도록 하였다는 이야기가 있다. 『삼

십 개 국이었으며, 이를 바탕으로 기전記傳을 작성하였다. (『양서』권54 「제
이전」, p.783)

위 기사는 한 무제 시기 일남군 설치와 함께 일남군 요외의 해남 제
국이 중국 국가와 관계를 가지기 시작하였고, 후한 환제 시기에는 로마
와 인도 사신들이 이 조공로를 이용하여 중국에 왔다고 적고 있다. 실
제로 로마 사신단이 후한 황제의 궁정에 출현하였는지는 여전히 미심
쩍은 바가 많지만, 옥 에오(Oc Eo) 유적지에서 발견된 로마 금화는 실제
로 어떤 방식으로든 로마와 동남아시아의 교류가 있었음을 증명한다.
그리고 이들이 이용한 교통로는 바닷길이었다. 아울러 한대에 이미 이
바닷길을 통해 서방 화물이 도착하였음은 이미 널리 알려져 있다. 위
기사는 중국 국가의 사신이 처음 이 해로를 이용하여, 해남 제국에 도
달한 것은 삼국시기 손오 정권 때였다라고 적고 있다. 그러나 『한서』
「지리지」는 조금 다른 정보를 전하고 있다. 광동 지역으로부터 해안선
을 따라 동남아시아, 그리고 인도로 이어지는 바닷길의 항해와 그 노선
에 관한 첫 번째 기록은 아마도 『한서』「지리지」의 다음 기록일 것이다.
기원전 111년 한 무제가 남해, 합포, 교지, 구진, 일남 등의 변군을 설
치한 뒤, 바닷길을 통해 동남아시아와 동인도의 국가들과 교류하는 내
용이다. 다음 기사를 보면, 당시는 철저하게 연안 항로를 이용하고 있
음을 알 수 있다.

국지」「오서」에 광주자사 여대가 교주 사휘 등의 난을 평정하고 구진군을 토벌한 뒤에 "또 從
事를 보내 '南宣國化'토록 하여, 徼外에 이르러 扶南, 林邑, 堂明의 여러 王이 각기 遣使奉
貢하게 하였다. 손권이 그 功을 가상히 여겨, 그 호를 올려 鎭南將軍에 배수하였다(『三國志』
卷61 「吳書」, 1385쪽)"라고 하였으니, 주응과 강태를 파견한 것은 여대임에 틀림없다.

일남日南의 장새障塞, 서문徐聞, 합포合浦로부터 배를 타고 다섯 달을 가면, 도원국都元國이 있다. 다시 배를 타고 네 달을 가면, 읍로몰국邑盧沒國이 있다. 또 배를 타고 20여 일을 가면, 심리국諶離國이 있다. 그리고 걸어서 10여 일을 가야 부감도로국夫甘都盧國이다. 부감도로국에서 배를 타고 족히 두 달여를 가면 황지국黃支國이 있는데, 민의 풍습이 대략 주애珠厓와 서로 비슷하다. 그 주는 광대하고, 호구가 많으며, 기이한 물건이 많은데, 무제 이래로 모두 공헌하여 조현하였다. 역장譯長을 두어 황문黃門에 속하게 하였는데, 응모자應募者와 함께 바다에 들어가 명주明珠, 벽류리璧流離, 기석이물奇石異物을 교역하게 하고, 황금과 잡증雜繒을 가지고 가게 하였다. 이르는 국國마다 모두 식량을 공급하고 (한의 선단을) 수행하게 하여, 만이蠻夷의 상선[賈船]이 돌아가며 배웅하여[轉送] 이르게 하였다. 또한 교역을 탐내어 사람을 겁박하거나 죽이기도 하였다. 또 풍파를 만나 익사하거나, 아니면 몇년이 지나야 돌아오는 괴로움이 있다. 대주大珠는 가장 큰 것이 둘레가 2촌寸 이하이다. 평제平帝 원시元始 연간에 왕망王莽이 보정輔政하였는데, 위덕威德을 드러내고자 하여, 황지왕黃支王에게 두터이 하사하고, 사자를 보내 살아있는 서우犀牛를 공헌하게 하였다. 황지로부터 배를 타고 8개월을 가면 피종皮宗에 도달하고, 배를 타고 두 달이면 일남日南과 상림象林의 변계에 이른다고 한다. 황지의 남쪽에는 이정불국已程不國이 있는데, 한의 역사譯使는 이곳에서 돌아온다.[37]

위 기사에 따르면, 전한대 합포군의 합포현와 서문현, 그리고 일남군의 장새로부터 출발한 한대의 바닷길은 도원국(都元國, 인도네시아 수마트

---

37. 「漢書」권28하 「지리지 제8하」 〈월지〉, 1671쪽.

라 동북부), 읍로몰국(邑盧沒國, 미얀마 바고 Bago 부근), 심리국(諶離國, 미얀마 이라와디강 연안), 부감도로국(夫甘都盧國, 미얀마 이라와디강 중류 유역의 프롬Prome 부근)을 거쳐 황지국(黃支國, 인도의 마두라스Madras)에 이른다. 이 노선의 가장 큰 특징은 철저하게 연안을 따라 항해한다는 점이다. 심지어 말라카 해협을 지나 말레이 반도의 연안을 따라 북상한 뒤에는 이라와디강을 거슬러 올라가서, 심리국에서 부감도로국까지는 육로를 이용한 뒤, 다시 연안 항로를 이용하고 있다. 이러한 연안 항로의 이용은 후대의 원양 항해보다 훨씬 더 많은 시간을 요하였다. 뒤에서 살펴볼 당대 가탐이 제시한 항로에서는 인도 서북부의 인더스 강 유역까지 가는 데, 두 달 남짓이면 충분했지만, 한대의 연안 항로는 마두라스까지 가는데도 약 1년여의 시간이 소요되었다. 귀국 길에는 피종(皮宗, 싱가폴 서쪽의 피상섬Pulau Pi-Sang)을 거쳐 일남군과 상림군 변계까지 약 10개월이 소요되었다.

황문은 황실 재정 담당부서인 소부少府 소속이었다. 따라서 역장은 황실 재정 담당 부서의 관료로 자신의 부서를 위해 일했을 것이다. 즉 황제를 위해 해남의 사치품을 구해오는 것이 역장의 임무였을 것이다. 명주明珠는 진주를 의미하며, 벽류리璧流離는 청색 보석으로 묘안석을 지칭하는 것으로 보인다. 황실에서 파견한 역장은 황금과 한의 대표적 비교우위 상품인 비단을 가지고 명주나 벽류리, 그 밖의 기이한 보석 및 물품들을 교역하기 위해 남쪽 바닷길을 떠난 것이다. 그리고 앞서 『양서』의 기사와 합해서 보면, 이러한 교역의 바탕에는 '책봉 조공 관계'가 깔려 있음을 알 수 있다. 즉, 소부의 황문에 소속된 역장들은 소지한 황금과 비단의 하사를 통해 해남 여러 나라들의 군주들을 '책봉 조공 관계'에 끌어들이고, 각종 사치품의 공헌을 유도한 것이다. 이는 왕망 시기 황지국의 살아있는 서우 공헌 과정을 통해서도 확인할 수 있다.

다음은 앞서 언급한 바 있는『신당서』「지리지」에 기재된 가탐의 바닷길이다.

광주廣州에서 동남쪽 바닷길로 가서 200리면 둔문산屯門山에 이른다. 돛에 바람을 받아 서쪽으로 가면, 이틀이면 구주석九州石에 이른다. 또 남쪽으로 이틀이면 상석象石에 도달한다. 다시 서남쪽으로 사흘을 가면 점불로산占不勞山에 다다른다. 점불로산은 환왕국環王國 동쪽 이백 리 바다 가운데 있다. 또 남쪽으로 능산陵山에 이른다. 다시 하루를 가면, 문독국門毒國에 이른다. 다시 하루를 가면, 고단국古笪國에 이르며, 또 반일을 가면 분타랑주奔陀浪洲에 다다른다. 또 이틀을 가면 군돌농산軍突弄山에 이른다. 다시 닷새를 가면 해협海峽에 이르는데, 번인蕃人들이 '질質'이라고 부른다. 남북으로 백 리이며, 북안은 나월국羅越國이고 남안은 불서국佛逝國이다. 불서국에서 동쪽으로 물길로 나흘이나 닷새를 가면, 가릉국訶陵國에 도달한다. 남중주南中洲에서 가장 큰 것이다. 다시 서쪽으로 해협을 나가 사흘이면 갈갈승기국葛葛僧祇國에 이르는데, 불서 서북 모퉁이의 별도別島이다. 국인國人이 대부분 노략질을 잘하고 난폭하여, 배를 타는 사람들이 그들을 두려워하고 꺼려하였다. 그 북안은 곧 개라국箇羅國이고, 개라국 서쪽은 가곡라국哥谷羅國이다. 다시 갈갈승기로부터 4, 5일을 가면 승등주勝鄧洲에 다다른다. 또 서쪽으로 닷새를 가면 파로국婆露國에 이른다. 또 엿새를 가면 파국가람주婆國伽藍洲에 이르고, 다시 북쪽으로 나흘을 가면, 사자국師子國에 이르는데, 그 북쪽 해안은 남천축南天竺 대안大岸과의 거리가 백리이다. 또 서쪽으로 나흘을 가면, 몰래국沒來國을 거치게 되는데, 남천축南天竺의 가장 남쪽 경지[境]이다. 또 서북쪽으로 십여 소국小國을 거치면, 바라문婆羅門의 서경西境에 다다른다. 다시 서북쪽으로 이틀을 가면 발율국拔颶國에 이른다. 또 열흘을 가면, 천

축 서쪽 경내의 소국 다섯을 거쳐 제율국提聿國에 도달한다. 그 나라에
는 미란대하彌蘭太河가 있는데, 신두하新頭河라고도 부른다. 북발곤국北
渤崑國으로부터 와서 서쪽으로 흘러 제율국 북쪽으로 흘러 바다로 들어
간다. 다시 제율국으로부터 이십 일을 가면, 소국 이십 여를 거쳐 제라
노화국提羅盧和國에 이르는데, 나화이국羅和異國이라고도 한다. 국인國人
이 바다 가운데 화표華表를 세우는데, 밤이면 그 위에 횃불을 설치하여
뱃사람들이 밤에 길을 잃지 않도록 한다. 또 서쪽으로 하루를 가면, 오
랄국烏剌國에 이르고, 이윽고 대식국大食國의 불리랄하弗利剌河로 남쪽으
로 바다로 들어간다. 작은 배로 강물을 거슬러 올라가서 이틀이면 말라
국末羅國에 도착하는데, 대식大食의 중진重鎭이다. 또 서북쪽으로 육로로
천리를 가면, 무문왕茂門王이 도읍한 박달성縛達城에 이른다.[38]

위 기사가 전하는 노선의 거점들을 나열하면, 다음과 같다. 중국 광
주의 둔문산(屯門山, 홍콩 신계 서남의 屯門靑山)으로부터 시작하여, 구주석
(九州石, 현재의 海南省 文昌市 동북의 北七洲列島), 상석(象石, 현재 海南省 萬寧市 동
남의 大洲島)을 거치고, 다시 인도차이나반도 환왕국環王國의 점불로산(占
不勞山, 현재 베트남 중부 호이안 동부 해상의 참파섬), 능산(陵山, 베트남 꾸이농QUI
NHON 부근), 문독국(門毒國, 베트남 중부 꾸이농과 나짱Nha trang 사이), 고단국
(古笪國, 베트남 나짱), 분타랑주(奔陀浪洲, 베트남 중부 남쪽의 판랑Phan Rang), 군
돌농산(軍突弄山, 베트남 남부 해상의 꼰다오섬Con Dao Is.) 등을 거쳐 말라카 해
협에 이른다. 다시 서쪽으로 갈갈승기국(葛葛僧祇國, 인도네시아 수마트라 브
로우워스Brouwers 군도 중 한 섬), 승등주(勝鄧洲, 인도네시아 수마트라 동북의 메단
Medan 부근), 파로국(婆露國, 곧 婆魯師洲, 인도네시아 수마트라 섬 서안의 바루스

---

38. 『신당서』 권43하 「지리7하」 〈기미주〉, 1153~1154쪽.

Barus), 파국가람주(婆國伽藍洲, 인도의 안다만 니코바르제도) 등을 거쳐, 사자국(師子國, 스리랑카)에 이른다. 그리고 인도 서해안의 몰래국(沒來國, 인도 서남부 래카다이브Laccadive 해의 콜람Collam), 바라문(婆羅門, 인도 마니푸르 일대)의 서경(西境), 발율국(拔颶國, 인도 나르마다 강 하구의 바루치Bharuch 부근), 제율국(提颶國, 파키스탄 카라치Karachi 부근) 등을 거쳐, 페르시아만으로 들어서고, 제라노화국(提羅盧和國; 羅和異國, 페르시아만 내 이란 서부의 아바단Abadan 부근), 오랄국(烏剌國, 이라크 유프라테스강 하구의 바스라Basra), 말라국(末羅國, 이라크 바스라의 서부) 등을 거쳐, 대식국의 수도 박달성(縛達城, 이라크의 수도 바그다드)에 이른다.

전한대의 노선에 비해 바닷길이 더 멀리 이어져, 페르시아만까지 이르고 있다. 물론 이것은 중국인들의 개척에 의한 것이라기보다는, 천년 가까이 이루어진 동서 교류의 산물이었다. 즉 각 지역 해로 교통망의 연쇄가 페르시아만에서 중국 동남해에 이어진 것이고, 교류의 축적이 서로에 대한 지식과 이해를 넓혔을 것이다. 그리고 전한대에 비해 항로가 확장되었을 뿐만 아니라, 항해 기간도 단축되고 있다. 위 기사에 표기된 노정을 거칠게 계산해 보면, 중국 광주에서 출발하여 바그다드에 도달하는 데 걸리는 시간은 대략 4개월여이다. 이것이 가능해진 이유는 여러 항해 기술의 발달 등 여러 가지 요인이 있겠지만, 기사 머리 부분에서 "돛에 바람을 받아 서쪽으로 가면"이라고 표현하였듯이, 바로 계절풍을 이용하게 된 것이 가장 큰 이유가 되었을 것이다.

그리고 광주에서 뱃길로 말라카 해협에 이르는 길도 있지만, 인도차이나 반도를 관통하여 말라카 해협에 이르는 노선도 당唐 제국 시기 중국인들에게 알려져 있었다. 다음의 기사가 이를 잘 보여준다.

다른 한 노선은 환주驩州로부터 동쪽으로 이틀을 가서 당림주唐林州 안원현安遠縣에 이른다. [다시] 남쪽으로 가서 고라강古羅江을 거쳐 이틀을 가면 환왕국環王國의 단동강檀洞江에 이른다. 또 나흘이면 주애朱崖에 이르는데, 다시 단보진單補鎭을 거쳐 이틀이면 환왕국성環王國城에 이르는데, 옛날 한漢의 일남군 땅이다. 환주로부터 서남쪽으로 사흘을 가면, 무온령霧溫嶺을 넘는다. 다시 이틀을 가면 당주棠州 일락현日落縣에 이른다. 다시 나륜강羅倫江 및 고랑동古朗洞의 석밀산石蜜山을 거쳐 사흘을 가면 당주棠州 문양현文陽縣에 다다른다. 또 시시간㮤㮤澗을 거쳐 나흘을 가면 문단국文單國의 산대현算臺縣에 이르며, 다시 사흘을 가면 문단文單의 외성外城에 도달한다. 다시 하루를 가면 내성內城에 이르는데, 육진랍陸真臘이라고도 한다. 그 남쪽에 수진랍水真臘이 있다. 또 남쪽으로 작은 바다[小海]에 이르면, 그 남쪽은 나월국羅越國이고, 다시 남쪽으로 대해大海에 이른다.[39]

주지하듯이 한 무제 시기 장건張騫에 의해 '비단길' 개척이 이루어졌고, 이는 동서 문화 교류사의 큰 획을 긋는 사건이었다. 그리고 이는 알려진 바와 같이 '황제국가'를 재건하려는 한 무제의 세계 정책 추진과 궤를 같이 하는 것이었다. 장건이 서역으로 떠난 것이 한 제국의 최대 적이었던 흉노를 고립시키기 위한 군사적 외교적 전략의 일환이었다는 것은 잘 알려진 사실이다. 즉 남월왕국 공략과 함께 이루어진 남해 9군의 설치, 조선 멸망과 함께 이루어진 한 4군의 설치, 서남이 경략과 함께 이루어진 6개 군의 설치, 흉노를 압박하여 이루어낸 하서 4군의 설치와 비단길의 개척은 같은 맥락에 있는 사건들이었다. 그리고 앞서 살펴본 『한서』「지리지」의 해상교통로 확보도 이러한 맥락의 연장선상에

39.　『신당서』 권43하 「지리7하」 〈기미주〉, 1152∼11534쪽.

있었다.

그런데 주지하는 바와 같이 중국의 황제국가는 무제 시기를 정점으로 이후 후퇴하였다. 그리고 삼국시대 이후 복수의 황제가 병존하는 사태가 수·당 제국의 출현 전까지 400년 가까이 지속되었다. 중국 황제국가의 세력이 후퇴하였음에도 불구하고, 앞서 살펴본 바와 같이 바닷길을 통한 교류는 지속되었고, 그 항로는 확대되었다.[40] 이것이 의미하는 바는 한 무제 시기의 중국 제국이 이 교통로들을 만든 것이 아니라, 길을 '발견하고 확장시킨' 것이었다는 점이다. 다시 말해서 지역적 차원의 교통로들은 늘 존재했고, 이 교통로들을 통해 고대의 상품들과 사람들은 이동하였다. 국가에 의한 인위적인 작용이 약해졌음에도 불구하고, 위진남북조시기 이 해상교통로가 확대된 이유는 무엇일까? 물론 여러가지 복합적인 요인이 있고, 그 중에서 가장 기본적인 것은 고대의 사료에는 잘 드러나지 않는 상품 유통의 확대였을 것이다. 여기에 더하여 이 노선의 확대를 드러나게 한 요인은 당시 아시아를 점령하기 시작한 '불교'였다고 생각된다.

4. 고대 해남 교통로와 불교

위진魏晉 시기 이후 당대唐代까지 동아시아 지역의 많은 승려들이 불교 경전을 구하기 위해 목숨을 건 순례 여행을 감행하였으며, 인도나 동남아 출신의 승려들이 중국에 들어와 경전 번역 사업에 종사하기도 하였다는 사실은 이미 잘 알려져 있다. 이들은 소위 '비단길'이라고 하

40.　丁正華, 1983, 「中國航海史概要」, 『中國科技史料』4, 14~20쪽.

는 장건張騫 이래의 전통적 교통로를 이용하는 경우가 많았지만, 『불국기』의 저자 법현이 그러했던 것처럼 남쪽 해로를 이용하는 경우도 적지 않았다. 그리고 이들을 실어 날랐던 것은 '상인商人'의 배였다. 이는 당시 서남아시아와 동남아시아, 그리고 동아시아의 상인들이 서로 연결되는 교역망을 구성하고 있었음을 보여주지만, 단편적 증거들만 편편히 존재할 뿐, 아직 이 교역망의 구체적 모습을 보여줄 수 있는 자료는 없다.

예를 들어, 황남대총에서 발굴된 '인면유리구슬'은 '바다의 실크로드'라고 하는 바닷길을 거쳐 경주에 도착하였다. 지금은 '걸프'라고만 불리는 바다에서 인도와 동남아시아를 거쳐 중국 동남해안에 이르는 뱃길이 울산 앞바다에까지 이어진 것이다. 지중해 동안의 유리 제작 기술은 이 길을 따라 인도와 동남아시아에 전파되었고, 인면유리구슬은 자바섬의 동부 젬버 지역을 거쳐서 혹은 이 지역에서 모방 제작되어 신라에 들어 온 것으로 추정되었다.[41] 즉 지중해 동안 지역의 유리는 직수입품이 아니라, 여러 교역권과 문화권의 연쇄를 거치고 나서야 한반도의 남부에 도착한 것으로 추정된다. 그러나 관견하는 한 이 연쇄 과정을 구체적으로 보여주는 자료는 아직 없다.

따라서 이 글에서는 이러한 교역망의 존재를 전제하되 잠시 제쳐두고, 그 대신 '불교 세계'의 접변을 통해 이들 교통로의 모습에 접근해보고자 한다. 그리고 아시아 대륙을 가로질러 존재한 '불교 세계'의 단서를 제공하는 것이 불교적 세계관을 내용으로 하는 외교문서들의 존재이다. 『송서宋書』「이만전夷蠻傳」에는 현재 동남아시아 지역에 존재했던

---

41. 랭턴 박사의 역사추적-제2부 유리구슬의 대항해 (KBS 역사스페셜. 2012년 1월 12일)/ 랭턴 박사의 역사추적– 제1부–신라 인면유리구슬의 비밀(KBS 역사스페셜. 2012년 1월 5일).

국가들이 중국에 보낸 다섯 편의 표문이 게재되어 있다. 또『양서梁書』「해남전海南傳」에는 7건의 표문이 남아 있다. 이 표문들은 대부분 불교적 용어와 불교적 관점에서 중국 황제를 상찬하는 찬양의 표현들로 가득 차있는데, 대부분의 표문들이 비슷비슷한 내용을 가지고 있다. 위작偽作이나 위사偽使의 가능성에도[42] 불구하고, 이러한 표문의 존재로 인해 검토해보아야 할 문제가 있다. 바로 '불교적 세계'의 실재와 그것의 영향이다. '위작설'과 '위사설'이 사실이라고 해도, 변치 않는 사실은 그 표문의 내용이 불교적 내용으로 가득 차 있다는 것이다.

그리고 다른 표문들과는 달리, 표를 올린 국가의 구체적 내부 사정을 담고 있는 표문들도 존재하는데, 이는 적어도 그 표문들이 모두 완전히 날조되지 않았을 개연성을 제공한다. 그리고 보다 중요한 문제는 작성자와 제출자가 누구든 그 당시 황제에게 제출된 표문이 왜 하필 불교적 내용으로 가득 차 있었는가를 물어야 한다는 것이다. 이러한 관점을 가지고 표문은 다시 분석될 필요가 있다. 아울러 불교문화가 중국과 동아시아에서 어떻게 습합되고, 그리고 그 습합이 만들어낸 동아시아의 불교문화는 동아시아세계의 정치구조와 국제관계에 어떻게 영향을 미쳤는지도 탐구되어야 할 것이다. 즉 인도세계와 동남아시아세계 그리고 동아시아세계 사이의 바닷길을 통해 이루어진 불교문화의 전파와 접변 또한 앞으로 탐구되어야 할 중요한 주제이다.

법현이 해남 해로를 통해 귀국한 이후 많은 동아시아와 인도의 승려들이 이 교통로를 이용하였다. 우선 동진의 역경승 지엄(智嚴, 350~427), 중인도인 승려 구나비지(求那毗地, 394~468, 梵名 Gunabhadra)가 있고, 남인

---

42. 이와 관련하여, 김유철은 이 표문이 당시 南越中郎將을 겸하고 있던 광주자사부의 관료들에 의해 작성되었다는 의혹과, 이들 사신이 偽使였을 가능성을 제기하기도 하였다.

도인 승려 보제달마菩提達磨도 527년 바닷길을 통해 광주에 도착하였다. 그리고 『대당서역기』로 유명한 현장도 본디 바닷길을 이용하여 귀국하려 하였다는 것은 이미 알려진 사실이다. 그리고 당대의 승려 의정(義淨, 635~713)도 주목할 만한 인물이다. 24년간을 해외에서 보냈을 뿐 아니라, 바닷길을 통해 오고 간 인물이다. 가장 눈여겨 볼만한 부분은 바로 스리비자야에서의 생활이다. 의정은 장기간에 걸친 인도 구법여행을 끝내고 귀국할 때 스리비자야에 들러 2년간 머물렀다가 귀국하였고, 다시 스리비자야로 출국하여 4년을 보내고 귀국하였다. 또 의정이 편찬한 『대당서역구법고승전大唐西域求法高僧傳』에는[43] 645년 현장의 귀국 이후 46년간 구법여행을 떠난 중국, 한국, 베트남 및 중앙아시아 60명의 고승에 관한 기록이 남아있는데, 이들 중 37명이 이 바닷길을 이용하였다. 의정을 수행하여 남해로 출항하려다가 병으로 광주에 남은 현규를 포함하면 해로 이용자는 38명이 된다.

　다음은 의정이 이용한 해로와 관련된 부분만 뽑아서 만든 표이다. 이를 통해 대체적 항로와 소요 시간을 다시 한번 확인할 수 있다. 그리고 의정 일행이 탄 배가 파사(波斯, 페르시아) 배라는 점도 흥미롭다. 이 배를 타고 20일이 채 안 되는 시간에 수마트라섬에 중심을 두고 있던 실리불서, 즉 스리비자야(Sri Vijaya)에 도착했다. 의정은 두 차례에 걸친 남해행에서 스리비자야에 거주하는 기간이 비교적 길었다. 당시 인도로 향하는 항로의 길목을 지배했던 스리비자야는 많은 중국 승려들이 비교적 쉽게 왕래하고 거주했던 곳이었다.

43.　[唐]義淨 著 王邦維 注, 1988, 『大唐西域求法高僧傳』, 中華書局.

〈표 4. 의정 항해 연표〉

연호 (연도)	나이	계절(월)	여로	내용
咸亨 2년 (671)	37세		唐 齊州	제주에서 출발
		여름	唐 揚府	양부에서 여름을 보냄
		가을 초		공주 사군 풍효전을 수행하여 廣州로 출발
		겨울 11월	廣州	門人 晉州 소승 善行과 함께 波斯 배를 타고 남행
		겨울	尸利佛逝	20일에 못 미쳐 佛逝에 도착, 이곳에 머뭄
咸亨 3년 (672)	38세	여름	尸利佛逝	6개월 지나고, 善行이 병이 들어 귀국
			末羅瑜國	불서왕의 지원으로 말라유국 방문, 2개월 체류
			羯茶	말라유에서 2개월 뒤 갈다로 출발
		12월	羯茶, 바다	12월에 이르러 배를 타고 북쪽으로 출발
咸亨 4년 (673)	39세	1월	裸人國	1월에 나인국 도착
		2월 8일	耽摩立底國	東印度 탐마립저국 도착
垂拱 1년 (685)	51세	겨울	耽摩立底國	탐마립저국에서 배를타고 출발, 동남쪽으로 2개월여 항해
垂拱 2년 (686)	52세	봄 초	羯茶國	갈다국에 도착, 이곳에서 겨울까지 체류
		겨울		배를 타고 남쪽으로 항해, 1개월 남짓 항해
垂拱 3년 (687)	53세	2월	末羅瑜洲, 尸利佛逝	한 달여 항해 뒤, 말라유에 도착. 다시 불서로 감, 마침내 이곳에서 체류
垂拱 4년 (688)	54세		尸利佛逝	시리불서에 체류하면서, 불서국의 명승 釋迦雞栗底에게 사사
永昌 원년 (689)	55세		尸利佛逝	불서 강 입구에서 광주행 배에 탐
		7월 20일	廣州	廣州에 도착
		11월 1일	廣州	貞固, 懷業, 道宏, 法朗 등과 함께 다시 상선에 올라 남쪽으로 출발, 1개월 항해
		12월	尸利佛逝	1개월 항해 끝에 시리불서에 도착

載初 1년 (690)			尸利佛逝	시리불서에 체류, 역경 사업 진행
天授 2년 (691)			尸利佛逝	『대당서역구법고승전』과 『남해기귀내법전』 등 찬성
		5월 15일		大津을 귀국시키면서, 양전과 신역 잡경론 10권 휴대토록 함
長壽 3년 (694)	여름	여름	室利弗逝, 廣州	실리불서에서 출발, 1개월 남짓에 광주 도착

　다음 〈표 5〉는 앞서 언급한 38명의 해로 이용 구법승 사례를 정리한 것이다. 중국에서 출발하는 항구가 광주와 교주로 나뉘어 있는 점이 눈에 띈다. 가장 눈에 띄는 부분은 귀국한 사람이 매우 적다는 것이다. 확실하게 귀국이 확인되는 승려는 10명 뿐이었다. 이중 출발하지 못한 경우가 1명, 육로로 돌아온 경우가 1명, 해로로 귀환한 이들이 8명이었다. 나머지 28명은 돌아오지 않았다. 이러한 통계는 당시 승려들의 종교적 열정이 얼마나 대단한 것이었는지를 잘 보여준다. 육로를 택한 22명 중 본국으로 살아 돌아온 것으로 확인된 자는 단 한명이었다.

　해로를 택한 승려 중 당시 현지에 거주하는 것으로 밝혀진 것이 4명이었고, 그 소식을 알 수 없는 자들이 6명이었다. 그리고 사망이 확인된 이는 19명이다. 대부분은 현지에서 병사 혹은 자연사하였고, 선박 침몰로 사망한 경우는 단 2명이었다. 선박 사고로 사망한 경우가 단 두 명에 불과한 점은 분명 시사하는 바가 있다. 당시 해로를 통한 여행이 상상과 달리 육로보다 상대적으로 안전하였음을 보여준다. 아울러 "교역을 탐내어 사람을 겁박하거나 죽이기도"하고, "또 풍파를 만나 익사하거나, 아니면 몇 년이 지나야 돌아오는 괴로움이" 있었던 한대漢代에 비하면 확실히 안전해졌음을 보여준다. 이것이 빨라진 여행 시간과 함께 60명 중 38명이 육로보다 해로를 택하게 한 까닭이었는지도 모른다.

〈표 5. 『대당서역구법고승전』 중 해로 이용자 사례 표〉

No.	성명	적관	출발시간	출발 노선 종류(해로)	귀환 노선 (여부)	노선
1	신라승	新羅	불상	해로	病死	室利弗逝, 婆魯師國
2	신라승	新羅	불상	해로	病死	室利弗逝, 婆魯師國
3	常愍	幷州	불상	해로	해난 사고사	訶陵을 거쳐 末羅瑜 도착, 다시 인도로 가려다 선박 침몰로 사망
4	常愍 제자	불상	불상	해로	해난 사고사	訶陵을 거쳐 末羅瑜 도착, 다시 인도로 가려다 선박 침몰로 사망
5	明遠	益州 淸城	약 麟德 (664~665) 연간	해로	무소식	交阯, 訶陵, 師子洲, 南印度
6	義朗	益州 成都	불상	해로	무소식	扶南, 郎迦戍, 師子洲
7	智岸	益州	불상	해로	病死	扶南, 郎迦戍
8	義玄	益州 成都	불상	해로	무소식	扶南, 郎迦戍, 師子洲
9	會寧	益州 成都	麟德 중	해로	종적 없음	訶陵洲, 印度
10	運期	交州	麟德 연간	해로	해로	訶陵, 交州, 京兆, 室利弗逝
11	木叉提婆	交州	불상	해로	사망	印度
12	窺沖	交州	약 麟德 연간	해로	사망	交阯, 訶陵, 師子洲, 西印度, 中印度, 王舍城
13	慧琰	交州	불상	해로	생사불명	僧訶羅
14	智行	愛州	불상	해로	사망	僧訶羅, 中印度
15	大乘燈	愛州	약 顯慶 (656~660) 년	해로	사망	師子國, 南印度, 東印度, 耽摩立底國, 中印度, 俱尸城

16	彼岸	高昌	불상	해로	병사	바닷길로 감. 智岸과 함께 漢使(唐使)를 수행하여 항해 중에 병을 만나 사망
17	智岸	高昌	불상	해로	병사	同上(바닷길로 감. 智岸과 함께 漢使를 수행하여 항해 중에 병을 만나 사망)
18	曇閏	洛陽	麟德 年中	해로	사망	訶陵國, 渤盆國
19	義輝	洛陽	불상	해로	사망	郞迦戌國
20	道琳	荊州 江陵	불상	해로	현지 생존	銅柱, 郞迦, 訶陵, 裸國, 東印度 耽摩立底國, 中印度, 南印度, 西印度 羅茶國, 北印度 羯濕弭羅, 烏仗那, 迦畢試, 北印度
21	曇光	荊州 江陵	불상	해로	무소식	동인도 訶利鷄羅國
22	唐僧 1명	불상	불상	해로(?)	사망	동인도 訶利鷄羅國
23	慧命	荊州 江陵	불상	해로	육로	占婆, 銅柱, 匕景
24	玄逵	潤州 江寧	咸亨 2년(671)	해로		廣州
	義淨	齊州 山莊	咸亨 2년 11월	해로	해로	室利弗逝, 末羅瑜, 羯茶, 裸人國, 耽摩立底, 那爛陀
25	善行	晉州	咸亨 2년 11월	해로	해로	室利弗逝
26	靈運	襄陽	불상	해로	해로(?)	師子國, 那爛陀
27	僧哲	澧州	咸亨 2년(671) 이후 수년	해로	현지 거주	東印度, 三摩呾吒國
28	玄遊	高句麗	불상	해로	현지 거주	師子國
29	智弘	洛陽	불상	해로	사망	合浦, 匕景, 交州, 神灣, 室利弗逝, 中印度, 北印度 羯濕弭羅

30	無行	荊州 江陵	불상	해로	사망	(合浦, 匕景, 交州, 神灣), 室利弗逝, 末羅瑜洲, 羯荼國, 那伽鉢亶那, 師子洲, 訶利雞羅國, 那爛陀, 北印度
31	法振	荊州	불상	해로	병사	匕景, 訶陵, 羯荼
32	乘悟	荊州	불상	해로	사망	匕景, 訶陵, 羯荼, 瞻波
33	乘如	梁州	불상	해로	해로	匕景, 訶陵, 羯荼, 瞻波
34	大津	澧州	永淳 2년(683)	해로	해로	室利弗逝
35	貞固	鄭州 滎川	永昌 1년(689) 7월 10일	해로	해로	室利弗逝
36	懷業	祖父本是 北人	永昌 1년(689) 7월 10일	해로	현지 거주	室利弗逝
37	道宏	汴州 雍丘	永昌 1년(689) 7월 10일	해로	해로	室利弗逝
38	法朗	襄州 襄陽	永昌 1년(689) 7월 10일	해로	병사	室利弗逝, 訶陵國

이 절에서는 의정義淨의『대당서역구법고승전』을 중심으로 당시 해로의 이용 사례를 살펴보았다. 충분하지는 않지만, 당시 물자 교류와 항로를 구체적으로 보여주는 별다른 자료가 없는 상태에서 '구법'의 열정으로 가득 찬 불교 승려들이 오고 간 기록은 매우 귀중한 자료일 수밖에 없다. 이를 통해 한대 이래 사용되던 해상 노선이 보다 빨라지고 안전해졌음을 확인할 수 있었다.

5. 맺음말

이 글의 기본적 목적은 중국에서 인도로 이어지는 고대의 '해남교통로' 두 갈래를 소개하는 데에 있었다. 두 갈래의 하나는 육로였고, 다른 하나는 해로였다. '해남'은 바다의 남쪽이라는 의미이지만, 이 때 바다는 관념의 바다였다. 아울러 이 과정을 통해 고대시기 한반도의 역사와 동남아시아, 그리고 인도의 역사가 어느 지점에서 만나는지를 이해할 수 있는 단초의 하나가 마련되리라 기대하였다. 이러한 관심에 따라 이 장은 '육로를 통한 해남 교통로', '바다를 통한 해남 교통로', '고대 해남 교통로와 불교'의 세 절로 나누어 각 교통로와 거점 도시, 그리고 불교의 전파가 보여주는 해상 교통로의 모습을 살펴보았다. 다시 요약하면 다음과 같다.

동아시아와 동남아시아의 접경지대인 운남 지역에서 인도로 이어지는 육로와 함께 또 베트남 북부 하노이 지역에서 운남 지역으로 이어지는 교통로를 살펴보았다. 이 교통로의 의미는 동아시아 세계와 동남아시아 세계의 '연결'에 있다. 이 교통로는 대륙부 동남아시아가 '인도적 세계'와 '중국적 세계'를 이어주는 다리가 되었고, 그 만남이 운남에서 이루어졌음을 잘 보여준다. 특히 '불교'국가였던 남조국의 성장과 쟁패는 이러한 연쇄의 중요한 고리가 되었다.

주지하듯이 한 무제 시기 장건張騫에 의해 '비단길' 개척이 이루어졌고, 이는 동서문화교류사의 큰 획을 긋는 사건이었다. 그리고 이는 알려진 바와 같이 '황제국가'를 재건하려는 한 무제의 세계 정책 추진과 궤를 같이 하는 것이었다. 장건이 서역으로 떠난 것이 한 제국의 최대 적이었던 흉노를 고립시키기 위한 군사적 외교적 전략의 일환이었다는 것은 잘 알려진 사실이다. 즉 남월왕국 공략과 함께 이루어진 남해 9군의 설치, 조선 멸망과 함께 이루어진 한 4군의 설치, 서남이 경략과 함께 이루어진 6개 군의 설치, 흉노를 압박하여 이루어낸 하서 4군의 설치와 비단길의 개척은 같은 맥락에 있는 사건들이었다. 그리고 앞서 살펴본 『한서』 「지리지」의 해상교통로의 확보도 이러한 맥락의 연장선상에 있었다.

마지막으로 의정義淨의 『대당서역구법고승전』을 중심으로 당시 해로의 이용 사례를 살펴보았다. 충분하지는 않지만, 당시 물자 교류와 항로를 구체적으로 보여주는 별다른 자료가 없는 상태에서 '구법'의 열정으로 가득찬 불교 승려들이 오고 간 기록은 매우 귀중한 자료일 수밖에 없다. 이를 통해 한대 이래 사용되던 해상 노선이 보다 빨라지고 안전해졌음을 확인할 수 있었다.

동아시아 교통로 연구의 과제

여기서는 각 장에서 논의된 것을 정리하며, 향후 동아시아 교통로 연구의 과제를 제시하면서 마무리하고자 한다.

제1장 동북아시아 교통로의 태동에서는 선사시대에 이루어진 교역의 대상품목을 살펴보고 이를 통해 동북아시아에서 인류가 등장하여 교역을 시작하기까지의 배경과 교통로가 개척된 태동기의 양상을 살펴보았다. 문자가 없는 시대 인류의 교역과 교통로의 개척을 탐색하는 것은 고고학 자료에 의존하고 있다. 교역은 서로 다른 두 집단이 무력을 사용하지 않은 상태에서 물자를 주고받는 일종의 상호작용이다. 교역에 의한 신문물의 이동은 기존의 문화에 영향을 주기 때문에 원격지遠隔地의 서로 다른 집단을 연결시키고 통합시킨 역할을 한 것으로 이해되어 왔다.

최근에는 통합뿐만 아니라 각기 다른 문화유형이 만들어지게 된 주요 요인으로도 작용하였다는 연구가 활발해지고 있다. 이러한 연구는 서로 다른 지역에서 보이는 문화의 유사성을 핵심지역으로부터의 이주, 전파, 진화모델을 적용하여 지역을 우열 관계로 설명하는 것을 지양한다. 이주, 전파, 진화모델은 문화 수용자의 자생적 문화발전과정과 능동적 수용능력을 간과하고 수동적이고 소극적으로 묘사해 왔기 때문이다. 또한 교역을 사회·정치적인 활동의 일부가 아닌 경제적인 관점에서 접근하여 이윤추구라는 경제 원리에 의해 움직이는 인류의 상업활동의 측면을 복원하는 시도가 증가하고 있다.

문화라는 것, 문명이라는 것은 사람의 이동에 따라 움직이고 흐른다. 한 지역에서 다른 지역으로의 새로운 문화요소의 유입은 다양한 방식에 의해 이루어졌고, 이것은 각기 다른 기능과 의미가 부여되었다. 때로는 거부되거나 흡수되기도 하며 변용되거나 그대로 수용되기도 하였다. 아이디어가 전해지기도 하고 완제품으로 수입되었다가 토착문화와의 접변을 통해 전혀 다른 모양으로 재창조되기도 하였다. 바로 이러한 프로세스와 의미를 설명하기 위하여 다양한 교역관련 이론과 모델들이 개발되어 왔다. 그러나 공통적 핵심은 한 사회 혹은 문화의 개방성에 있다.

한반도에서 출토되는 외래의 유물들은 한반도의 정치체들이 외부 사회와 소통한 가시적인 증거들이다. 고조선이 중국 전국시대의 여러 나라와 교류하였고, 사료에 보이는 바와 같이 흉노와도 교류하였다. 중국 내륙에서 진과 한이 들어선 이후에는 이들과 교류하였음은 본문에서 살펴본 바와 같다. 고조선이 멸망한 이후에는 한의 군현이 외부세계로 통하는 창구 가운데 하나로 기능하였다. 물론 고구려, 백제, 신라, 가야 등이 별도의 교역창구와 교역시스템을 가지고 있었음은 물론이다.

제2장 고조선의 산동지역 교류와 해상 교통로에서는 고조선의 해상교류를 시기별로 나누어 살펴보았다.『관자』규탁편과 경중갑편에 의하면 고조선은 춘추시기 산동지역에 있는 제나라와 문피교역을 했다. 이러한 교류의 흔적은 고고학적으로도 나타난다. 묘도열도 장도현에서

출토된 선형동부와 거푸집 3건, 용구시 귀성유적에서 출토된 선형동부, 서하시 행가장촌 2호묘에서 출토된 비파형동검이 대표적인 유물이다. 또한 산동지역에는 치박시 왕모산 지석묘와 하마석蝦蟆石 지석묘, 산동반도 동단인 영성시의 여러 지석묘가 있으며, 유산시 남황장유적을 비롯한 석관묘 유적이 많이 있다. 이들은 산동지역 토착적인 유적·유물과 달리 요동지역을 통해 유입된 것들이다.

고조선이 임치의 제와 직접 문피교역을 하기 위해서는 '고조선[조양↔요동지역 예맥] ⇔ 래이[묘도열도↔봉래↔귀성] ⇔ 제[임치]'로 이어지는 교통로의 이용을 통해서 이루어졌다. 후기비파형동검문화 단계에 들어서고 산동지역에서 래국이 멸망함에 따라 '고조선[심양↔요동반도 대련지역] ⇔ 제[묘도열도↔봉래↔임치]'로 이어지는 교통로상의 변화가 일어났다. 또한 산동지역에 나타나는 다양한 비파형동검문화 관련 유적을 고려할 때 고조선은 묘도열도를 지나 산동반도 동단으로 가는 길(봉래↔영성[척산]↔유산)과 2) 산동반도 내륙[서하]을 이용한 길도 이용했다.

기원전 4~3세기에 들어서면서 고조선은 제의 후원하에 칭왕을 하면서 연과 대립관계에 있었다. 이때 고조선이 제와 교류하기 위해서는 '고조선[심양↔요동반도 남단] ⇔ 묘도열도 ⇔ 제[봉래↔귀성↔임치]'로 이어지는 교통로를 이용했다. 고조선은 기원전 282년 경 연의 공격으로 그 중심지를 서북한지역 평양으로 옮기게 되었다. 이때 고조선은 여전히 요동반도 남단을 경유하여 '고조선[평양↔압록강 하구↔요동반도 남단] ⇔ 묘도열도 ⇔ 제[봉래↔귀성↔임치]'로 이어지는 교통로를 이용했다. 한편 산동반도 남쪽에 있는 일조시에서 출토된 동검은 '고조선 ⇔ 묘도열도 ⇔ 제[봉래↔영성현 척산↔일조시]'로 이어지는 해안 교통로를 통해 유입되었을 것이다.

고조선은 준왕 시기에 중원지역에서 진한교체기의 혼란한 틈을 이용하여 패수浿水[혼하渾河]까지 영역을 확장하였다. 이로써 요동반도 대부분을 차지할 수 있게 되었다. 고조선은 패수를 사이에 두고 한의 요동군과 육로를 통해 교역했을 뿐만 아니라 요동반도를 거쳐 산동반도 동안에 있는 척산斥山에 이르는 해상교역을 수행했다. 고조선[동북지역]의 문피가 척산에서 교류가 이루어진 것은 이 지역이 전통적으로 남중국과 북중국을 연결하는 교역항이었기 때문이었다. 고조선의 문피는 '고조선[평양↔압록강 하구↔요동반도 남단] ⇔ 묘도열도 ⇔ 한漢[제齊][봉래 ↔ 척산(영성시)]'를 거쳐 척산에 모이고 여기에서 다시 중원지역으로 유통되었던 것이다.

이러한 교통로는 전한 초기 왕중王仲이 낙랑지역으로 망명할 때도 이용되었다. 낙랑樂浪 염한인(詽邯人) 왕경王景의 8대조인 왕중은 산동지역 낭야인(琅邪人)이었는데 기원전 177년 제북왕齊北王 흥거興居의 반란을 계기로 낙랑지역으로 망명하였다. 그는 먼저 '낭야↔척산↔봉래'를 거치는 해안 교통로를 이용하고 이어서 묘도열도를 건너 요동반도 남단을 거쳐 압록강 하구를 지나 서북한지역으로 가는 전통적인 해상교통로를 이용했다. 낭야지역이 일조시와 가까이에 있는 점으로 보아 그가 이용했던 교통로는 일조시 출토 동검이 기원전 3세기에 산동반도 남쪽 일조시로 유입되는 경로와 유사했던 것으로 보인다. 진한교체기에 많은 연燕·제齊·조민趙民이 고조선으로 유입되었는데 그중 제나라 유민들이 바로 이 교통로를 통해서 고조선 지역으로 들어왔다. 이후 누선장군樓船將軍 양복楊僕이 5만 명의 군사를 제齊에서 발해를 건너는 교통로를 이용하여 고조선을 공격했던 것이다.

이처럼 고조선은 그 전개과정 속에서 중심지가 요서→요동→서북한 평양지역으로 옮겨졌지만 산동지역과의 교류를 위해서는 묘도열도를 이용하는 해상교통로[서해 북부 연안항로]를 지속적으로 이용하였다. 이 교통로는 이후 서해안에서 산동지역으로 곧바로 가는 '서해 중부 횡단항로'가 개발된 이후에도 여전히 이용되었다.

3장 고구려 교역과 황해의 해상교통로에서는 4~5세기 고구려의 황해를 통한 해상활동에 대해 살펴보았다. 4세기 전반의 해양활동은 고구려의 활동무대를 압록강에서 황해로 넓혔다. 그리고 황해를 통한 해양활동은 고구려가 동아시아 국제관계와 교역에 참여할 수 있도록 하였다. 물론 4세기 전반 고구려의 해양활동은 여러 모로 한계가 있었다. 그럼에도 불구하고 4세기 전반 고구려의 해양활동은 황해를 통한 동아시아사의 전개에 그 본격적인 모습을 드러내기 시작했다는 점에서 중요한 의미가 있다.

고구려의 해양활동은 군사 활동 및 정치적인 교섭만 아니라 경제적인 교역으로도 이어졌다. 고구려는 읍루·숙신을 비롯한 유목·수렵 제종족의 물품을 교역·수취해 국내성에 집결시키고, 다시 압록강—황해를 통해 남조에 증여·교역하였다. 유목·수렵사회와 농경사회의 교역 내지 중계교역을 농목교역이라고 부를 수 있는데, 황해를 통한 해상교통로는 농목교역의 주요 통로 중 하나였던 것이다.

5세기 중반 이후 고구려는 황해 연안의 라와 같은 군사시설을 설치하고 제해권 일정히 확보했다. 남조와의 교섭·교역은 이러한 제해권을 바탕으로 하였다. 남조와의 농목교역은 유연과 같은 유목국가와 중개역을 맡는다는 점에서 동아시아 국제정치 참여의 일환이었다. 황해를 통한 해양활동은 경제적인 측면에서만 아니라 국제정치의 측면에서도 의미를 갖고 있었던 것이다.

4장 사해四海와 해역海域 : 한위시기漢魏時期는 한위시기를 중심으로 사해와 해역의 개념에 대해 살펴보았다. 고대 중국에서 사해, 사방에 대한 인식은 중화주의에 기반을 둔 자기인식에서 출발하였다. 세계의 중심에 자신, 즉 중국을 놓고, 그 주변을 사방 혹은 사해로 표현하여 왔다. 사해는 때로 실질적인 물리적 공간을 의미하기도 했지만, 상상속의 공간을 의미하거나 막연히 방향성을 제시하는 차원에서 그치는 경우도 있었다.

중국 혹은 중국의 영역, 판도, 경계를 기록한 중국의 전적들을 살펴보면 '사해四海'의 개념 외에도 '동해, 남해, 북해, 서해'라는 구체적인 해역개념이 빈번히 사용되기도 한다. 심지어 이 용어들은 군郡이나 제후국의 명칭으로 사용되기도 하였다. 중국의 지리적 위치로 보았을 때, 동으로나 남으로는 바다와 접하고 있어 동해나 남해는 실제의 해역이었지만, 북해나 서해의 경우는 북쪽 바다나 서쪽 바다라는 대상이 없다. 그럼에도 불구하고 서해니 북해니 하는 해역을 설정하고 있는 것이다. 해海의 사전적 의미는 백천百川이 모이는 곳이니, 그곳이 반드시 오늘날 육지의 가장자리에서 시작되는 바다일 필요는 없다. 수백의 강물이 모여들어 큰물을 이루고 있으면 해가 될 수 있는 것이다. 그러니 큰 호수나 큰 연못 등도 해가 될 수 있다.

그런데 중국인들의 사고는 그들이 오늘날의 바다를 '해'로 인식한 이후에도 그대로 남아 있었다. 그들은 대양을 접하고 그 곳이야말로 바다, 해라고 인식한 이후에도 육지에 남아 있는 호수나 연못을 해로 인식했다. 그러한 인식이 남아 있어야 하는 이유는 중국이 사해로 둘러싸인 공간이라는 그들의 오랜 공간인식 때문이다. 그들은 동해와 남해를 접하면서 서해나 북해가 이것들과 다르다는 것을 알게 되었음에도 또 그들의 서쪽과 북쪽에는 바다가 없음을 인지하고도 여전히 서해와 북해를 상정하고 특정지역을 서해 혹은 북해로 인식했다. 그러한 인식의 기초에는 중국이 세계의 중심에 있다는 그들의 고정적인 중화인식이 영향을 미치고 있었다.

실질적으로 중국 사서에 등장하는 사해四海, 내지 동서남북東西南北
해海의 개념은 중원왕조의 통일시기, 중국의 분열시기에 차이가 있다.
또한 위진남북조시대와 같은 분열시기에는 북조국가들의 사해의 개념
과 남조국가들의 사해의 개념은 차이가 있다. 이러한 차이는 대개 교류
의 범주나 방향과 관련이 있을 것으로 생각된다.

선진시대와 진한시대 위진남북조시대에 사해에 대한 구체적인 언급
이 다르다면 각각 다른 대상들과 외교적 교류, 관계의 비중이 달랐다는
것을 보여주는 것이고, 관심의 다소, 여하에 따라서 교류의 빈도에 차
이가 생겼으며, 자연스레 관심지역을 따라 우리의 관심사인 교통로도
개척되었을 것이기 때문이다.

현실에서는 대륙으로 막혀 있던 북해나 서해에 대한 이해는 북해나
서해를 군의 명칭으로 사용함으로써 형식적으로 중국의 사해를 완정한
형태로 만들어 놓았다. 반면 동해나 남해의 경우는 중국인들의 해양 진
출의 방향을 드러낸다. 동해는 해동으로, 남해는 해남으로 계속해서 진
출하는 의미를 담고 있는 것이다. 해동으로 혹은 해남으로 물을 건넜다
는 말은 현실의 바다를 항해하고 있는 모습을 표현한 것이라고 생각
된다.

5장 유주자사幽州刺史의 동이東夷 관리와 교통로 문제는 유주자사의
역할과 기능에 대해 설명한 것이다. 현대의 한국과 중국 사이에 행정의
공백지대란 없다. 그렇지만 고대의 상황도 지금과 같은 모습이었다고
보긴 어렵다. 오히려 두 정치권 사이엔 무소속이라고 부를 만한 공백지
대가 있었고, 그 공간의 규모도 고대로 소급할수록 더욱 광범한 현상을
보였을 것이다. 공백지대는 국경의 경계지역만이 아니라 일정한 행정
구역의 범위 안에서도 확인할 수 있다. 한漢제국 행정체제의 하부구조

가 현縣-향鄕-리里의 촘촘한 틀로 짜여 있었다고 하지만 공권력이 미치지 못하거나 통치하기 어려운 공백의 공간은 존재하였다. 특히 요동군이나 유주부幽州府처럼 광활한 변경지대이거나 주민의 분포가 한족이 아닌 다른 종족집단(異民族)으로 다수를 이루었을 경우 공백의 정도는 더욱 심하였을 것이다. 그런 만큼 통치의 형태는 현재와 같은 면面의 지배가 되질 못하고 거점과 동선을 중심축으로 삼는 점과 선의 통치였으리라고 생각한다.

유주의 중심인 계현薊縣에서 한반도 중부에 위치한 대방군까지는 직선거리로 보더라도 9백km가 넘는 거리이다. 한대漢代에는 이 지역을 열 개 내외의 군으로 나누어 통치하였지만 군의 힘과 조직만으론 부족함이 많았다. 군이 통괄하기 어려운 공백지대가 많았던 탓이다. 특히 요동군 이동지역은 주민의 다수를 이루는 이인夷人의 분포 때문에도 공백지대의 범위가 확대될 수밖에 없었다. 이들 이민夷民들은 부족세력을 규합하여 궐기하거나 군 외곽의 이인과 연합하여 군현을 공격하기도 하였다. 2세기 이후 처음 두각을 나타낸 주체는 선비였고, 예맥과 고구려가 그 뒤를 이었다. 후한 중기 요동지역에서 선비의 공격이 심해지자 한 조정은 초기 광무제 시절 폐기했던 부도위部都尉를 재건하였다. 선비를 집단적으로 관리하기 위한 요동군 서부도위가 그것으로서, 이 기구는 곧 요동속국도위로 개편되었다.

중국 측의 대응에 맞선 선비의 반격도 만만치 않았는데 안제安帝의 치세는 그 대표적 시기로 볼 수 있다. 선비가 공격한 지점은 무려無慮·부려扶黎·요수遼隧현 등 요동속국이 설치된 지역에 집중되었으며, 여기엔 예맥을 비롯한 동이 부족이 가세하기도 하였다. 이들의 공격에 맞선 군현의 대응이 효과를 거두지 못하자 결국엔 유주자사가 반격에 나섰다. 자사는 참전하면서 사태가 발생한 요동 인근의 병력만이 아니라 북경일대의 병력까지 동원하였다. 요동 이동의 지역에서도 예맥과 연합한 고구려의 공격에 대응하기 위해 유주자사가 출정하였고, 이를 위해 현재의 북경이나 하북성 지역에 소재한 군현의 기병까지 동원되었다. 이 시기 고구려와 예맥의 공격 목표였던 현도군 후성현候城縣은 동이 세력이나 중국 양측 모두 점유하고 확보하기를 희망하던 주요 거점의 하나였음이 분명하다.

공손씨의 요동왕국이 존재했던 반세기 동안 유주자사는 동이지역과 격리되었다. 이 기간 동안 동이와의 갈등 문제가 문헌에서 별로 확인되지 않는 것은 다음과 같은 이유 때문일 것이다. 공손씨의 등장으로 요동정권이 거의 독립적으로 운영된 만큼 유주부는 동이지역과 격리 단절될 수밖에 없었다. 따라서 유주자사가 요동 이동의 고구려나 예맥 등과 분쟁한다든가 관계를 맺는 일은 원천적으로 성사되기 어려웠다. 동이와 격리 단절된 유주자사에 대신하여 그 역할을 자임한 것은 요동왕국이었다. 요동왕국 시기 동이와 관계한 내용에 관한 기록은 소략하며 그 내용도 단편적이다. 후한 말 공손강公孫康시기 고구려를 공격하였고, 낙랑군 남부지역에 대방군을 개설했다는 기록이 그것이다. 고구려를 공격한 일은 "그 나라를 깨트렸다(破其國)"고 표현될 정도였고, 대방군을 개설한 일은 지방정권이 임의로 새로운 군을 개설한 것이었던 만큼 두 사건 모두 '대형사건'으로 주목될만한 사건이었다. 그런데도 두 사건이 기록(正史 東夷傳)에서 간략히 처리된 것은 요동왕국 시기 요동정권의 관리 아래서 이루어진 사건인 때문일 것이다. 문헌 기록의 실태가 이 같은 속성을 보이는 만큼 요동왕국 시기에 이루어진 사건에 관해선 더욱 면밀한 주의와 검토가 필요할 것이다.

앞에서 공손강이 고구려를 공격하였다는 내용을 소개하였는데, 그 원인으론 고구려가 "자주 요동을 침입하였다(數寇遼東)"는 사실을 전하고 있다. 고구려가 자주 출몰한 곳으로 유력한 지점은 서안평 인근이 아니었을까 생각한다. 공손연 시기 서안평을 통한 강남 손오孫吳와의 교류나 요동왕국 몰락 직후 지속된 서안평 진출 시도 등의 사정을 감안할 경우 추정 가능한 지역 가운데 제일의 후보지는 서안평이다. 앞 장에서 주목한대로 고구려는 유주자사가 직접 요동지역을 관할하는 상태에서도 서안평 진출을 시도하였다. 앞서 주목한 것처럼 서안평은 고구려에게 해외 확대와 보다 고급한 문명세계와의 교류를 위한 주요 거점이었고 유주자사로선 대륙과 한반도 즉 낙랑군과 대방군을 연결시키는 연결점으로서 포기할 수 없는 지역이었다. 이 같은 필요에 의한 양측의 갈등은 고구려가 현재의 단동·신의주 지역을 영토화하는 미천왕美川王 시기까지 지속되었다.

고구려 미천왕이 낙랑군의 중심이었던 평양지역을 점령한 것은 313년의 일이고 그 1년 뒤엔 대방군을 점유하였다. 이로써 4세기가 넘는 한 군현의 역사는 마침표를 찍게 되었다. 한반도에서 중국 군현이 추방되고 소멸된 사건 자체가 워낙 큰 사건인 만큼 313년의 사건만을 중시하는 경향이 있으나 교통로 문제와 관련하여 우리가 보다 주목해야 할 사건은 이보다 2년 전에 있었던 사건이다. 『삼국사기』 고구려 본기 미천왕12년 조에선 고구려가 요동군 서안평을 점령한 일에 관해 "장군을 보내 요동군 서안평을 공격하게 해서 취하였다"라고 간략히 적고 있다. 미천왕에 관한 초기 기록은 16년까지 굵직한 외정外征기사로 점철되어 있다. 3년(302) 현도군 공격을 필두로 14년(313) 낙랑군, 15년 대방군, 16년 현도군 공격 기사가 그러하다. 이들 기사와 억개를 나란히 하고 있는 서안평 점령 기사는 당시의 관점에서 보더라도 그만한 중요성을 지닌 사건으로 평가되었기 때문일 것이다. 311년의 서안평 점령이 없었다면 2년 뒤의 낙랑군 점령이나 그 뒤의 대방군 점령도 용이치 않았을 것임은 물론이다. 이점에서 우리는 서안평이라는 거점과 이와 연결된 교통로가 지닌 의미와 중요성을 재삼 깨닫게 된다.

6장에서 다룬 요서횡단로는 서부 국경선의 끝단에 위치한 무려성武厲城을 기점으로 동쪽으로 요하遼河를 건너 요동성에 이르는 노선이었다. 요서횡단로의 기점과 종점이 모두 '성'으로 편제되었다는 점에서 성은 이 노선의 교통체계에서 가장 주요한 기구였다. 이 가운데 요동성은 그 성주가 욕살褥薩이었다는 점에서, 이 노선의 수부首府로서 전 노선의 관리와 운용 책임을 맡았다. 반면 무려성은 성곽의 규모나 주재관의 지위가 상대적으로 작고 낮았던 것으로 보이지만, 서변의 최전방에 서 있는 거점으로서 감당했던 역할은 상당하였다. 수가 무려성을 공략한 뒤 본격적인 침공에 나섰다는 사실이 이를 말해준다. 이러한 군사기지로서의 성격과 함께 무려성은 고구려로 들어온 외부인이 반드시 거쳐야 했던 관문이었다. 이 점에서 출경出境과 입경入境을 관할하는 임무도 여기에서 맡았다고 보인다.

무려성과 요동성 간의 거리는 거의 500여 리에 달하였다. 이 두 성 사이를 연결하며 지역과 지역을 이어준 것은 역驛과 봉수烽燧·나邏·수戍의 기구들이었다. 대중국외교는 주로 이 노선을 통해 전개되었다. 이 점에서 10여 곳으로 추정되는 역은 사절의 왕래를 위한 편의를 제공하는 역할을 맡았다. 여기에는 외교 의례와 사절의 전송餞送·출영出迎에 필요한 시설들이 마련되어 있었다고 여겨진다. 또한 간선幹線에 마련된 통신체계의 하나라는 점에서 역은 변경에서 파악한 긴급 군사정보를 한시바삐 중앙에 알리는 기능도 수행하였다. 요하를 도하하는 경로에서 확인되는 봉수선烽燧線도 이와 짝하여 운용되었다고 보인다.

나邏는 요하의 도하지점에 설치되어 검문과 검색을 통해 오가는 이의 행선지와 신분 그리고 목적 등을 살피고 통행의 여부를 판정하였다. 요서횡단로에는 적어도 3곳 이상의 라가 마련되었던 것으로 판단된다. 라와 함께 해당 지역을 왕래하는 출입자를 통제하고 감시하는 역할을 담당했던 곳이 수戍였다. 수는 사료상 처음 찾아진 기구로 봉수나 역과는 달리 소규모의 성곽에 의지하여 수비군이 주둔했던 시설로 보인다.

요서횡단로는 중국과 접하며 고구려의 서변을 가로지르는 노선이었다. 이러한 지리적 특성에서 이 노선에는 교통의 편의와 함께 군사·외교면에서의 기능을 갖춘 각종 기구들이 열 지어 세워져 있었던 것이다.

제7장 해남海南 교통과 동아시아 불교에서는 관념적 바다의 남쪽인 '해남'지역을 관통하는 해륙 두 갈래의 교통로를 소개하였다. 결국은 중국과 동남아시아 그리고 인도를 연결하는 교통로이다. 육로의 경우 구체적 도로의 비정이 어렵기 때문에 결국은 거점들의 나열이 되었다. 그리고 간략하게나마 이 교통로상에 어떠한 사람들이 살았는지, 그리고 이 길을 오고 간 사람들은 누구였는지, 또 거점들로는 어떠한 곳이었는지에 대하여도 살펴보았다. 그리고 부분적으로나마 그 거점들을 둘러싼 국제질서의 힘과 그 맥락에 대하여도 파악하고자 노력하였다. 이러한 관심에 따라 이 장에서는 '육로를 통한 해남 교통로', '바다를 통한 해남 교통로', '고대 해남 교통로와 불교'의 세 절로 나누어 각 교통로와 거점 도시, 그리고 불교의 전파와 종교적 열정이 보여주는 해상 교통로의 모습을 살펴보았다.

1절 '육로를 통한 해남 교통로'에서는 동아시아와 동남아시아의 접경지대인 운남 지역에서 인도로 이어지는 육로와 함께 또 베트남 북부 하노이 지역에서 운남 지역으로 이어지는 교통로를 살펴보았다. 이 교통로의 의미는 동아시아 세계와 동남아시아 세계의 '연결'에 있다. 이 교통로는 대륙부 동남아시아가 '인도 세계'와 '중국 세계'를 이어주는 다리가 되었고, 그 만남이 운남에서 이루어졌음을 잘 보여준다. 특히 이 지역 국제질서의 중심 국가이자 '불교'국가였던 남조국의 성장과 쟁패는 이러한 연쇄의 중요한 고리가 되었다. 운남 지역은 지금도 한전漢傳 불교와 티베트 불교 그리고 남전南傳 불교가 공존하는 곳이다.

2절 '바다를 통한 해남 교통로'에서는 중국 동남부로부터 동남아시아 연안 그리고 말라카 해협을 지나 다시 인도양을 건너 인도로 이어지는 교통로를 살펴보았다. 한반도에서 산둥반도와 장강 하구 또, 광저우를 거쳐 유라시아 대륙의 남쪽 연안 항로를 따라 말라카 해협을 거쳐 인도양을 횡단하는 본선 외에도 이 바닷길은 여러 갈래의 크고 작은 갈림길을 포함하고 있다. 우선 교지에서 동남아시아 대륙부를 남북으로 관통하여 고대 부남 제국諸國 수도의 외항이 있었던 옥 에오에서 바닷길과 연결되는 노선, 또 말레이 반도의 끄라 지협에서 육로를 택해 반도를 동서로 횡단하여 다시 연안 항로를 이용하여 인도 동북부에 이르는 노선이 대표적이라 할 것이다. 그리고 말라카 해협을 통과하는 본선도 스리랑카를 거치는 노선과 직접 동인도로 향하는 노선으로 갈린다.

주지하듯이 한 무제 시기 장건張騫에 의해 '비단길'개척이 이루어졌고, 이는 동서문화교류사의 큰 획을 긋는 사건이었다. 그리고 이는 알려진 바와 같이 '황제국가'를 재건하려는 한 무제의 세계 정책 추진과 궤를 같이 하는 것이었다. 그리고 앞서 살펴본 『한서』「지리지」의 해상 교통로의 확보도 이러한 맥락의 연장선상에 있었다. 그런데 황제 국가의 쇠퇴가 교통로의 소멸로 이어지지는 않았다. 지역간 교역망의 연쇄는 오히려 교통로를 확대시켰으며, 항해 기술의 발전과 함께 확대되었다. 그리고 이러한 교통로의 확대는 '불교'의 확산에 기여하였다.

3절 '고대 해남 교통로와 불교'에서는 의정義淨의 『대당서역구법고승전』을 중심으로 당시 해로의 이용 사례를 살펴보았다. 충분하지는 않지만, 당시 물자 교류와 항로를 구체적으로 보여주는 별다른 자료가 없는 상태에서 '구법'의 열정으로 가득 찬 불교 승려들이 오고 간 기록은 매우 귀중한 자료일 수밖에 없다. 이를 통해 한대 이래 사용되던 해상 노선이 보다 빨라지고 안전해졌음을 확인할 수 있었다.

한 가지 꼭 유념해야 할 부분이 있다. 바닷길과 육로의 연결은 지역적 교통망의 연쇄로 이루어져 있다는 점이다. 이를테면, 법현法顯도 인도에서 돌아올 때 배를 갈아타고 귀환하였다. 이는 의정의 경우도 마찬가지였다. 쉽게 말해서, 페르시아의 배가 중국과 한반도의 해안에 출현하였지만, 서라벌에서 로마까지 직접 이어지는 직행노선은 존재하지 않았다. 이것이 크고 작은 지역 문화 사이의 교류와 접변을 만들어 내었을 것이다.

한국사학계에서 교통사는 아직까지 독립적이며 체계적인 학문 분야로 자리 잡지 못하였다. 교통사 연구를 목적으로 하는 학회나 연구 모임의 활동이 활발하지 못하여 교통사 연구 잡지는 물론 대중을 위한 교양서 출판이 미진한 상황이다. 오래 전에 교통사가 독립적인 연구 분야로 자리 잡은 일본 역사학계나 최근 들어 교통사가 주요한 역사연구 분야로 주목을 받고 있는 중국 역사학계의 현실과는 대조적이라고 할 수 있다.

지금까지 교통사 관련 연구 성과는, 양적으로 결코 적지 않을 뿐더러 당시의 교통상황을 어느 정도 파악할 정도의 연구의 진척이 있었음을 알 수가 있다. 그럼에도 불구하고 한국사학계에서 교통사 연구가 활발하지 못한 여러 이유 중 하나는 육상교통과 수상교통을 별개로 생각하여 양자를 나누어 고찰하는 연구방법상의 한계 때문이다. 당연히 양자를 분리시키면 밝혀낼 수 있는 역사상과 역사성은 축소될 수밖에 없다. 향후 연구과제는 다음과 같다.

우선 무엇보다도 새로운 자료의 발굴이 필요하다. 문헌자료로는 이슬람권을 포함한 외국자료에 대한 조사가 필요하다. 고고학 자료로는 상업시설이나 항만시설 관련 유구의 자료 확보가 필요하다. 목간木簡도 교역에 관한 생생한 정보를 전해주는 일급 자료로서 앞으로 국내외에서 추가 발굴 가능성이 높다.

둘째, 1990년대까지 역참제에 비해 조운제 연구가 양·질적으로 다소 미진하였다. 아마도 이때까지 한국사 연구가 대륙사의 관점에서 바다보다는 육지에 치우쳤던 경향과 관련이 있을 것이다. 그런데 2000년대에 접어들면서 해양사관의 대두와 수중 고고학의 발굴 성과, 해양문화재단의 전신인 (재)해상왕장보고기념사업회 등의 가세 이후로 해상을 통한 교역, 교류에 관해 소기의 성과를 달성하기에 이르렀다.[1]

셋째, 전반적으로 수상교통보다 육상교통에 관한 연구가 활발히 이루어지지 못하였다. 이는 해양사의 재조명이라는 연구 방향 뿐 아니라 선행 연구에서 육상교통로의 기능을 지나치게 제한적으로 바라보았기 때문이 아니었을까 한다. 육로가 대외교류활동에서 해로海路 만큼 다양하고 적극적으로 활용되지 못하였더라도, 육상교통로도 나름의 역할을

---

1. 윤재운, 2014, 「남북국시대 무역 연구의 현황과 과제」, 『한국고대사연구』162.
   최근 해양사 연구의 두드러진 성과는 다음과 같다.
   한국해양재단, 2013, 『한국해양사』Ⅰ-선사·고대.
   한국해양재단, 2013, 『한국해양사』Ⅱ-남북국시대.
   한국해양재단, 2013, 『한국해양사』Ⅲ-고려시대.
   이청규, 2016, 『해상활동의 고고학적 기원과 전개』, 경인문화사.
   강봉룡, 2015, 『바닷길로 찾아가는 한국 고대사』, 경인문화사.
   윤재운, 2015, 『교류의 바다 동해』, 경인문화사.
   박남수, 2016, 『한국 고대, 목면과 향료의 바닷길』, 경인문화사.
   이진한, 2015, 『고려시대 무역과 바다』, 경인문화사.
   하우봉, 2016, 『조선시대 바다를 통한 교류』, 경인문화사.
   한철호, 2016, 『한국 근대의 바다-침략과 개화의 이중적 통로』, 경인문화사.

수행하였을 것이다. 그것을 통해 육상교통로의 역할과 의미를 더욱 명확히 밝혀야 할 것이다.[2]

넷째, 연구 시각의 확대이다. 거시적으로는 무역이라고 하는 주제의 특성상 당, 일본을 중심으로 하는 동아시아적 시각에서 보는 연구가 많아지고 있다는 것은 다행이나 아직은 부족하다고 생각된다. 신라와 발해, 당과 일본을 제외한 동아시아의 주변 제민족이나 국가도 시야에 넣을 필요가 있다고 생각된다. 이와 관련하여 경제인류학을 필두로 하는 무역을 보는 틀이나 이론에 대한 검토도 적극적으로 해야 할 것이 생각된다. 미시적으로는 실제 무역이 행해진 장소 예컨대 항구나 항만시설,[3] 거래된 물품, 거래 수단, 거래의 경로 등에 대해 좀 더 구체적으로 분석을 해야 할 것이다.

---

2. 한정훈, 2015, 「중학교 역사교과서 '交通史' 서술 내용 분석–한국 전근대사를 중심으로」, 『역사와교육』21, 328~329쪽.

3. 고석규 외, 2005, 『장보고시대의 포구조사』, (재)해상왕장보고기념사업회; 濱田耕策, 2012, 「新羅の東·西津と交易体制」, 『史淵』149, 九州大學大學院人文科學研究院.

■ 참고문헌

강봉룡, 2005, 『바다에 새겨진 한국사』, 한얼미디어.

강봉룡, 2014, 「한국 고대사에서 바닷길과 섬」, 노태돈 교수 정년기념논총 간행위원회 엮음, 『한국고대사 연구의 시각과 방법』, 사계절.

강인욱, 2011, 「古朝鮮의 毛皮貿易과 明刀錢」, 『한국고대사연구』 64.

계명대학교박물관, 2000, 『한국과 중국의 古錢』, 계명대학교박물관 특별전 도록.

孔錫龜, 1998, 『高句麗 領域擴張史 硏究』, 서경문화사.

권덕영, 2012, 『신라의 바다 황해』, 일조각.

權五重, 1980, 「靺鞨의 種族系統에 관한 試論」, 『震檀學報』 49.

권오중, 1992, 『낙랑군연구』, 일조각.

權五重, 2000, 「滄海郡과 遼東東部都尉」, 『歷史學報』 168輯.

權五重, 2004, 「漢代 邊郡의 部都尉」, 『東洋史學硏究』 88.

권오중, 2005, 「요동군 중부도위와 고구려의 신성」, 『고구려의 국제관계』(고구려연구재단연구총서 5).

권오중, 2008, 「낙랑 석암리 9호분 小考」, 『한중관계 2000년-동행과 공유의 역사』, 소나무.

권오중, 2012, 『요동왕국과 동아시아』, 영남대학교출판부.

權五重, 2015, 「고대 중국 正史에서의 예맥 —'요동예맥'의 자취에 관한 검토로서—」, 『동북아역사논총』 49호.

김순남, 2011, 「16세기 조선과 野人 사이의 모피 교역의 전개」, 『韓國史硏究』 152.

金溶珠 外, 2010, 「『本草經集注』에 대한 書誌學的 연구」, 『大韓韓醫學原典學會誌』 23-2.

김원룡, 1970, 「鳥形안테나式 細形銅劍의 問題」, 『白山學報』 8.

김인홍, 2011, 「해상 실크로드를 통한 한·중 해상 교류; 4~5세기 한·중 간 항로변화에 대한 검토 –교섭기사를 중심으로–」, 『문명교류연구』 2.

金貞培, 1968, 「濊貊族에 關한 硏究」, 『白山學報』 5.

김정학, 1973, 『五倫臺 古墳群 發掘報告書』, 부산대박물관.

김종완, 1995, 『中國南北朝史硏究』, 一潮閣.

金昌錫, 2004, 「高句麗 초·중기의 對中 교섭과 교역」, 『新羅文化』24.

김창석, 2013, 『한국 고대 대외교역의 형성과 전개』, 서울대학교 출판문화원.

김현숙, 2005, 『고구려의 영역 지배 방식 연구』, 모시는 사람들.

노태돈, 1999, 『고구려사 연구』, 사계절.

東潮, 1995, 『加耶諸國의 鐵』, 신서원.

盧泰敦, 1986, 「高句麗史硏究의 現況과 課題」, 『東方學志』52.

遼寧省文物考古硏究所·沈陽市文物考古工作隊, 1998, 「遼寧沈陽市石臺子高句麗山城第
    一次發掘報告」, 『考古』10.

리지린, 1962, 「고조선과 삼한 사람들의 해상활동」, 『력사과학』1962.

문안식, 2012, 『요하문명과 예맥』, 혜안.

朴京哲, 2004, 「濊貊·扶餘와 高句麗의 正體性에 關한 硏究」, 『高句麗硏究』18.

박남수, 2011, 『한국 고대의 동아시아 교역사』, 주류성.

박대재, 2006, 「古朝鮮과 燕·齊의 상호관계-기원전 4세기말~3세기초 전쟁 기사를 중심으
    로-」, 『사학연구』83.

박선미, 2005, 「웅기 송평동 출토 貝殼 및 貝殼形 玉 검토」, 『한국고고학보』56, 한국고고학회.

박선미, 2009, 『고조선과 동북아의 고대 화폐』, 학연문화사.

박선미, 2011, 「한반도 출토 덩이쇠[판상철부·철정]의 성격과 의미」, 『백산학보』89.

박선미, 2014, 「서구학계의 고대교류사 이론의 현황」, 『한국고대사연구』73.

박순발, 2012, 「고고자료로 본 산동과 한반도의 고대 해상교류」, 『백제와 주변세계-성주탁
    교수 추모논총』, 진인진.

박준형, 2006, 「고조선의 海上交易路와 萊夷」, 『북방사논총』10, 고구려연구재단.

박준형, 2007, 「고조선의 대외교역과 의미」, 『고조선의 역사를 찾아서』, 학연문화사.

박준형, 2013, 「산동지역과 요동지역의 문화교류-산동지역에서 새로 발견된 선형동부를 중
    심으로-」, 『한국상고사학보』79.

박준형, 2014, 『고조선사의 전개』, 서경문화사.

박준형, 2015, 「문헌을 통해 본 고조선의 대외교류와 익산」, 『고조선과 익산』, 익산시·한국
    고대사학회.

朴現圭, 2009, 「膠東半島 高麗戍 위치고증과 설치배경」, 『한국고대사연구』55.

서영교, 2007, 「고구려의 國馬」, 『군사』61.

徐榮洙, 1999, 「古朝鮮의 對外關係와 疆域의 變動」, 『東洋學』第29輯, 檀國大學校 東洋學
　　　研究所.

손동우, 1995, 『화폐의 기원과 진화에 관한 연구—화폐의 기능들을 중심으로』, 서울대학교
　　　경제학과 석사학위논문.

손보기, 1988, 『한국구석기학 연구의 길잡이』, 연세대학교출판부.

宋鎬晸, 2007, 「高句麗의 族源과 濊貊」, 『高句麗研究』27.

矢澤忠之, 2010, 「漢初のおける北方郡國の再編」, 『東洋學報』92-1.

양정필·여인석, 2004, 「삼국—신라통일기 인삼 생산과 대외교역」, 『醫史學』13-2.

余昊奎, 1995, 「3세기 후반~4세기 전반 고구려의 교통로와 지방통치조직 —南道와 北道를
　　　중심으로—」, 『한국사연구』91.

余昊奎, 2002, 「高句麗 初期의 梁貊과 小水貊」, 『韓國古代史研究』25.

오강원, 2001, 「춘추말 동이계 萊族 木槨墓 출토 비파형동검」, 『한국고대사연구』23.

王綿厚, 1985, 「兩漢時期遼寧建置述論」, 『東北地方史研究』1.

王青, 2006, 「산동 출토 동북계통 청동단검과 그와 관련된 문제에 대해」, 『동북아역사논
　　　총』13.

尹乃鉉, 1994, 「고조선과 북방 및 일본과의 문화교류」, 『배달문화』13, 민족사바로찾기국민회의.

尹龍九, 1999, 「三韓의 朝貢貿易에 대한 一考察—漢代 樂浪郡의 교역형태와 관련하여—」,
　　　『歷史學報』162.

尹龍九, 2005, 「고대중국의 東夷觀과 고구려—東夷校尉를 중심으로—」, 『역사와 현실』55.

윤명철, 2003, 『고구려 해양사 연구』, 사계절출판사.

윤용구, 1999, 「三韓의 朝貢貿易에 대한 一考察—漢代 樂浪郡의 교역형태와 관련하여—」,
　　　『역사학보』162.

윤재운, 2006, 『한국 고대무역사 연구』, 경인문화사.

윤재운, 2015, 『교류의 바다 동해』, 경인문화사.

이건무, 1996, 「전 충남출토 촉각식동검에 대하여」, 『碩晤尹容鎭教授停年退任紀念論叢』 논

총간행위원회.

이기동, 1990, 「馬韓史 序章-西海岸航路와 馬韓社會의 黎明」, 『馬韓·百濟文化』12, 원광대학교 마한백제문화연구소.

李基東, 1996, 「高句麗史 발전의 劃期로서의 4世紀-慕容 '燕'과의 항쟁을 통해서-」, 『東國史學』30.

李道學, 2005, 「漢城 陷落 以後 高句麗와 百濟의 關係-耽羅와의 관계를 중심으로-」, 『한국전통문화연구』3.

이도학, 1997, 「고대국가의 성장과 교통로」, 『국사관논총』74.

李龍範, 1966, 「高句麗의 成長과 鐵」, 『白山學報』1.

李丙燾, 1976, 『韓國古代史硏究』, 博英社.

李成制, 2000, 「嬰陽王 9年 高句麗의 遼西 攻擊」, 『震檀學報』90.

李成制, 2003, 「高句麗 長壽王代의 對宋外交와 그 意義」, 『白山學報』67.

李成制, 2005, 『고구려 서방정책 연구』, 국학자료원.

李成制, 2017, 「高句麗와 遼西橫斷路-遼河 沿邊 交通路와 관리기구-」, 『韓國史研究』178.

李成制, 2015, 「어느 고구려 무장의 가계와 일대기-새로 발견된 〈高乙德墓誌〉에 대한 譯註와 분석-」, 『中國古中世史硏究』38.

이선복, 1988, 『고고학 개론』, 이론과 실천.

이성규, 2003, 「고대 중국인이 본 한민족의 원류」, 『한국사시민강좌』32.

이영문, 2014, 『고인돌, 역사가 되다』, 학연문화사.

이정빈, 2016, 「4세기 전반 고구려의 해양활동과 황해-고구려와 후조·모용선비의 관계를 중심으로-」, 『歷史와 實學』59.

이정빈, 2018, 『고구려-수 전쟁-변경 요서에서 시작된 동아시아 大戰-』, 주류성.

이청규, 2003, 「한중교류에 대한 고고학적 접근」, 『한국고대사연구』32.

이청규, 2016, 『해상활동의 고고학적 기원과 전개』, 경인문화사.

이현숙, 2013, 「고구려의 의약 교류」, 『한국고대사연구』69.

이후석, 2016, 「尹家村類型의 변천과 성격」, 『중앙고고연구』19, 중앙문화재연구원.

李鍾旭, 1993, 『古朝鮮硏究』, 一潮閣.

李亨求, 1994, 「渤海沿岸 靑銅器文化를 통해 본 中·韓 靑銅器文化의 關係」, 『石堂論叢─東北아시아 文化의 再照明─』第20輯, 東亞大學校 石堂傳統文化硏究院.

임기환, 2004, 「고구려와 낙랑군의 관계」, 『한국고대사연구』34.

林起煥, 2013, 「고구려의 요동 진출과 영역」, 『고구려발해연구』45.

鄭璟喜, 1984, 「先三國時代 社會와 經濟─ 정치권력의 성격과 유통경제의 발전을 중심으로」, 『동방학지』41, 연세대학교 국학연구원.

정면, 2015, 『남조국의 세계와 사람들: 8∼9세기 동아시아의 서남 변방』, 선인.

정수일, 2001, 「씰크로드를 통한 물질문명의 교류」, 『씰크로드학』, 창작과 비평사.

정인성, 2003, 「변한·가야의 대외교섭─낙랑군과의 교섭관계를 중심으로」, 『가야고고학의 새로운 조명』, 혜안.

정진술 외 공편, 2007, 『다시 보는 한국해양사』, 해군사관학교.

정진술, 2009, 『한국의 고대 해상교통로』, 韓國海洋戰略硏究所.

정진술, 2009, 『한국해양사(고대편)』, 해군사관학교.

조세현, 2016, 『천하의 바다에서 국가의 바다로』, 일조각.

주류성출판사, 2018, 『한국의 고고학』40호.

최몽룡, 1985, 「고대국가성장과 무역─위만조선의 예」, 『한국 고대의 국가와 사회』, 일조각.

沈陽故宮博物館·沈陽市文物管理辦公室, 1975, 「沈陽鄭家洼子的兩座靑銅時代墓葬」, 『考古學報』1.

하문식, 1999, 『古朝鮮 地域의 고인돌 硏究』, 백산자료원.

하인수, 2006, 「신석기시대 한일 문화교류와 흑요석」, 『한국고고학보』58, 한국고고학회.

하자노프 지음, 김호동 옮김, 2002, 『유목사회의 구조』, 지식산업사.

한국박물관연구회, 1999, 『한국의 박물관 : 양구선사박물관·경보화석박물관』, 문예마당.

海軍本部, 1954, 『韓國海洋史』, 啓文社.

洪思俊, 1972, 「文獻에 나타난 百濟産業─黃漆·人蔘·苧에 對하여─」, 『百濟硏究』3, 忠南大學校 百濟硏究所.

[法]伯希和著 馮承鈞譯, 2003, 『鄭和下西洋考交廣印度兩道考(世界漢學論叢)』, 北京 : 中華書局.

Chen Xinxiong, 2010, 「法显《佛国记》与中外文明交流──标志中国与印度陆, 海两通的千古巨碑」, 『国际汉学』2.

高海燕, 2013, 「东晋高僧法显在中印文化交流中的作用探析」, 『现代妇女(下旬)』3.

曲金良, 2014, 「五世紀初南中國海─印度洋"海上絲綢之路"的文化圖景 : 以《法顯傳》爲中心的微觀考察」, 『新東方』6.

郭泮溪·侯德彤·李培亮, 2011, 『膠東半島海洋文明簡史』, 中國社會科學出版社.

郭素新, 1988, 「鄂尔多斯式青铜器的渊源」, 『考古学报』3.

譚其驤 主編, 1988, 『『中國歷史地圖集』釋文滙編─東北卷一』, 中央民族學院出版社.

靳生禾, 1985, 「《佛国记》在汉籍中的利用及中外之评述」, 『敦煌学辑刊』1.

戴志强, 1981, 「安陽殷墟出土貝貨初探」, 『文物』3.

梁海萍, 2007, 「漢魏史籍中條支國所臨"西海"釋證」, 『西安電子科技大學學報(社會科學版)』2.

鈴木靖民, 1985, 『古代對外關係史の研究』, 吉川弘文館.

鈴木靖民·荒井秀規, 2011, 『古代東アジアの道路と交通』, 勉誠出版.

劉延常 等, 2004, 「齊國墓再現春秋爭覇─山東新泰市周家莊東周墓葬」, 『文物天地』2期.

陸韌, 1995, 「南詔交通與城鎮關系初探」, 『思想戰線』2.

陸韌, 1997, 「試論天寶戰爭與開步頭路」, 『思想戰線』10.

陸韌, 2000, 『高原通途 ─ 雲南民族交通』, 昆明 : 雲南教育出版社.

李步青·林仙庭, 1991, 「山東黃縣歸城遺址的調查與發掘」, 『考古』10.

李成市, 1997, 『東アジアの王權と交易』, 青木書店.

李慧竹·王青, 2002, 「後期青銅器∼初期鐵器時代 中國 山東地域과 韓國間의 交流」, 『백산학보』64.

馬衍, 2002, 「談論劉敬叔的志怪小說集『異苑』」, 『徐州教育學院學報』3期.

潘志平, 石嵐, 2008, 「新疆和中亞及有關的地理概念」, 『中國邊疆史地研究』3.

思和, 2011, 「法显《佛国记》所载西、北天竺诸国佛教情况考析」, 『佛学研究』.

三上次男, 1978, 『古代東北アジア史研究』, 吉川弘文館.

西嶋定生, 1983, 『中國古代國家と東アジア世界』, 東京大出版會.

邵天松, 2009, 「《法显传校注》校点献疑」, 『古籍研究』.

孫進己 主編, 1988, 『東北歷史地理』1, 黑龍江人民出版社.

孫進己 · 王綿厚(編), 1988, 『東北歷史地理』(北方史地叢書).

孫進己 · 馮永謙, 1989, 『東北歷史地理』(二), 黑龍江人民出版社.

楊深富 等, 1990, 「山東日照市周代文物遺存」, 『文物』6期.

嚴耕望, 1974, 『中國地方行政制度史』上卷 中央研究院歷史語言研究所專刊45.

演静, 2012, 「第一个出国取经的中国高僧——东晋法显法师」, 『炎黄纵横』11.

煙台市文物管理委員會 等, 1992, 「山東栖霞縣占疃鄉杏家莊戰國墓淸理簡報」, 『考古』1期.

煙台市文物管理委員會 · 栖霞縣文物事業管理處, 1992, 「山東栖霞縣占疃鄉杏家庄戰國墓
　　淸理簡報」, 『考古』2期.

烏恩岳斯圖, 2008, 『北方草原考古學文化比較研究 : 靑銅時代至早期匈奴時期』, 科學出版社.

园慈, 2011, 「高僧法显狮子国之行对后学的影响——纪念高僧法显法师西行至斯里兰卡
　　1600年」, 『佛学研究』.

王綿厚, 1985, 「兩漢時期遼寧建置述論」, 『東北地方史研究』1.

王綿厚 · 李健才, 1990, 『東北古代交通』, 沈陽 : 沈陽出版社.

王綿厚 · 朴文英, 2016, 『中國東北與東北亞古代交通史』, 遼寧人民出版社.

王賽时, 2002, 「唐代山东的沿海开发与海上交通」, 『东岳论丛』5.

王元林, 2006, 「古代早期的中國南海與西海的地理概念」, 『西域研究』1.

王子今, 2012, 「東海的"琅邪"和南海的"琅邪"」, 『文史哲』1.

王子今, 2013, 『秦漢交通史稿』, 中國人民大學出版社.

王子今, 2014, 「上古地理意識中的"中原"與"四海"」, 『中原文化研究』1.

王子今, 2015, 「秦漢人世界意識中的"北海"和"西海"」, 『史學月刊』3.

王子今 · 喬松林, 2012, 「『漢書』的海洋紀事」, 『史學史研究』4. 中國社會科學院 歷史研究所.

王子今 · 李禹階, 2010, 「漢代的"海賊"」, 『中國史研究』1期, 中國社會科學院 歷史研究所.

王靑, 2002, 『海岱地區周代墓葬研究』, 山東大學出版社.

王靑, 2006, 「山東發現的几把東北系銅短劍及相關問題」, 『東北亞歷史論叢』13호.

王青, 2014, 『環境考古餘鹽業考古』, 科學出版社.

王獻唐, 1957, 「山東的歷史和文物−在山東省文物工作會議上的報告−」, 『文物參考資料』2.

張永溪, 1992, 「試論青海古代文化與元始貨幣的生產和發展」, 『中國錢幣論文集』2, 中國金
　　融出版社.

田廣金·郭素新, 2004, 『北方文化餘匈奴文明』, 江蘇教育出版社.

全海宗, 1980, 『東夷傳의 文獻的 研究』, 一潮閣.

鄭紹宗, 1975, 「河北省發現的青銅短劍」, 『考古』4期.

鄭紹宗, 1998, 「河北省發現的青銅短劍」, 『北方考古研究(三)』(1994年 初版), 中州古籍出版社.

丁正华, 1983, 「中国航海史概要」, 『中国科技史料』4.

趙玉庭, 2002, 「"西海"探微」, 『社科縱橫』4, 編輯部郵箱.

周桓, 1982, 「义净前往南海诸国和印度的事迹及其贡献」, 『河北大学学报(哲学社会科学版)』3.

周桓, 1985, 「西域南海交通史资料书举要」, 『河北大学学报(哲学社会科学版)』3.

國家文物局 編, 2009, 『中國文物地圖集: 遼寧分冊(下)』, 西安出版社.

中國錢幣大辭典編纂委員會, 1995, 『中國錢幣大辭典』(先秦編, 中華書局).

陈隆文, 2004, 『春秋战国时期金属铸币的空间特征与地理基础』, 陝西师范大学博士学位
　　論文.

秦艳, 2010, 「法显与佛教在中国的传播」, 『五台山研究』3.

彭信威, 1988, 『中國貨幣史』, 上海人民出版社.

冯素梅, 2010, 「近三十年来法显研究简述」, 『五台山研究』3.

馮承鈞, 1937, 『中國南洋交通史』, 臺北 : 臺灣商務印書館.

畢奧南, 2006, 「歷史語境中的王朝中國疆域概念辨析—以天下, 四海, 中國, 疆域, 版圖爲
　　例」, 『中國邊疆史地研究』2.

胡梧挺, 2013, 「漢唐時期"海東"地理含義的歷史變遷」, 『東北史地』6.

榎一雄, 1936, 「賈耽の地理書と道里記の稱とに就いて」, 『歷史學研究』6-7.

岡崎敬, 1968, 「'夫租薉君'銀印をめぐる諸問題」, 『朝鮮學報』46.

江上波夫, 1948, 「徑呂刀と師比」, 『ユウラシア古代北方文化』, 東京.

郭沣溪·侯德彤·李培亮, 2011, 『膠東半島海洋文明簡史』, 中國社會科學出版社.

舘野和己, 2016, 「古代の渡船」, 『日本古代の交通·交流·情報 3–遺跡と技術』, 吉川弘文館.

吉尾寛 編, 2011, 『海域世界の環境と文化』, 汲古書院.

内藤雋輔, 1961, 『朝鮮史研究』, 東洋史研究會.

藤田亮策, 1930, 雄基松坪洞遺蹟の調査」, 『靑丘學叢』6, 大阪屋號書店.

鈴木靖民, 1985, 『古代對外關係史の研究』, 吉川弘文館.

鈴木靖民·荒井秀規, 2011, 『古代東アヅアの道路と交通』, 勉誠出版.

李成市, 1997, 『東アヅアの王權と交易』, 青木書店.

梅原末治·藤田亮策, 1947, 『朝鮮古文化綜鑑」, 養德社.

三上次男, 1978, 『古代東北アジア史研究』, 吉川弘文館.

三品彰英, 1952, 「濊貊族小考—民族關係文獻批判に因んで—」, 『朝鮮學報』4.

西嶋定生, 1983, 『中國古代國家と東アジア世界』, 東京大出版會.

松田壽男, 1957, 「蘇子の貂裘と管子の文皮」, 『早稻田大學大學院文學研究科紀要』3.

松田壽男, 1962, 「東西交渉とシベリアの森林民」, 『東西文化の交流』, 至文堂.

矢澤忠之, 2010, 「漢初のおける北方郡國の再編」, 『東洋學報』92–1.

餘太山, 2012, 『古代地中海和中國關係史研究』, 商務印書館.

宇井伯寿, 1954, 「仏国記に存する音訳語の字音」, 『名古屋大学文学部研究論集』(9).

赤羽目匡有, 2009, 『八～九世紀における渤海の中央權力と地方社會–種族支配と自國認識–』, 東京都立大學 博士學位論文.

前田正明, 1955, 「北魏官營貿易に關する考察 —西域貿易の展開そ中心として—」, 『東洋史研究』13–6.

鳥居龍藏, 1946, 「中國石棚之研究」, 『燕京學報』31.

中小路 駿逸, 1992, 「『仏国記』と『入唐求法巡礼行記』とに見られる、仏法および航海の記事について : 祈願の対象、および航走法の問題」, 『東洋文化学科年報』7.

中村太一, 2016, 「驛家」, 『日本古代の交通·交流·情報 3–遺跡と技術』, 吉川弘文館.

池内宏, 1945, 「曹魏の東方經略」, 『滿鮮史研究』, 吉川弘文館.

池永佳昭, 1981, 「法顯『仏国記』の南海航路考·(上)」, 『史学』51(3).

池永佳昭, 1982, 「法顯『仏国記』の南海航路考·(下)」, 『史学』52(1).

荒川正晴, 2016, 「中國律令制下の交通制度と道路」, 『日本古代の交通·交流·情報 1—制度と實態』, 吉川弘文館.

Abner Cohen, 1971, *Cultural Strategies in the Organization of Trading Diasporas*, *Meillassoux*.

Albert J. Koop, 1924, *Early Chinese Bronzes*, New York, Scribner.

C. Renfrew and P. Bahn, 1991, *ARCHAEOLOGY: THEORIES, METHODS AND PRACTICE*, Thames and Hudson, New York.

C. M. Renfrew, 1975, *Trade as Action at a Distance: Questions of Integration and Communication, Ancient Civilization and Trade*, ed. by Jermey A. Sabloff and C. C. Lamberg–Karlovsky, University of New Mexico Press.

ed by Atholl Anderson, James H. Barrett & Katherine V. Boyle, 2010, *The global origins and development of seafaring*, University of Cambridge, UK.

F. Harding, 2000, *European Societies in the Bronze Age*, Cambridge, Cambridge University Press.

Karl Polanyi, 1957, *The Economy as Instituted Process, In Polanyi et al.(des.), Trade and Markets in the Early Empires*, Glencoe, IL, The Free Press.

Rahul Oka·Chapurukha M. Kusimba, 2008, The Archaeology of Trading Systems, Part 1: Towards a New Trade Synthesis, *Journal of Archaeological Research*, Vol.16–4, Springer New York, USA.

Hinuber Haiyan Hu-von, *Faxian's (法顯 342–423) perception of India: some new interpretation of his Foguoji*.

Agnew, J. C., 1986, *Worlds Apart: The Market and the Theater in Anglo–American Thought, 1550–1750*, Cambridge: Cambridge University Press.

Belshaw, C. S., 1965, *Traditional exchange and Modern Markets*, Englewood Cliffs, NJ: Prentice–Hall.

Bohannan, P., 1959, 'The impact of money on an African subsistence economy', *The Journal of Economic History* 19: 491-503.

Bohannan, P. and Dalton, G.(eds.), 1962, *Markets in Africa*, Evanston: Northwestern University Press.

Bromley, R., 1979, *Periodic Markets, Daily Markets, and Fairs: A Bibliography Supplement to 1979*, Centre for Development Studies Monographs no. 5, University of Swansea.

Campbell, S., 1983, 'Attaining rank: a classification of shell valuables', in J. Leach and E. R. Leach (eds) *The Kula: New Perspectives on Massim Exchange*, Cambridge: Cambridge University Press.

Christaller, W., 1966(1933), *Central Places in Southern Germany,* Englewood Cliffs, NJ: Prentice-Hall.

Codere, H., 1950, *Fighting with Property,* New York: J. J. Augustin.

Debreu, G., 1959, *Theory of Value: An Axiomatic Analysis Economic Equilibrium,* New Haven: Yale University Press.

Dewey, A., 1962a, *Peasanting Marketing in Java,* New York: Free Press.

_____, 1962b, 'Trade and social control in Java', *Journal of the Royal Anthropological Institute* 92: 177-90.

Friedman, M., 1962, *Price Theory: A Provisional Text,* Chicago: Aldine.

Geertz, C., 1979, 'Suq: the bazaar economy in Sefrou', in C. Geertz, H. Geertz and L. Rosen, *Meaning and Order in Moroccan Society,* Cambridge: Cambridge University Press.

Godelier, M., 1977, *Perspectives in Marxist Anthropology,* Cambridge: Cambridge University Press.

Gregory, C. A., 1982, *Gifts and Commodities,* London: Academic Press.

Hart, K., 1987, 'Barter', in J. Eatwell, M. Milgate and P. Newman (eds), *The New Palgrave: A Dictionary of Economics,* New York: Macmillan.

Heilbroner, R. I., 1987, 'Wealth', in J. Eatwell, M. Milgate and P. Newman (eds) *The New Palgrave: A Dictionary of Economics*, New York: Macmillan.

Hill, P., 1966, 'Notes on traditional market authority and market periodicity in West Africa', *Journal of African History* 7: 295–311.

Hyde, L., 1984, *The Gift: Imagination and the Erotic Life of Property*, London: Vintage.

Ingold, T., 1986, *The Appropriation of Nature: Essay on Human Ecology and Social Relations*, Manchester: Manchester University Press.

Jevons, W., 1970, *The Theory of Political Economy*, Harmondsworth: Penguin.

Keynes, J. M., 1982, 'Ancient currencies', in D. Moggridge (ed.) *Collected Writings*, New York: Macmillan.

Lévi-Strauss, C., 1969, *The Elementary Structures of Kinship*, London: Eyre & Spottiswoode.

Malinowski, B. and de la Fuente, J., 1982, *Malinowski in Mexico: The Economics of a Mexican Market System*, ed. S. Drucker-Brown, London: Routledge & Kegan Paul.

Marx, K., 1954, Capital, vol 1: A Critical Analysis of Capitalist Production, Moscow: Progress.

Mauss, M., 1954, *The Gift: Forms and Functions of Exchange in Archaic Societies*, trans I. Cunnison, London: Routledge & Kegan Paul.

_____, 1990, *The Gift: Forms and Reason for Exchange in Archaic Societies*, trans I. W. D. Halls, London: Routledge.

Leach, J. and Leach, E. R. (eds), 1983, *The Kula: New Perspectives on Massim Exchange*, Cambridge: Cambridge University Press.

Malinowski, B, 1921, 'The primitive economics of the Trobriand Islanders', *Economic Journal* 31: 1–16.

Park Sunmi, 2012, Buffer Zone Trade in Northeast Asia in the Second Century BC(*Asian Perspectives* 51-2, University of Hawai'i Press, USA.

Parry, J. P. and Bloch, M. (eds), 1989, *Money and the Morality of Exchange*, Cambridge: Cambridge University Press.

Polanyi, K., 1944, *The Great Transformation*, New York: Rinchart.

Polanyi, K., Arensberg, C. and Pearson, H. (eds), 1957, *Trade and Markets in the Early Empires*, New York: The Free Press.

Sahlins, M, 1972, Stone Age Economics, London: Tavistock.

Skinner, G. W., 1964–5, 'Marketing and social structure in rural China', Journal of Asian Studies 24: 3–43, 195–228, 363–99.

Strathern, M., 1988, *The Gender of the Gift*, Berkeley: University of California Press.

■ 윤재운 (대구대학교 역사교육과 부교수)

2017, 「남북국시대의 對中항로와 거점」, 『한국사연구』 179

2015, 「발해의 역참제와 교통로」, 『고구려발해연구』 53

2006, 『한국 고대무역사 연구』, 경인문화사

■ 박선미 (동북아역사재단 연구위원)

2018, 『중국 산동지역의 동이』, 역사공간(공저)

2016, 『동서문화 교류와 알타이』, 역학(공저)

2009, 『고조선과 동북아의 고대 화폐』, 학연문화사

■ 박준형 (해군사관학교 박물관장 겸 군사전략학과 조교수)

2016, 「기원전 7세기 중반 동북아시아의 국제관계와 고조선의 위상」, 『백산학보』 106

2014, 「고조선~삼국시기 교역사 연구의 검토」, 『한국고대사연구』 73

2014, 『고조선사의 전개』, 서경문화사

■ 이정빈 (충북대학교 역사교육과 조교수)

2019, 「고구려와 수·당의 전쟁, 무엇을 바꾸었나?」, 『역사비평』 126

2018, 『고구려-수 전쟁-변경 요서에서 시작된 동아시아 大戰-』, 주류성

2018, 「6세기 중·후반 遼西靺鞨과 돌궐·고구려」, 『東北亞歷史論叢』 61

■ 방향숙 (연세대학교 중국연구원 연구교수)

2019, 「唐太宗·高宗代 한반도 정책과 百濟의 위상」, 『百濟學報』 27

2018, 『중국 漢代 정치사 연구』, 서강대학교 출판부

2017, 「고대 '中國'과 '遼東'의 정치적 관계」, 『중국고중세사연구』 46

■ 권오중 (영남대학교 사학과 명예교수)

2012, 『요동왕국과 동아시아』, 영남대학교출판부

2010, 「點과 線의 고대사―중국 동북 '濊貊'의 경우―」, 『인문연구』 60, 영남대학교 인문과학연구소

1992, 『낙랑군연구』, 일조각

■ 李成制 (동북아역사재단 한국고중세사연구소장)

2018, 『고대 동아시아 석각자료 연구』, 동북아역사재단(편저)

2018, 「褥薩의 大城·王都 5部 駐在와 그 職任」, 『韓國古代史研究』 92

2017, 「高句麗 遺民의 遼西지역 世居와 존재양상―〈高英淑墓誌〉의 護主와 분석」, 『中國古中世史研究』 46

■ 정면 (서강대학교 트랜스내셔널인문학연구소 조교수)

2018, 「하나의 국경, 두 장의 역사지도―근현대 시기 滇-緬 국경 분쟁의 역사화―」, 『서강인문논총』 53

2015, 『남조국(南詔國)의 세계와 사람들―8~9세기 동아시아의 서남 변방』, 선인

2013, 「'그려지는 것들'과 '그리지 않는 것들'―어린이·청소년 역사책 속 동아시아 지도 분석―」, 『역사학보』 218

한중관계사상의 교역과 교통로